LESI
AIXING
——DAXUESHENG XINLI
JIANKANG JIAOYU

——大学生心理健康教育

主编 郑赟 林峰

中国社会科学出版社

图书在版编目（CIP）数据

乐思爱行：大学生心理健康教育/郑赟，林峰主编．—北京：中国社会科学
出版社，2018.8（2020.8 重印）
ISBN 978 - 7 - 5203 - 2911 - 8

Ⅰ.①乐…　Ⅱ.①郑…②林…　Ⅲ.①大学生—心理健康—健康教育—高等
学校—教材　Ⅳ.①G444

中国版本图书馆 CIP 数据核字（2018）第 172030 号

出 版 人　赵剑英
责任编辑　张　林
责任校对　孙士刚
责任印制　戴　宽

出　　版　中国社会科学出版社
社　　址　北京鼓楼西大街甲 158 号
邮　　编　100720
网　　址　http：//www.csspw.cn
发 行 部　010 - 84083685
门 市 部　010 - 84029450
经　　销　新华书店及其他书店

印　　刷　北京明恒达印务有限公司
装　　订　廊坊市广阳区广增装订厂
版　　次　2018 年 8 月第 1 版
印　　次　2020 年 8 月第 3 次印刷

开　　本　787×1092　1/16
印　　张　17.75
插　　页　2
字　　数　401 千字
定　　价　35.00 元

凡购买中国社会科学出版社图书，如有质量问题请与本社营销中心联系调换
电话：010 - 84083683

编 委 会

主　编：郑　赟　林　峰

副主编：唐海燕　郭海峰

　　　　魏丽艳　艾　炎

序 言

从"心"启程

习近平总书记在党的十九大报告中强调，建设教育强国是中华民族伟大复兴的基础工程，必须把教育事业放在优先位置，深化教育改革，加快教育现代化，办好人民满意的教育。要全面贯彻党的教育方针，落实立德树人根本任务，发展素质教育，推进教育公平，培养德智体美全面发展的社会主义建设者和接班人。

培养担当民族复兴大任的时代新人，必须从"心"启程。

从"心"启程，基于时代需求。我国已步入建设中国特色社会主义的新时代，新时代的社会主要矛盾已经转化为人民日益增长的美好生活需要和不平衡不充分的发展之间的矛盾。而作为社会主义大学，高校肩负人才培养、科学研究、社会服务、文化传承创新、国际交流合作的重要使命，是巩固马克思主义指导地位，发展社会主义意识形态的重要阵地。

从"心"启程，基于问题导向。无疑，人才培养是一个大命题。为谁培养人，培养什么样的人，怎样培养人，都值得每一位从事高等教育事业的管理者、学者专家，乃至于普通教师和辅导员班主任的深度思考。目前，心理健康教育在全社会方兴未艾，是因其问题和矛盾不断呈现，需要全社会关注，更需要专业人士给出解决方案，将隐患解决于萌芽阶段，将美好绽放于每一天清晨。

从"心"启程，基于未来可期。习近平总书记指出，青年兴则国家兴，青年强则国家强。青年一代有理想、有本领、有担当，国家就有前途，民族就有希望。他强调，全党要关心和爱护青年，为他们实现人生出彩搭建舞台。编辑本书，即从这样的一个微视角，从"走进心理的世界"，到"守护心灵的家园"，从"认识你自己"，到"做最好的自己"，从"我的未来不是梦"，到"书山有路心为径"，从"我的情绪我做主"，到"让心灵自由沟通"，从"绽放青春的玫瑰"，到"风雨之后是彩虹"，从"我和我的网络生活"，到"让生命尽情绽放"，到"让我们笑对人生"。这注解着人生的漫漫旅程，诠释着人生的意义和所有的美好，让我们同向同行，共同期待。

本书编委会
2018 年 7 月

— 1 —

目　　录

第一章　走进心理的世界

——大学生心理健康导论

健康十个"一"

一个宽阔的胸怀，一种规律的生活，一种合理的饮食习惯，一种适合自己的锻炼方法，一种活泼、热情、开朗、合群的性格，一种能调节身心的业余爱好，一种不向任何压力低头的意志，一种对待疾病的正确态度，一种对年龄的忘却，一个永远微笑的面孔。

【案例导读】

江西省某高校隆重举行心理健康形象大使选拔赛，选拔在全校范围内进行，所有学生都可以参加。选拔赛包含了心理健康知识、舞台礼仪、演讲主持、心理解惑等方面的内容，赛前还对参赛选手进行一些专题培训。大赛选拔10名左右心理健康形象大使，评选冠军、亚军、季军、最佳风采奖、最佳人气奖各1名，优胜奖若干名。心理健康形象大使将由学校颁发荣誉证书，参加心理咨询中心组织的专题培训和校外实践，参与策划和主持各类大型心理健康教育活动。在海选后，入围选手进班级开展"5分钟传递微幸福"等活动，累计"爱心积分"，为最后的比赛奠定基础。此次大赛得到了全校学生的大力支持，报名踊跃，在整个校园产生了很大的轰动效应。

【心理分析】

进入21世纪，全国各高校都非常重视大学生心理健康教育，当代大学生对心理健康不再回避，越来越多的大学生开始积极关注心理健康，开始自发地学习心理学及心理健康方面的知识，他们越来越能意识到心理健康的重要性，认识到拥有健康的心理可以让大学生活更加快乐和充实。

【学习目标】

1. 认识心理的实质与特点。
2. 了解大学生心理发展的特点。
3. 掌握心理健康的含义。

4. 掌握大学生心理健康的标准及其影响因素。

【关键概念】

心理　心理健康

第一节　关注心理：心理的基本含义

一、心理具有物质基础

现代科学表明，脑是心理的器官，心理是脑的功能。正如肺是呼吸的器官，呼吸是肺的功能一样。

1. 人脑的结构

人脑是由高级神经中枢和低级神经中枢构成的。高级神经中枢指大脑。大脑位于脑的顶部，分左、右两个半球。低级神经中枢指大脑以下的中枢神经各部位，包括延脑、脑桥、中脑、间脑和小脑。低级神经中枢除了有传递和过滤神经信息（又称神经冲动）的功能之外，还对维持生命的基本活动起着重要的作用，如维持心跳、血压，发生吞咽、咳嗽、喷嚏反射，平衡和协调身体运动，调节自主神经活动等。同时，低级神经中枢还具备接受感觉信息、调节情绪和维持机体觉醒状态的功能，低级神经中枢的活动受高级神经中枢的控制。脑和脊髓构成中枢神经系统，中枢神经系统向全身各部位发出大量神经纤维，则为外周神经系统，外周神经与感官及肌肉、骨骼、内脏、腺体等相联系，形成从中枢到外周又从外周到中枢的神经信息环路。

2. 大脑的功能与心理

大脑的主要功能是接受、分析、综合、储存和发布各种信息。机体的所有感觉器官都把刺激信息由神经传入大脑，经过加工、整理，做出决策，然后发出信息，控制各器官和各系统的活动。各器官和各系统的活动状况又会通过信息环路反馈给大脑，以便进一步调节。

大脑两半球各自管理着相对的那一半身体，即左半球主管身体的右半边，右半球主管身体的左半边。

人的大脑功能具有不对称性，即心理功能在左、右两个半球上表现出不同的优势。通常左半球的功能是阅读和计算，保障连贯的、分析性的逻辑思维。右半球运用形象信息，保证空间定向、音乐知觉、擅长对情绪、态度的理解。大脑两半球的功能不对称性是相对的，是一个人在交往过程中逐渐稳定下来的。

综上所述，脑是心理的器官，是心理活动的物质基础，它的活动产生并制约着人的心理活动。

二、心理是客观现实的反映

脑是心理的器官，但脑本身并不产生心理，心理既不是大脑天生固有的产物，也不是大脑自动产生的东西，而是客观物质世界在大脑中的反映。即心理现象是客观事物作用于人的感觉器官，通过大脑活动而产生的。所以，客观现实是心理的源泉和内容。离开客观现实来考察人的心理，心理就变成了无源之水、无本之木。客观现实是指独立于人的心理之外，不依赖于人的心理而存在的一切事物。客观现实可分为三类：第一类是自然现实，包括日月星辰、山川树木、江河湖海等；第二类是经过人加工的现实，如工厂、车辆、工具、笔墨、纸张等；第三类是社会现实，主要指人们的社会存在，即人所处的社会制度和人的各种社会关系，也包括人们的交往、语言等方面。

1920 年，印度人辛格在狼窝里发现了两名小女孩，小的约 2 岁，带回后很快死去了，大的约 8 岁，取名为卡玛拉。卡玛拉返回人类生活圈时用四肢行走，用双手和膝盖着地歇息，不会用手吃饭、喝水。她害怕强光，夜间视觉敏锐，每天夜里像狼一样嚎叫，拒绝穿衣服及盖毯子。经过辛格的照料和教育，她 2 年学会了站立，4 年学会了 6 个单词，6 年会走，7 年学会了 45 个单词，同时学会了用手吃饭，用杯子喝水。但是到 17 岁临死时她只有相当于 4 岁儿童的心理发展水平。

由此可见，尽管卡玛拉有人脑这一物质基础，但她长期生活在狼群里，脱离了人类社会，她只有狼的习性，而不具备人的心理。所以，心理也是社会的产物，离开了人类社会，即使有人的大脑，也不能自发地产生人的心理。

心理的反映不是镜子式的反映，而是能动的反映。因为通过心理活动不仅能认识事物的外部现象，还能认识到事物的本质和事物之间的内在联系，并用这种认识来指导人的实践活动，改造客观世界。

三、心理以活动形式存在

心理是客观现实在大脑中的主观反映，也是一种看不见、摸不着的映像，看不见、摸不着并不代表它就是虚无缥缈的，它可以通过人的活动存在和表现。所以，就有了察言观色，揣摩心理，当然，也就有了心理学。有时候，一些小动作会泄露我们内心的秘密，这一切，也就是心理活动。心理是脑的机能，是人脑对客观现实的主观反映，这两者是相互联系、密不可分的。同时，人脑也只有在人的社会中才会充分发展。人的心理、脑和客观现实，永远处于相互作用之中。人通过反映客观现实、改造客观现实的各种实践活动，不断地丰富和发展自己的聪明才智，形成自己的世界观。

四、心理的构成

心理（也称心理现象）丰富多彩，绚丽多姿，表现形式多种多样，但一般可以把它分为心理过程和个性心理两大类。

1. 心理过程

心理过程是指人脑对客观事物不同方面及其相互关系的反映过程。它相对于个性心理而言，是不断变化、暂时性的心理现象。包括认识过程、情感过程和意志过程。

认识过程 认识过程是指人在认识客观事物的过程中，为弄清客观事物的性质和规律而产生的心理现象，是人的最基本的心理过程。比如，我们看见颜色，听到树叶的沙沙声，尝到滋味，闻到气味，摸到物体的软硬或冷热等，这就是感觉。在感觉的基础上，我们能够辨认出是盛开的菊花或是歌唱的百灵鸟；是鲜红的苹果或是崭新的书桌等，就是知觉。人不仅能直接地感知事物的表面特征，还能间接地、概括地反映事物的内在的、本质的特征，这是思维。人在头脑中不仅能够再现过去事物的形象，而且还能在此基础上创造新事物的形象。这类心理活动的过程叫作想象。感觉、知觉、记忆、思维和想象同属于人的认识过程。

情感过程　情感过程是指人在认识客观事物的过程中所引起的人对客观事物的某种态度的体验或感受。人对客观事物的认识，并不是呆板的、冷漠的，而总是对它表现出鲜明的态度体验，渗透着某种感情色彩。这些在认识基础上产生的喜、怒、哀、乐等态度体验，心理学上称之为情感过程。

意志过程　意志过程是指由认识的支持与情感的推动，使人有意识地克服内心障碍与外部困难而坚持实现目标的过程。人不仅能认识客观事物，对它产生一定的情感体验，而且还能够自觉地改造客观世界。为了认识和改造世界，人总是主动地确定目标，制订计划，并树立信心，坚持不懈地去战胜困难和挫折，以达到预期的目的，这种心理活动的过程叫作意志过程。意志是人的意识能动性的集中表现。

认识、情感和意志不是彼此独立的过程。情感和意志过程中含有认识的成分，它们都是由认识过程派生出来的；情感与意志又对认识过程产生影响，它们是统一的心理活动中的不同方面。

2. 个性心理

个性心理是每个个体所具有的稳定的心理现象。它包括个性倾向性和个性心理特征两个方面。

个性倾向性　个性倾向性是决定个体对事物的态度和行为的内部动力系统，是具有一定的动力性和稳定性的心理成分。比如，需要、动机、兴趣、理想、信念和世界观等个性倾向性使每个人的心理活动有目的、有选择地对客观现实做出反应。一些物质要求明显地高于精神要求的人会无限制地去追求物质享受，甚至不顾国格和人格，而一些精神要求高于物质要求的人在强烈的物质引诱下也不做有损于国格和人格的事情。具有不同的理想、信念、世界观的人，对其心理活动的组织和引导也是不同的。

个性倾向性是个性心理的重要组成部分，它对相关的心理活动起着支配和控制的作用。

个性心理特征　个性心理特征是个体身上经常表现出来的本质的、稳定的心理特征。它主要包括能力、气质和性格，其中以性格为核心。能力是表现在完成某种活动的潜在可能性方面的特征。气质是表现在心理活动的动力方面的特征。性格是表现在完成活动的态度和行为方式方面的特征。

个性倾向性与个性心理特征在某一个人身上独特的稳定的有机结合，就构成了这个人不同于其他人的个性心理。个性心理以心理过程（认识、情感、意志）为基础。人的个性心理的形成和发展，是在一定的社会影响和教育下，通过心理过程反映客观现实而逐渐定型化的结果，是个体社会化的过程。同时，已经形成的个性心理又反过来制约每个人的心理过程和在心理过程中表现出来。具有不同兴趣和能力的人，对同一首歌、同一幅画、同一出戏的评价水平、欣赏水平是不同的。一个具有先人后己、助人为乐性格特征的人往往会表现出坚强的意志行动。

第二节 关注发展：大学生心理活动特点

一、大学生的心理发展特点

从心理学的角度，人们一般把青年期划分为三个阶段：青年初期，年龄在 14 岁到 18 岁（中学阶段）；青年中期，年龄在 18 岁到 22 岁（大学阶段）；青年后期，年龄在 22 岁到 27 岁（参加工作）。大学生正处于青年中期，是人生的关键时期，是人生的黄金阶段。这一时期他们虽然生理发展已经基本成熟，但是心理发展仍然处于趋向成熟又未完全成熟的过渡阶段。其特点主要表现在以下几个方面。

1. 智能发展达到最高峰

随着大学生自身生理发展基本成熟，自身成长经历和社会实践阅历也日趋丰富。这一阶段他们思维敏捷，接受力强，特别是记忆力和理解力的结合达到最高峰，抽象逻辑思维能力、独立思考能力、分析问题能力和解决问题能力增强。他们不再满足于现象罗列，而是主动地探求事物的本质，但是由于缺乏经验，他们对问题的看法容易出现主观片面、自以为是、独断专行、脱离现实、怀疑一切等倾向。

2. 自我意识增强

独立自主、个人魅力是当代大学生喜欢追求的个性形象。大学生是同龄青年中的佼佼者，一般都具有较强的自信心、自尊心。他们希望自己的聪明才智能够得到社会的承认和关注，他们不喜欢别人指手画脚、干涉指责，或者继续把他们当未成年人看待，期待社会把他们看作成熟的一员，得到他人的尊重，这种表现是大学生自我意识进一步增强、个体进一步成熟的反映。自我意识是指个体对自己及自己与周围世界关系的认识，它包括自我观察、自我评价、自我监督、自我控制、自我教育等形式。产生自我意识，把自己作为独立于周围事物的一个主体进行剖析，是人的心理发展达到一定水平的重要标志，也是心理发展过程中必然产生的一种现象，更是青年大学生完成社会化过程的必经阶段。总体而言，大学生的自我意识增强，主要表现在以下几个方面。第一，他们迫切要求深入了解自己和发展自己，他们经常把自己分为现实的自我和理想的自我，力图从现实与理想的关系中把握自己、认识自己、要求自己，以追求完善自我。第二，自我形象的认识更全面。一般说来，大学生能从较多的角度和层次来观察想象和评价自我，设计并确立自己的形象。他们不只是注重自己的外表，更注重自己的内在因素，如智力、能力、气质、性格等。第三，自我评价能力增强。由于认识水平的提高和评价方法的逐渐完善，加之生活经验的丰富、智力发展的成熟，大学生既能借助一定的社会评价认识自己，但又不完全依赖别人的评价，表现出较明显的独立性、自主性和自信心。他们相信自己的知识和能力水平，十分重视维护自己的名誉，更希望得到别人的尊重和理解。第四，自我教育能力增强。大学生大多数都能够根据所学专业和以后将从事的工作要求来规划自己的学习生活，确立自己的奋斗目标，不断激励自我修养、自我锻炼，由于独立感、自信心、好胜心等增强，他们要求独立自主，有更多主动权，希望得到他人的重视与尊重，期望自己成为生活的强者，在学习、生活、工作中乐于扮演主角，不甘充当配角。已不满足课堂知识，对课外知识尤其新知识具有浓厚兴趣。当自己发生过失造成不良后果时，会通过自己自责和反思，鞭策自己将功补过。

3. 抽象思维迅速发展但思维易带主观片面性

由于学习的知识越来越多，受到的思维训练越来越复杂，因而大学生的抽象思维获得了迅速发展，并逐渐在思维活动中占据主导地位。他们思维的独立性、批判性和创造性有所增强，主张独立发现问题和解决自己认为需要解决的问题，喜欢用批判的眼光对待周围的一切，不愿意沿着别人提供的方法去思考和解决问题，其思维的辩证性、发展性都有所提高。但是，他们抽象思维水平并没有达到完全成熟的程度，主要表现在思维品质发展不平衡，思维的广阔性、深刻性和敏感性发展比较慢。由于个人阅历浅、社会经验不足，看问题时容易过分地钻"牛角尖"，并且掺杂了个人的感情色彩，缺乏深思熟虑，往往有偏激、过分自信和固执己见的倾向。尤其是他们还不大善于运用唯物辩证法观点和理论联系实际的观点指导自己的认识活动和观察社会现象，从思维的发展来说，大学生的"理论型"抽象思维居于主导地位，因而，他们常常把社会问题看得过于简单而陷入主观、片面和"想当然"的境地。

4. 情感丰富但情绪波动较大

大学生充满青春活力，随着校园生活的深入展开，社会性需要增多，其情感也日益强烈、完善。这种强烈的情感不仅仅表现在学习和工作中，体现在对待家长、同学和教师的态度等方面，更重要的是这种情感还明显地具有时代性、社会性和政治性。他们热爱社会、富有理想，关心国家的命运和前途，对于走建设有中国特色的社会主义道路、实现中华民族全面振兴充满了希望和激情。他们的爱国主义情感、集体主义情感、社会责任感和义务感、道德感、友谊感、美感和荣誉感、理智感等迅速向广度和深度发展，逐步成为其情感世界的本质和主流。爱情的出现是大学生情感世界的一大突变，对其心理发展产生着巨大影响。大学生控制情绪的能力也在不断变强，大多数人的内心体验逐渐趋于平稳。但是，如果受到内心需要和外界环境影响的强烈刺激，他们的情绪又容易产生较大波动而表现出两极性，既可能在短时间内从高度的振奋变得十分消沉，又可能从冷漠突然转变为狂热，乃至造成消极的后果。这种情况常使一些大学生陷入理智与情感的矛盾和冲突之中，从而感到十分苦恼。大学生的情绪还存在着外显性与内隐性的矛盾，这种矛盾冲突也带来了大学生中较多的情绪适应问题，生活经验的匮乏，使大学生又常常体验到挫折与焦虑。

5. 意志水平明显提高但不平衡、不稳定

多数大学生已能逐步自觉地确定自己的奋斗目标，并根据目标确定实施计划，排除内外障碍和困难去努力实现奋斗目标，其意志的自觉性、坚韧性、自制性和果断性都有了较大发展。但是处于意志形成时期的大学生，其意志水平发展又是不平衡和不稳定的。大学生的意志水平的自觉性和坚韧性品质已达到较高水平，但意志的果断性和自制性品质的发展却相对缓慢一些。大学生能独立迅速地处理好一般学习、生活问题，但在处理关键性问题或采取重大行动时往往表现出优柔寡断、动摇不定或草率武断、盲目从众的心态。在不同的活动中，大学生意志水平的表现也不一样，如在专业学习活动中，往往意志水平高，而在思想品德的修养活动中意志水平就相对比较低。在同一种活动中，大学生的意志水平表现也有较大差异，心境好时意志水平较高，心境差时则显得意志水平较低。情绪波动对于他们意志活动水平的影响是显而易见的。

6. 性意识进一步发展

正处于青年中期的大学生，他们的智能、体能和性能力等方面发展已趋于成熟。因此在性心理方面，主要表现为性意识活动（性冲动、性欲望、性幻想）十分活跃，与异性交往的需要很强烈，对性文化也较为关注。

二、大学生心理发展的阶段性特征

大学生在校期间的学习和生活，大致可以划分为三个阶段：入学适应阶段、稳定发展阶段和准备就业阶段。在这三个阶段中，其心理状况是不一样的。

1. 入学适应阶段

从高考的喜悦中走过来，进入大学成为大学生后，大学生面对的是从中学生活到大学生活的一系列急剧的转折。如饮食方面的显著差异和生活习惯的不适应；开始接触来自不同地区的新同学，过去在家里住宿的同学也开始了集体生活；生活和学习条件变了，环境变了；教师的授课方式和教学内容、教学手段也变了；某些专业学习需要更多的记忆，而另一些专业学习则需要更严谨的逻辑思维，这就要求大学生的学习方式和方法要尽快适应这些变化。但对于大学新生来说，他们对这些变化还感到陌生，一时还适应不过来。在这一陌生的环境中，大学生要做的就是努力去适应这一新的环境，建立新的心理结构，从而实现新的心理平衡。

2. 稳定发展阶段

这一阶段是大学生活最主要、持续时间最长的阶段，基本上要到大学毕业前夕。在这一阶段中，大学生要完成繁重的学习任务。在这一漫长的过程中，他们不但要面临学习上的诸多问题，如课程的难易、考试能否取得好成绩、能否升学等，同时也会遇到其他方面的新情况、新问题，如与同学交往中的人际关系的调节，与异性交往中的爱慕等，都要他们做出抉择。

3. 准备就业阶段

是就业还是考研究生，是即将毕业的大学生面临的问题。如果是走向社会参加工作，又如何选择工作领域、职业？择业是将要毕业的大学生最为关心和忧虑的问题。这一阶段是大学生从学生生活向职业生活过渡的阶段。许多大学生把职业方向的选择与个人成长相联系，更多地从自己发展和完善方面考虑，希望能找到一份满意的工作，发挥自己的特长，同时又对报酬的高低、地位和岗位是否理想、自己家庭和恋人能否得到照顾等疑虑重重。面对又一次的环境变迁、角色转变，大学生心理又起波澜。

三、大学生心理发展的矛盾

1. 渴望独立和依赖的矛盾

进入大学之后，在这个社会气氛很浓的环境中，大学生的成人感迅速增强。他们渴望独立，强烈要求社会承认他们的成人资格。同时，大学生活中又有很多事情要他们完全靠自己的能力来处理，使他们的独立意识迅速发展。但由于他们又无法完全靠自己来处理所遇到的一系列复杂的实际问题，特别是他们在经济上没有独立，因此，他们仍必须依靠父母、学校。

2. 理想与现实的矛盾

大学生在中学期间往往学习成绩比较好，成长过程比较顺利，一般都树立了较高的理想。进入大学后，常常会发现现实并不是他们自己所想象的那样，因此，矛盾重重，苦恼缠身。

3. 心理闭锁性和寻找理解的矛盾

大学期间对很多人来说，是一个既渴望友情又害怕孤独的时期。一方面，由于自我意识的发展，大学生常常对自己的内心世界进行细致而深入的探索、反省，希望有一方完全属于自己的自由角落；另一方面，大学生又害怕孤独，希望自己的情感有一个宣泄的对象，希望自己有一个可以共鸣的知己。

4. 性生理与性心理的矛盾

大学时期，性生理已成熟，而性心理正趋向成熟。可是大学生需要在大学校园里进行半封闭的学习，经济上不独立，他们的未来又有许多不确定因素，性心理成熟落后于性生理成熟的现实，导致产生许多与性有关的心理矛盾。

5. 情绪兴奋性高与抑制性差的矛盾

从生理角度来看，青春期高级神经活动的兴奋与抑制尚不平衡，往往兴奋占有优势，情绪情感丰富而不稳定。从心理角度来看，进入大学后，环境、生活、个人地位的变化等引起很多心理矛盾，而大学生的社会经验和知识水平又没有达到能够真正独立地、正确地调节自身行为的程度，这就出现了他们独立支配自己行为的强烈要求与行为结果相悖的情况，从而产生内心的痛苦和不安。

总之，大学期间是心理"断乳"的关键时期。心理"断乳"意味着个人离开父母和家庭的呵护，摆脱对成人的信赖，成为独立的个体，建立自己独立的心理世界。在这一过程中，上述心理矛盾是普遍存在的，这些诸多的矛盾冲突交织在一起，是大学生心理发展过程中的正常现象。这些矛盾如果得到合理的解决，将成为大学生心理发展的动力，促进大学生心理的健康发展。否则，将成为大学生心理发展的阻力，若矛盾进一步加剧将导致心理问题，影响心理健康。

第三节　关注健康：大学生心理健康标准

一、心理健康的定义

根据全面健康的观点，健康至少包括四大要素——生理平衡（没有身体疾患）、心理稳定（没有心理障碍）、社会成熟（具有社会适应能力）、道德健康（具有良好的品质）。四者相互联系，相互影响。一方面，身体疾患可以影响个体的正常心理活动；强烈的或持久的心理刺激也可以导致身体健康的下降。即生理问题可以引起心理的反应，心理的失调也可以引起生理的改变。另一方面，心理健康与社会成熟的关系更是密不可分，二者互为因果。心理不健康就无从谈起社会成熟；而社会不成熟也就无所谓心理健康。而道德健康在某种意义上属于心理健康的范畴。现在人们逐渐开始重视心理健康。尤其是在科技高度发达、竞争日益激烈的信息社会，心理健康在某种程度上将成为人类健康的"核心"。

既然心理健康如此重要，那么究竟什么是心理健康呢？

心理健康是指个体在各种环境中能保持一种良好的心理效能状态。人在生活实践中，要不断地与外界环境（包括自然的和社会的）发生关系，相互作用，接受环境的影响并积极反作用于环境，以取得与外界环境的平衡与协调。一个心理健康的人，还应当能随环境条件的变化而不断调整自己的内部心理结构，以达到与外界的平衡。

二、心理健康的标准

世界卫生组织提出、制定了心理健康的七条标准。

1. 智力正常

智力正常是人正常生活学习最基本的心理条件，是心理健康的首要标准。一般来说，大学生的智力是正常的，智力总体水平高于同龄人。学习是大学生活的主要内容，心理健康的大学生会珍惜学习机会，学习态度端正，求知欲望强烈，能克服学习中的困难，保持一定的学习效率，掌握有效的学习方法，学习成绩比较稳定，并且能从学习中获得满足感和快乐感。因而，衡量大学生的智力，关键要看大学生的智力是否正常地、充分地得到了发挥。

2. 情绪正常

心理健康的人积极情绪多于消极情绪，愉快、乐观、满意等积极情绪状态总是占优势，虽然也会有悲伤、忧愁、愤怒等消极情绪体验，但一般不会持续太久。情绪稳定，善于控制和调节自己的情绪，既能适度宣泄，又能克制约束，不过分压抑，喜不狂、忧不绝、胜不骄、败不馁、谦不卑，使情绪表现既符合自身需要，也符合社会要求，在社会交往中既不妄自尊大，也不退缩畏惧，在不同的时间和场合恰如其分地表达情绪。对于无法得到的东西不过于探求，争取在社会允许的范围内满足自己的各种需要。

3. 意志健全

意志健全的表现是大学生在各种活动中都有自觉的目的性，能适时地做出决定，并运用切实有效的方法解决所遇到的各种问题，在困难和挫折面前能采取合理的反应方式，能在行为中控制情绪和言行，能够保持长时间专注的行动去实现既定目标。

4. 人格完整

人格完整是指有健全统一的人格，各方面能平衡发展。人格结构的各要素完整统一，以积极进取的人生观为中心，把自己的需要、愿望、目标与行为统一起来，精神面貌完整、协调、和谐。个人的所想、所说、所做协调一致，这种统一性是确保一个人具有良好社会功能和有效地进行活动的心理基础。

5. 自我评价合理

心理健康的人了解自己的优点和缺点，了解自己的能力、性格、爱好和情绪的特点，并据此来安排自己的生活与工作，不自傲也不自卑；而且，由于了解自我，他的生活目标、自我期待会切合实际，不会给自己提出过于苛刻的期望，因而对自己总是满意的；努力发挥自身的潜能，即使对自己无法补救的缺陷，也能安然处之。相反，一个不了解自我的人，目标超越现实，对自己要求过高而又达不到，为此自卑、自责、自怨，因而易陷入心理危机；或者狂妄自大，诿过于人，用嘲笑、讽刺甚至攻击的手段来消除受挫的紧张感。

6. 人际关系和谐

人际关系是否和谐，是衡量大学生心理健康的一个重要指标。心理健康的大学生乐于交往，善于交往，不仅能悦纳自己，也能悦纳别人，能认可别人存在的重要性，同时也能为他人所接受，能与他人相互沟通和交往，既有广泛的人际关系，又有稳定的知心朋友。

7. 心理行为符合年龄特征

心理健康的大学生应具有同自己年龄相符合的认知、情感、言行、举止等心理行为表现。如果一个人的心理行为经常严重偏离自己的年龄特征，则是心理不健康的表现。对于大学生群体来说，朝气蓬勃、精力充沛、勤学好问、反应敏捷、勇于创新，这些都是心理健康的表现。如果一个大学生整天紧锁双眉、老气横秋、老态龙钟，或像小孩子一样喜怒无常，动不动就发脾气，或任何事都拿不定主意，幼稚可笑，那就是心理不健康的表现。

三、大学生心理健康的主要影响因素

影响大学生心理健康的因素是多方面的，归纳起来可以分为个人内在因素、外在环境因素。

（一）个人内在因素

1. 个人生理方面的因素

人的生理特点，尤其是大脑与神经系统的解剖生理特点是心理活动的物质基础。如果大脑与神经系统有某些缺陷，人的某些心理活动就不能正常进行。如果大脑中的听觉中枢不健全，人就不能获得正常的听觉，不仅难以欣赏音乐，而且也难以与人进行正常的语言交流，可能会对人的情绪、人际交往等方面造成直接影响。而且，大脑与神经系统的解剖生理特点，直接规定了人的气质类型，这些气质类型（如胆汁质、抑郁质）在情绪的表现方面尤其值得注意，如果不能恰当地予以教育、引导，就有可能导致某些心理异常。其他如自主神经系统、内分泌系统功能失调，也会引起人的情绪异常。例如，甲状腺功能过盛，会导致人出现神经过敏与情绪激动的现象；肾腺功能不足，则会使人情绪抑郁。大学生在成长过程中，父母的遗传、病菌病毒感染、大脑外伤或化学中毒及某些严重的躯体疾病都会对其心理健康发展造成极大的影响。

2. 个人心理方面的因素

个人心理活动过程中的冲突与挫折等，是影响心理健康的另一类个人因素。一方面，处于青年期的学生，心理发展水平正处在迅速成熟但未完全成熟的阶段，他们有理想和追求，充满热情，但由于情况、条件以及个人能力的限制，在多种目标不能协调时，他们被迫放弃某些目标，忍痛割爱，这种被迫的取舍选择，若是涉及自己心爱的人、事、物，事后又觉得不妥、懊丧不已，那么久而久之，会产生忧郁感，甚至积忧成疾。另一方面，生活也不是一帆风顺的，大学生随时会在学习、生活、交友、恋爱、择业等方面遇到各种各样的困难，当他们遇到困难又无法克服时，就会产生挫折感，心情不愉快，甚至会感到痛苦。倘若他们不能正确地对待挫折，不能在遇到挫折后通过适当的心理防卫或适应机制去战胜挫折，就会经常感到自尊心的损伤与自信心的丧失，内心滋长失败感和愧疚感，形成一种紧张、不安、忧虑、恐惧、抑郁等交织而成的复杂心境，这种焦虑的心态若长期持续下去，便会影响心理健康。

（二）外在环境因素

1. 社会环境因素

大学生关注社会政治与经济的变化发展，而社会物质、社会意识、社会风气、社会舆论四个方面对学生的心理影响较大。市场经济带来物质产品巨大丰富，利益格局重新调整，贫富差距加大；在社会意识方面，社会主义市场经济体制的建立和发展，必然伴随着价值观念的转换。社会转型时期信仰的迷茫、价值的失落等必然对学生产生一定影响，与此同时，社会风气、社会舆论也给成长中的学生留下深层的心理积淀。

2. 家庭因素

父母本身的心理行为、父母关系、家庭氛围等都会给大学生带来影响。毋庸置疑，大学生世界观、人生观的形成是以其少儿时期的思想、观念为基础的。如果在少儿时期，父母的认知不统一，观念行为不一致，往往会使子女产生心理困惑。事实证明，父母感情和谐、兄弟姐妹相亲相爱的家庭氛围，往往会使个体形成谦虚、礼貌、随和、诚恳、乐观、大方等良好的人格特征。反之，家庭成员之间如果经常吵闹、打骂，则容易使个体形成粗暴、野蛮、孤僻、冷漠等不良的人格特征。父母婚姻的不幸，可能对大学生造成心理上的阴影。

3. 教育因素

随着教育制度的发展变化，学校教育逐步适应市场，专业拓宽，重视学生的适应力与能力的培养，应试教育逐步弱化；教育招生、就业体制的改变，学生交费上学，在一定范围内自主择业，市场增加了对高校与学生的约束机制。这一切都直接冲击着当今大学生的心理，他们必须承担上学的部分教育成本，面对求学、择业过程中选择机会的增多，选择难度的增大，他们有着更多的焦虑、不安、失落、无所适从。

【引申阅读】

一棵苹果树，终于结果了。

第一年，它结了 10 个苹果，9 个被拿走，自己得到 1 个。对此，苹果树愤愤不平，于是自断经脉，拒绝成长。第二年，它结了 5 个苹果，4 个被拿走，自己得到 1 个。"哈哈，去年我得到了 10%，今年得到 20%！翻了一番。"这棵苹果树心理平衡了。

但是，它还可以这样：继续成长。譬如，第二年，它结了 100 个果子，被拿走 90 个，自己得到 10 个。

很可能，它被拿走 99 个，自己得到 1 个。但没关系，它还可以继续成长，第三年结 1000 个果子……

其实，得到多少果子不是最重要的。最重要的是，苹果树在成长！等苹果树长成参天大树的时候，那些曾阻碍它成长的力量都会微弱到可以忽略。真的，不要太在乎果子，成长是最重要的。

点评：这样的故事，在我们身边比比皆是。之所以犯这种错误，是因为我们忘记生命是一个历程，是一个整体，我们觉得自己已经成长过了，现在是到该结果子的时候了。我们太过于在乎一时的得失，而忘记了成长才是最重要的。积极向上的心态，正是心理健康的一种具体表现。

【学习反馈】

1. 人与人之间为什么有不同的心理？

2. 对照心理健康的标准，你觉得应该如何提升自己的心理健康水平？

3. 从内在和外在两个维度谈谈心理健康的影响因素。

【心理测试】

大学生心理健康调查表（UPI）

大学生心理健康调查表（UPI）是 University Personality Inventory 的简称。UPI 的主要功能是为了早期发现、早期治疗有心理问题的学生而编制的大学生精神健康调查表。UPI 主要以大学新生为对象，入学时作为精神卫生状况实态调查而使用，以了解学生中神经症、心身症、精神分裂症以及其他各种烦恼、迷惘、不满、冲突等状况。

指导语：以下问题是为了解你的健康状况，并为了增进你的身心健康而设计的调查。请你按题号的顺序阅读，在最近一年中你常常感觉到或体验到的项目上做"是"与"否"的选择。为了使你顺利完成大学学业，身心健康地去迎接新生活，请你真实选择。

1. 食欲不振。	31. 为脸红而苦恼。
2. 恶心、胃口难受、肚子痛。	32. 口吃、声音发颤。
3. 容易拉肚子或便秘。	33. 身体忽冷忽热。
4. 关注心悸和脉搏。	34. 常常注意排尿和性器官。
5. 身体健康状况良好。	35. 心情开朗。
6. 牢骚和不满多。	36. 莫明其妙地不安。
7. 父母期望过高。	37. 一个人独处时感到不安。
8. 自己的过去和家庭是不幸的。	38. 缺乏自信心。
9. 过于担心将来的事情。	39. 办事畏首畏尾。
10. 不想见人。	40. 容易被人误解。
11. 觉得自己不是自己。	41. 不相信别人。
12. 缺乏热情和积极性。	42. 过于猜疑。
13. 悲观。	43. 厌恶交往。
14. 思想不集中。	44. 感到自卑。
15. 情绪起伏过大。	45. 杞人忧天。
16. 常常失眠。	46. 身体倦乏。
17. 头痛。	47. 一着急就出冷汗。
18. 脖子、肩膀酸痛。	48. 站起来就头晕。
19. 胸痛憋闷。	49. 有过昏迷或抽风。
20. 总是朝气蓬勃。	50. 人缘好，受欢迎。
21. 气量小。	51. 过于拘泥。
22. 爱操心。	52. 对任何事情不反复确认就不放心。
23. 焦躁不安。	53. 对脏很在乎。
24. 容易动怒。	54. 摆脱不了毫无意义的想法。
25. 想轻生。	55. 觉得自己有怪气味。
26. 对任何事都没兴趣。	56. 别人在自己背后说坏话。
27. 记忆力减退。	57. 总注意周围的人。
28. 缺乏耐性。	58. 在乎别人的视线。
29. 缺乏决断能力。	59. 觉得别人轻视自己。
30. 过于依赖别人。	60. 情绪易被破坏。

UPI 的计分方法

UPI 测验完成后，需要计算的只有一个指标，即总分。UPI 问卷共 60 个问题，其中第

5、20、35、50 题不计分。UPI 采用是非式选择，肯定选择的计 1 分，否定选择的计 0 分，UPI 总分的计算规则是将 56 个题的得分求总和。所以，UPI 的总分最高为 56 分，最低为 0 分。分值越高表明你心理压力越明显。如果总分大于 25 分或者第 25 题作肯定选择者，可能有较明显的心理问题，应尽快进行咨询。

🪽 **心理美文**

　　一把坚实的大锁挂在大门上，一根铁杆费了九牛二虎之力，还是无法将它撬开。钥匙来了，它瘦小的身子钻进锁孔，只轻轻一转，大锁就"啪"地一声打开了。

　　解析　每个人的心，都像上了锁的大门，任你再粗的铁棒也撬不开。唯有关怀，才能把自己变成一把细腻的钥匙，进入别人的心中……

第二章 解开心灵的枷锁

——心理咨询与心理异常

【案例导读】

小雪是一名大一新生，性格比较内向，上大学前由于成绩优异，她深受老师、同学的喜爱。来到大学后，小雪突然感到自己处处不如别人，比如，家庭贫寒、没有特长、没有朋友等，再加上她本身也不太善于交际，慢慢地便变得越来越沉默。她时常感到孤独、寂寞，上课难以专心听讲，课后无法复习和自习，成绩一落千丈。她的内心万分痛苦，但却不敢去做心理咨询，因为怕同学们会嘲笑她。

小马是一名大三的学生，父母早年离异，由母亲抚养长大。母亲性格比较暴躁，经常打骂他，所以小马对母亲比较憎恨，认为没有得到真正的母爱。考上大学后，学校的学习环境、学习氛围以及人际关系都让他感到非常压抑，他甚至有一种透不过气来的感觉。于是他每天都会幻想着各种各样的意外死亡方式，比如被车撞死、被水淹死、被人砍死等。他的情绪也时好时坏，坏的时候他就自虐，他知道自己患有重度抑郁，也在吃药，但他不想做心理咨询，认为心理辅导对他没有帮助。

小乔是一名大二的女生，大一时暗恋同班一名男生，但该男生只把她当作知心朋友，她却误以为对方也喜欢她。大二暑假过后，男生找了女朋友，从此不再与小乔联系，小乔回到宿舍后不吃不喝躺了一夜，第二天早上，她突然出现严重幻觉，在学校裸奔，说世界末日到了。

【心理分析】

在上述的案例中，这三名同学都出现了不同程度的心理问题。小雪的问题最轻，属于新生适应问题，刚入大学很多学生在自我认知、人际交往、学习和生活环境等方面都面临着全新的调整，在这种情况下出现一些迷茫、犯一些错误是在所难免的，只要她能寻求学校心理咨询中心老师的帮助，她就能很快调整过来，实现新的成长。小马由于受家庭和周围环境的影响，长期处于被压抑状态，他无法控制自己的情绪，被诊断患有重度抑郁症，其实除了药物治疗外，他必须辅助长程的心理治疗。而小乔是心理问题最严重的一名学生，由于遭受情感上的突然打击而导致精神分裂，出现严重的幻听、幻觉，需转诊到专科医院接受住院治疗。

【学习目标】

1. 正确了解心理咨询的概念和作用。
2. 各类神经症的判断标准和应对方式。

第一节　心理咨询——守护心灵的家园

一、心理咨询的概念和功能

心理咨询实际上是咨询者运用心理学的方法和原理，帮助来访者寻求和自己有关的问题和根源，从而挖掘来访者本身的潜在能力，即改变原有的认知结构和行为模式，以提高对生活的适应能力和对周围关系的调节能力。它既是一门新兴的科学和专业，又是一门高超的技能和艺术。

当前，在我国各大中、小学，学生心理咨询中心纷纷成立，但相当一部分学生还不能正确认识心理咨询；有不少人谈"咨"色变；还有人甚至对寻求心理咨询的人加以冷嘲热讽，给他们带来更大的心理压力。实际上，由于社会生产力的发展，科学技术的不断更新，既促进了人的发展，也给人的发展带来了更多的问题。科技带来的异化、都市化引起人际关系复杂化，使人类面临着比以往任何时候都多得多的心理应激，因此造成了众多的不适应行为，乃至各种心理障碍。在各个年龄阶段，存在着阶段性的发展课题。每一年龄阶段都有有利于心理健康的积极因素，同时也有消极因素。在漫长的人生旅途中，任何人都会遇到挫折与困难，都会发生大量的心理刺激与心理矛盾，都会存在人生发展的各种问题，从而使他们处于心理紧张状态，都需要心理指导。

心理咨询的对象主要是大多数的正常人，此外，还应包括所有向心理咨询诊所或中心求助的来访者。他们不一定是病人，因而不能称患者，而称来访者。寻求咨询的人总是在自觉存在心理困扰的时候才来咨询，但不等于他们患有精神病。事实上，心理健康与不健康并无明显界限，是一个连续变化的过程。在两者之间存在着一个巨大的中间地带，而这中间地带可以认为是非气质性精神痛苦（心理问题）的总和。这些问题不同程度地干扰了人们的正常生活。只有那些自己觉得有心理不适并愿意主动向咨询人员寻求帮助的人，才容易从心理咨询中获益。

心理咨询的目的就是帮助人类不仅具有健康的身体、健康的心理，并具有良好的社会适应能力，帮助人们解决其在学习、工作、生活、人际交往以及疾病康复等方面的心理不适或障碍，减轻他们内心世界出现的矛盾，增强对挫折的承受能力，在认识、情感、态度和行为等方面有所变化，从而更好地实现自身价值，提高生命质量。

二、大学生心理咨询的内容与类型

1. 心理咨询的内容

由于人生道路坎坷曲折，社会心理因素纷繁复杂，因而使心理的内容相当广泛，如生活、学习、家庭、疾病、康复、婚姻等方面的心理问题都属于心理咨询的工作范围。国外常见的咨询领域是各年龄段的发展咨询、家庭咨询、健康咨询、跨文化咨询等，侧重于各种个人生活适应、发展问题的咨询。

国内咨询领域一般包括各种情绪行为障碍的分析和指导；各种身心慢性躯体疾病的有关病因的分析；心理社会因素的探讨和治疗的方针；性生理与机体障碍的诊断，性知识的了解及对性生活的指导、纠正；对有关就业、学习、家庭生活、恋爱、婚姻、人际关系等方面遇到的问题进行指导；某些精神病的早期诊断、鉴别以及心理治疗的进行，尤其是对精神病康复期病人的心理指导以及家庭有精神病人者如何进行护理等问题的指导。

青年大学生咨询的内容以恋爱、学习、就业、人际关系、适应等问题居多，也包括各种情绪、认知以及人格障碍，性心理问题也占有一定比例。

2. 心理咨询的类型

心理咨询的形式多种多样。从咨询对象来划分，主要有个别、团体、直接、间接咨询；从咨询的途径来划分，主要有门诊、电话、书信、宣传咨询等。形式之间有交叉。

（1）门诊咨询。

门诊咨询是个别咨询者中最常见的和最主要的形式，它通过专业咨询人员和来访者的互动，弄清来访者的心理问题症结或本质，做出准确的判断，并采取相应的手段。门诊咨询一般以谈话方式为主，如有必要，可进行有关的心理测试，其数据可以作为一种参考依据。

门诊咨询由于是咨访双方面对面的交流，因而对咨询人员有较高的要求。咨询人员不仅应具有一般的临床知识和经验，而且还要具有比较全面的心理学知识和心理咨询、心理治疗的专门技能以及积极诚恳的态度。与书信、电话咨询相比，门诊咨询更为直接、自然。

（2）电话咨询。

电话咨询是指利用电话通话方式对来访者给予忠告、劝慰或对知情人进行危机处置及指导的一种咨询形式。这是一种较为方便而又迅速及时的咨询方式，主要用于防止自杀等危急情况。

目前已有许多国家设置了电话咨询的专用热线，用于心理咨询的紧急干预和自杀的防范。电话咨询对具有心理危机或自杀意念的人可以起到缓冲、防范和指导作用。

（3）书信咨询。

书信咨询是指由心理咨询机构以书信寄递方式对来访者及其相关人员所提出的心理问题给予解答、指导的咨询形式。其优点在于可以打破空间距离的限制，也可以避免有人因自己存在的心理障碍不愿与咨询人员当面交谈而带来的尴尬局面，咨询机构在选择专家答疑时也有较大的回旋余地。书信咨询还有简单易行、运用方便、涉及面广等优点。但书信咨询也有不足之处。由于双方不能直接见面和对话，因而不易深入了解情况，也容易受来访者书面表达的能力和个性特点的影响，有些来信还可能出现地址不详、邮政编码不清、署名潦草等疏漏而影响复函。当然，书信咨询的上述缺点，完全可以在咨访双方的共同努力下加以克服。

（4）个体咨询。

个体咨询指由咨询人员与来访者进行一对一的咨询方式。这种咨询形式可以采取面谈，也可以通过电话、信函等其他途径。其优点就是来访者思想顾虑轻，可以基本无保留地倾吐自己的内心秘密，也有利于咨询人员耐心、深入地提供帮助。

（5）团体咨询。

团体咨询是指由咨询机构根据来访者提出的心理问题，将他们分成课题小组进行商讨、引导，解决他们的共同心理障碍的一种形式。团体咨询形式对集中解决一些大学生共同的心理问题具有明显效果。

团体咨询有时比个体咨询更有效。首先是因为团体的感染、影响作用大。成员间的交流、互助，有助于自我了解和接受，彼此鼓舞与学习，形成多向性交流，使他们认识到团体不仅可以帮助自己，还可以帮助他人，这就大大地增强了他们帮助自己摆脱困境的能力。其次是工作效率高。一个咨询者可以帮助若干个来访者。更重要的是，团体更能代表真实的社会情境，使成员们学会有效地从他人那里获得帮助，形成互相支持的团体，从而减少对咨询人员的依赖，提高自尊、自信和独立自主的品质，使治疗关系和效果容易迁移到日常生活中去。团体咨询对害羞、孤僻等社交障碍的来访者效果更佳，因为团体的情境可给来访者提供一个机会，去进行适应或直接尝试建立良好的人际关系。

团体心理咨询也有其局限性。有多人在场的情况下，来访者容易产生顾虑，不愿暴露自己的想法。所以，团体咨询只能解决一些共同存在的表层心理问题，深层心理问题则需要通过个别咨询单独加以解决。

（6）直接咨询。

直接咨询是指心理咨询人员对具有心理问题需要帮助的来访者进行的咨询。直接咨询的特点是通过心理咨询人员与来访者之间的直接交往和互相作用，使来访者的心理问题得到解决或减轻。它与个体咨询的区别在于，后者强调咨询人员与来访者一对一的关系，而前者则可在他人的陪同下向咨询人员寻求帮助。

（7）间接咨询。

间接咨询是指由咨询人员对中转人（来访者亲属或其他人员）所反映的当事人的心理问题进行的咨询。其特点是咨询人员与来访者并不直接见面，而是靠中转人向咨询人员介绍情况，而咨询意见也靠中转人来实施。在间接咨询中，咨询意见能否为中转人接受并合理实施，直接影响到咨询效果。

（8）宣传咨询。

宣传咨询是指通过广播、电视、报纸、黑板报、宣传栏等大众媒介，对听众、观众或读者提出的具有代表性的心理问题进行解答的一种形式。这种形式对普及心理卫生知识和心理咨询知识，提高大众心理健康水平具有较好的效果。

拓展阅读

认识咨询：消除五大误区

误解 1：精神病患者才需要心理咨询

许多人以为接受心理咨询的人，通常是患有精神疾病的人，这是一个很大的误解。在我们的生活中难免会碰到暗礁险滩，当我们无法进行自我调整或自我调整有困难时，我们可以求助专业人士的帮忙，早日走出困境。而且心理咨询服务范围很广，包括自我认同、人际交往、情绪管理、学习辅导、人生规划等，这些都是大学生日常学习和生活中要面对的问题。

误解 2：心理咨询师是替人解决问题的人

许多人认为，心理咨询师是专门替人解决问题的人，例如，以为心理咨询师会帮助失业的人找到工作，帮助失恋的人重获爱情等。还有不少来访者期待心理咨询师给自己一个明确的答复，如要不要转专业，应不应该和女朋友分手等。这样的期待恐怕是要落空的，因为心理咨询师的工作主要是帮助来访者增进自我了解，进而发挥个人的潜能，去处理生活中的人际问题，为自己做最好的决定，过自己想过的生活。来访者不能过分依赖心理咨询，事实上，心理咨询不是"一贴灵"，世上没有灵丹妙药，所以请记住，只有你自己才能真正解决你的问题！

误解 3：心理咨询师具有透视人心的本事

心理咨询师并没有透视人心的本事。心理咨询师受过扎实的心理学与心理咨询训练，因此，对于人的内心世界特别关心。如果想要获得良好的咨询效果，来访者需要和心理咨询师充分合作，愿意信任他，并愿意花时间与咨询师一起努力改变自己。

误区 4：心理咨询就是做思想教育工作

思想教育工作的目的是说服对方服从、遵守一定的社会和道德规范，带有明显的批评、指导和教育意义。而心理咨询是站在来访者的角度考虑问题，持客观、中立的态度，帮助来访者共同找寻问题的症结所在。

误区 5：心理咨询无所不能

很多来访者将心理咨询等同于去医院看病，认为咨询了一两次就应该有明显的效果。心理咨询师就应该像医生那样的，开了处方，病就能马上好。实际上心理咨询是一个连续且艰难的过程，如果来访者没有强烈的求助、改变意愿，是难以打开心结的，有些甚至要做长达十几年的长程治疗才会有明显的效果。

三、大学生心理咨询的原则

心理咨询是一项专业性很强的工作，它既是一门科学，也是一种特殊的职业。在心理咨询的工作过程中，咨询时面对所有来访者都必须严格遵守职业准则和道德伦理要求。心理咨询应当遵守以下几条基本原则。

1. 保密原则

保密原则是心理咨询中最为重要的原则，也是咨询师职业道德的集中体现。这一原则要求来访者的个人信息及咨询的相关问题不被随意谈论，来访者的信息登记表不会被带出咨询室以外的任何地方，来访者是否接受过咨询以及咨询内容都不会被泄露。

保密原则也被称为心理咨询的"生命原则"。因为来访者是基于对咨询师的信任和为自己保密的前提才来寻求帮助的，如果咨询师违背了为来访者保密的原则，实际上已经损害了来访者的尊严，有可能使来访者不再信任咨询师和心理咨询，甚至不再相信任何人。

2. 价值中立和无条件积极关注原则

无论来访者说什么，咨询师都能站在一个客观的立场上，不会以道德的标准去评判事情的对错，对来访者无条件、积极地关注，不冷漠，不攻击，充分尊重来访者。在辅导教师的概念里，不会出现"来访者的问题不被接受"之类的想法，他们会营造温暖的咨询氛围，真诚地向来访者表露自己对问题的看法和感受，创造一种安全、没有威胁的气氛，在这种气氛下，来访者才能无顾虑地进行自我探索。

3. 不拒不追原则

"来者不拒，去者不追"，从原则上讲，到心理咨询室咨询的来访者必须完全自愿，这是确立咨询关系的先决条件。没有咨询愿望和要求的人，咨询室不会主动找他并为其做心理咨询，只有自己感到心里不适，为此而烦恼，并愿意找咨询人员诉说烦恼以寻求咨询师的心理援助时，才能够获得问题的解决。

那么，既然自愿前来，也就可以自愿离去。无论是在咨询关系确立的时候，还是咨询过程中，以及咨询关系的终止，都不存在任何意义上的强制。"来者不拒，去者不追"，是心理咨询过程中所应遵循的原则。心理咨询室的大门向任何人都是敞开的。

4. 感情限定原则

咨访关系的确立是心理咨询工作顺利展开的关键，是咨询师和来访者心灵的沟通和接近，但这也是有限度的。个人间接触过密的话，不仅容易使来访者过于了解咨询师内心世界和私生活，阻碍来访者的自我表现，也会使咨询师失去客观公正判断事物的能力。因此，心理咨询原则上禁止咨询师与来访者之外的任何接触和交往，也不能将自己的情绪带进咨询过程，不能对来访者在感情上产生爱憎和依恋。

四、心理咨询的作用

一般认为，心理咨询能给人们带来一种新的学习经验，可以帮助来访者扫除障碍，以便更好地发挥他们的才干。那些由于心理障碍而遇到麻烦的人则可以在咨询师的帮助下逐渐改变与外界格格不入的思维、情绪和反应方式，并学会与外界适应的方式。简单地说，心理咨询可以促进人们从一个不同的角度看待自己和社会，用新的方式去体验和表达他们的思想情感，并产生出全新的思维方式。具体而言包括以下六个方面。

1. 建立新的人际关系

一名真正富有成效的心理咨询师应具有健全的心理特征，能够以来访者为中心，并且掌握丰富的人类行为知识和一套熟练帮助别人的技巧，这就为心理咨询师与求助者之间建立一种不同以往的新型人际关系创造了条件。而求助者在现实生活中能够与这样的人交往的机会是很少的。

在与心理咨询师的关系中，求助者可以直抒胸臆而不必顾虑，心理咨询师常常用积极的态度去回应，促进求助者做出新的建设性的积极反应，并成功地运用于其他人际交往中。

2. 认识问题

前来咨询的人在应付现实问题时，往往采用一些无效的反应，如逃避、理想化及过分责备他人等。但他们同时还往往认为自己对现实的认识是清楚的，解决问题的方法是正确的。通过咨询可以帮助求询者更加全面、客观地认识自己和外部世界，并采取积极有效的方式去解决面对的问题。

通过心理咨询可以帮助求助者认识到，大部分心理困扰是源于自己尚未解决的内部冲突，而不是源于外界，外部环境不过是一个舞台，内心冲突就在这个舞台上展开。在咨询过程中，求助者将逐渐认识到，只要改变自己的内部冲突，不仅问题得到了解决，同时也使自己变得坚强。

3. 纠正错误观念

许多前来咨询的人头脑中都存在一些关于自我的错误观念，这些观念是社会上一大部分人所共有的。他们通常确信他们自己需要什么和在干什么，实际上并非如此，而是以种种非理性观念自我欺骗。心理咨询也许是第一次为这些人提供了这样的机会，促进他们对自己的错误观念进行认真思考，代之以更准确的理性观念。这时，来访者就获得了自己能做出有利决定的自由。

4. 深化自我认识

心理咨询师引导求助者进行自我探索，当人们真正认识了自己时，他们也就认识了自己的需要、价值观、态度、动机、长处和短处，而一旦认识了自己，就可以随时根据自己的情况规划自己的人生。

5. 学会面对现实

前来咨询的人一般很善于逃避现实，往往会花很多时间来回味过去、计划未来，话题总离不开昨天和明天，回避现在。求助者不仅通过躲避现实以减少自己的焦虑，并总想按照自己的愿望摆布现实，而且还经常想方设法求得周围人的支持以利于他们逃避现实。咨询师促使其认识到这一点，引导其面对现实。

6. 帮助做出新的有效行动

当一个人处于生活旋涡之中，在精神压力的负重下，思路常常会被堵塞。而咨询师处于旁观者的角色，他的头脑冷静，思路较为开阔，能为你提出一些合理化的参考建议，帮你打开思路。他们可以协助求助者采取满足需要的合理而有效的行动，减少内心烦恼。心理问题的要害，不在于求助者控制不住自己的思想和情欲，而在于求助者不能通过有效行动去改变或满足自己的需要。

当然，这世上没有包治百病的良药，同样，心理咨询的作用也是有限的。因为在心理咨询中，作用的大小不仅取决于咨询师的学识和努力，同时也取决于当事人的意愿。因此要想取得较好的心理咨询效果，不仅仅是要找一个可靠的心理医生，首先自己也要抱有决心和信心。

第二节 心理异常——大学生常见心理健康问题

从目前的情况来看，大学生的心理健康状况不容乐观。笔者曾连续 5 年对某高校大一新生进行心理健康普查（SCL—90），结果显示，每年都有 10% 左右的学生存在不同程度的心理问题，其中主要体现在神经衰弱症、癔症、焦虑症、强迫症、疑病症和抑郁症等心理疾病上。

一、神经衰弱症的诊断和应对方式

神经衰弱症是指精神容易兴奋、脑力容易疲惫，还经常伴有失眠、头痛、抑郁、注意力涣散、记忆力减退和情感脆弱等一系列心理和生理症状的心理疾病。它是因为大脑神经长期处于紧张状态，而使大脑兴奋与抑制功能失调导致的神经功能性障碍。此病多发于 16 ~ 40 岁的青壮年，无明显的性别差异，但以脑力劳动者、青年学生多见。

长期的心理冲突和精神创伤是导致神经衰弱症发病的主要原因。大学生在面对学习、工作、人际关系、恋爱等问题时都会存在一定的矛盾和内心冲突，如果这些问题处理不当必然会引起悲伤、痛苦等负面情绪体验，从而导致神经衰弱的产生。

1. 神经衰弱症的诊断

神经衰弱是一种功能障碍性病症，临床症状表现繁多，要想诊断本病，应具备以下五个特点。

（1）有显著的衰弱或持久的疲劳症状：如经常感到精力不足，萎靡不振，不能用脑，记忆力减退，脑力迟钝，学习工作中注意力不能集中，工作效率显著减退，即使是充分休息也不能消除疲劳感。对全身进行检查，又无躯体疾病如肝炎等，也无脑器质性病变。

（2）表现以下症状中的任何两项：易兴奋又易疲劳，烦躁易怒且焦虑不安，经常性的紧张性头痛或肌肉疼痛，睡眠障碍。

（3）上述情况严重影响到学习、工作、生活和人际交往。

（4）病程在 3 个月以上。

（5）排除了其他神经症和精神病。

2. 神经衰弱症的应对方式和治疗

（1）心理治疗与药物治疗相结合。原则上以心理治疗为主，药物治疗为辅，加强身体锻炼，养成良好的生活习惯。首先，应弄清楚自己发病的原因，了解此病的特点及治疗效果，以消除内心的恐惧。通过一定的心理治疗方法缓解内心的压力，如催眠疗法、放松疗法等。其次，在医生的指导下对症下药。如焦虑、情绪波动症状明显者可先服用安定、佳静安定、舒乐安定等药物；而失眠严重者可用氟安定、氯羟等。最后，要调整好自己的生活规律，注意劳逸结合，坚持锻炼身体，增强体质。

（2）自我调节法。首先，要正确地认识自己，尽量做一些力所能及的事情，不要好高骛远，不切实际；其次，要保持豁达开朗的性格，心胸开阔，顾全大局，严于律己，宽以待人，人际关系良好；再次，要合理安排好工作、学习和生活之间的关系，做到有张有弛，劳逸结合；最后，要加强自身修养，以积极方式排解心理压力和紧张情绪，如当学习感到疲乏时，可以向远处眺望，当失眠时，通过改变室内装饰或穿着来改善睡眠质量。

（3）食物疗法。可多吃一些有益食品，如红枣、桂圆、天麻、核桃、五味子等，常吃新鲜的葡萄对神经衰弱和过度疲劳也有较好的辅助治疗作用。也可用葵花子配酸奶，每晚边吃边饮，可治失眠，当然食用新鲜莴苣对心律失常和失眠者也有显著疗效。

二、焦虑症的诊断和应对方式

焦虑是最常见的一种情绪反应，如大学生在考试期，担心自己考得不好而寝食难安；上台演讲前，害怕自己忘词而头脑冒汗等。这时候的焦虑是一种保护性反应，也称为生理性焦虑。但当焦虑的严重程度和客观事件或处境明显不符，或者持续时间过长，就变成了病理性焦虑，称为焦虑症。焦虑症是一种普遍的心理障碍，女性的发病率普遍高于男性，特别是在一些大中型城市生活的人，患焦虑症的概率要更大些。

1. 焦虑症的诊断

成人至少符合以下的 3 项，或是某些症状在过去 6 个月中的大部分时间出现，就可诊断为焦虑症，而儿童只要符合其中一项就可以确定为患有焦虑症。

（1）坐立不安或者感到心悬在半空中。

（2）容易疲劳。

（3）难以集中注意力，心思一片空白。

（4）易受激发生情绪变化。

（5）肌肉紧张。

（6）睡眠有问题（入睡困难、睡眠不稳或不踏实）。

2. 焦虑症的应对方式和治疗

（1）增强自信。自信是治愈焦虑症最关键的一步。只有那些对自己缺乏自信，总怀疑自己办事能力和夸大自己失败可能性的人，才会整天忧虑、紧张和恐惧。因此焦虑症患者必须学会自信，减少自卑感。

（2）加强思想交流。焦虑症患者一般都比较内向，他们把很多的苦恼、委屈和悲伤都埋藏在心底，不愿意向别人倾诉，久而久之他们会感觉越来越烦躁、郁闷，最终导致心理障碍。所以要想摆脱焦虑症必须要先学会交流，平时可以多找一些好朋友说说话、谈谈心，偶尔也可以找网友聊天，或者写日记，讲讲自己的心事，以起到逐渐消除烦躁的作用。

（3）自我放松。当你感到异常焦虑时，有很多种放松的方法可以选择。如自我意识放松法，想象自己处在一个宁静惬意的环境里（碧波荡漾的海边或湖边、阳光照耀的绿色大森林、一望无际的广阔大草原等），这样焦虑的心情可以慢慢得到缓解；发泄法，到无人的地方大吼几声或是到心理宣泄室发泄；运动疗法，到操场跑上几圈，打一场球，活动一下筋骨，让自己全身放松。

（4）自我暗示。暗示是一种心理现象，有积极和消极暗示之分。心情不佳时，如果对自己采取消极暗示，只会"雪上加霜"，更加烦躁；这时应该对自己采取积极暗示，告诫自己这是正常现象，风雨过后必有彩虹，同时多回忆一些美好情景和值得骄傲的事情，就能缓解心理压力。人们常说的"阿Q精神胜利法"，从心理学角度看实际上就是一种积极的心理暗示，应该说这种方法在特定时期和场合是很有实际效果的。

（5）目标转移。焦虑症患者发病时，脑中总是胡思乱想、坐立不安、注意力分散，这时候不要强迫自己做事，不妨采用自我刺激法，转移自己的目标。如在胡思乱想时，就看看电视、听听音乐、读一本有趣的书，或从事一些体力劳动来忘却痛苦的事情。等情绪缓解和放松后，再去做自己该做和想做的事。

（6）药物辅助。在采取以上方法进行自我调适的同时，还必须使用抗焦虑药。常用的有安定、利眠宁等，可以口服也可以进行肌肉或静脉注射。如果焦虑伴有抑郁，服用多塞平、阿米替林等三环类抗抑郁药有良好效果。

（7）营养及饮食调节。经常焦虑的人总是愁眉苦脸、心烦气躁，很伤身体，这时候适当地补充营养也许会缓解病情。可以选择服用一些营养素，比如，维生素A、维生素B、维生素C、钙、镁、钾、卵磷脂等。

三、恐惧症的诊断和应对方式

恐惧症是以恐惧症状为主要临床表现的一种神经症。患者在面对某些特定的对象或环境时，如动物、广场、密闭室、登高或社交活动等会产生强烈的恐惧心理，并伴有明显的焦虑和回避行为。如某人遭遇过车祸，以后只要乘车就会产生恐惧，所以他会避免乘坐任何交通工具。与正常人相比，患者的这种恐惧情绪是不合理且没必要的，他们自己也清楚但却无法控制。恐惧症在青年期与老年期发病率最高，女性更多见。国外报道一般人口中的患病率为77‰，我国各地调查患病率的平均值为2‰左右。

1. 恐惧症的主要类型及表现

（1）特殊恐惧。特殊恐惧症又称简单恐惧症，是指对某种特殊物体或情境的出现而产生不合理的恐惧。最常见的恐惧对象有某些动物、昆虫、登高（担心坠落）、雷电（担心被电击）、坐飞机（害怕坠毁）、外伤或出血、锐器以及特定的疾病（如放射性疾病、性病、艾滋病）等，患者在看到令其恐惧的对象时，会感到莫名的紧张焦虑，并极力回避。

（2）社交恐惧。社交恐惧症主要表现为对一种或多种人际处境持久的强烈恐惧和回避行为。患者多数有自卑感，他们因害怕窘迫、蒙羞，或被轻视，而有显著的焦虑和不适感。社交恐惧通常发生于演讲、接见群众、与有权势的人相处、大众场合下进食、使用公共休息室等，主要是害怕出现在大庭广众之下，特别是恐惧被别人注视，只要在公共场合就感到害羞、局促不安、尴尬，怕成为人们耻笑的对象。有些患者在遇到陌生人、异性或上级领导时也会出现恐惧紧张、手足无措、焦躁不安、面红耳赤现象，极端情况下还会出现心悸出汗、头昏呕吐、四肢颤抖、尿急等身心异常反应症状，同时本人想方设法逃离现场，躲避人群，以减轻心理不安。由于害怕，他们拒绝参加各类聚会，尽可能回避所有公众场合，如餐厅、剧场和公交车站等。

（3）广场恐惧。广场恐惧症又称场所恐惧症，它是指患者在经过空旷的场所或特定的情景下就会发生恐惧，并伴有强烈的焦虑和不安。他们怕越过旷野，严重时害怕越过任何建筑，如害怕跨越街道、桥梁、庭院和走廊等。同时他们也担心在人群聚集的地方难以很快离去，或无法求援而感到焦虑不安。大多数广场恐惧症患者常感到不能离开家，一旦进入某个特定的场所，就会感到很痛苦，需信赖的朋友或家人陪伴。例如，幽闭恐惧症患者，在电梯、车厢、机舱等封闭狭小的空间里，会出现病理性恐惧症状反应，而一旦迅速离开所处环境后，病情随之消失。广场恐惧症若不及时治疗，随着时间推移，病情会逐渐加重，严重时会出现自我封闭、足不出户现象。

2. 恐惧症的诊断标准

（1）符合神经症的诊断标准。

（2）以恐惧症状为主要临床表现，并符合以下4项：对某些客体或处境有强烈恐惧，恐惧的程度与实际危险不相称；发作时伴有焦虑和自主神经症状；有回避行为；知道恐惧过分、不合理或不必要，但无法控制。

（3）对恐惧情景和事物的回避必须是或曾经是突出症状。

（4）排除焦虑症、分裂症、疑病症。

3. 恐惧症的应对方式和治疗

（1）行为疗法。行为矫正是主要治疗方法之一，常用方法有系统脱敏法、渐进的暴露疗法、计划实践法和生物反馈疗法等。在心理医生的指导下，来访者有意识地去接触那些诱发恐惧的东西，通过等级性的恐惧情景一步步地进行脱敏，患者慢慢克服对物体或处境的病态恐惧。

（2）认知疗法。心理医生不是让来访者试图回避那些恐惧之物，而是让他们去面对恐惧发作，帮助他们认识到自己的莫名恐惧是错误的。例如，恐高症来访者通常会这样想：如果我站在桥上，就会摔下去，所以还是走开。而认知疗法的目的就是要打破这种"如果……"的思维推断，克服病态的恐惧。

（3）自我调节法。恐惧症患者一般都比较自卑和害羞，所以首先不要对自己太严格，做任何事情只要自己尽力了就行，每天可以暗示自己"我是最好的""我一定能克服困难"等；其次，尽量忘记过去一些不愉快的事情，多帮助他人，在助人为乐的同时也可以证明自己的价值；再次，当自己有烦恼时，一定要找个可依赖的人说出来，发泄自己的情绪；最后，每天给自己几分钟的思考和总结时间，这样才能不断去面对新的问题和挑战。

（4）药物疗法。在心理、行为疗法无效的条件下，可以在心理医生指导下使用一些抗焦虑药物和抗抑郁药物治疗严重的恐惧症，同时配合其他疗法。

四、强迫症的诊断和应对方式

在日常生活中，几乎每个人都可能经历过强迫现象，如出门后总在担心是否忘记锁门，煤气是不是没关好，甚至会返回检查等。可以说人人都可能会有强迫现象，一般来说，强迫现象程度轻微、持续时间短，没有引起严重焦虑等情绪障碍的话，就是一种正常的表现。而强迫症是以反复出现强迫观念和强迫动作为基本特征的一种神经症。它的特点是有意识的自我强迫与有意识的自我反强迫同时存在，二者的冲突导致来访者的紧张不安和痛苦。患者明知强迫症状的持续存在毫无意义且不合理，却不能克制地反复出现，越是企图努力抵制，反而越感到紧张和痛苦。一般来说强迫症的发病率为0.05%，该病多发于30岁之前，男性高于女性且以脑力劳动者为主。

1. 强迫症的主要表现及特点

（1）强迫观念。所谓强迫观念是指患者脑中反复出现某一概念或相同内容，患者明知没有必要，但又无法摆脱。如强迫怀疑、强迫性对立观念、强迫恐惧等。

（2）强迫情绪。对某些事物不必要地担心或厌恶，明知没有必要，但无法摆脱，表现为十分害怕丧失自我控制能力而发疯或有违法犯罪行为。

（3）强迫意向。反复体验到想要做某种违背自己意愿的动作或行为的强烈内心冲动。知道没有必要，努力控制自己不做，但难以摆脱这种冲动，也称为强迫性害怕丧失自控能力。表现为经常感到有立即行动的冲动感和强迫的内在驱使，但并不表现为行动，来访者因此感到非常痛苦，如害怕自己会把婴儿从窗口扔出去。

（4）强迫动作。强迫动作最多见的是反复清洗、反复检查以防范潜在的危险或保证有序和整洁，这些行为常见的有强迫仪式动作、强迫性计数、强迫性购买等。

2. 强迫症的诊断标准

（1）符合神经症的诊断标准，并以强迫症状为主，至少有下列一项：①以强迫思想为主，包括强迫观念、回忆或表象，强迫性对立观念，穷思竭虑，害怕丧失自控能力等；②以强迫行为（动作）为主，包括反复洗涤、核对、检查或询问等；③上述的混合形式。

（2）病人称强迫症起源于自己内心，不是被别人或外界影响强加的。

（3）强迫症状反复出现，病人认为没有意义，并感到不快，甚至痛苦，因此试图抵抗，但不能奏效。

（4）排除其他精神障碍的继发性强迫症状，如抑郁症和精神分裂症等；排除脑器质性疾病，特别是基底节病变的继发性强迫症状。

（5）符合症状标准至少已 3 个月。

（6）严重标准是社会功能受损。

3. 强迫症的应对方式和治疗

药物治疗和心理治疗是帮助强迫症患者康复的两条腿，在接受药物治疗的同时，心理治疗也非常重要，适合强迫症心理治疗的有行为疗法、认知疗法、森田疗法等，但最关键的还是要学会自我调适。

（1）树立自信。患者要冷静地分析自己的人格特点和发病原因，树立战胜疾病的信心，尽量克服心理上的诱因，以解除自己对强迫症状的紧张、害怕和焦虑，相信自己会慢慢康复。

（2）顺其自然。人本身也是存在一定的自然规律的，如情绪就是不能人为控制的，但它本身有一套从发生到消退的程序，如果你接受它，遵循它，它很快就会走完自己的程序而结束，反之则不然。强迫症状之所以出现，正是由于患者不允许这种症状出现，非要和它对抗，这反而是在提醒、强化自己产生强迫症状。

（3）接纳症状。对自己的症状要采取不理、不怕、不对抗的态度，接受强迫症状，带着症状去学习和生活。所以，面对已经出现的症状，我们唯一能做的就是接纳它，不把它当回事，那么症状就会在我们这种容纳的心态中减轻很多，并且会顺其自然地逐渐消失。

（4）为所当为。从现在开始，坚持正常的学习与生活，做自己该做的事情。把注意力放在那些有价值、有意义、有建设性的活动上，包括树立目标、增长学识、提高才干、建立自信等。积极地生活和学习，培养广泛的兴趣爱好，发掘、体验生活中的美好事物。

（5）少想多做。强迫症患者和健康人之间的区别在哪里？那就是前者多想少做，后者少想多做。强迫症患者会把一天几乎 90% 甚至更多的时间花在想那些无聊而没有答案的问题上，而对正常的学习和生活毫无兴趣。所以要想治疗强迫症，就得少想多做，把主要精力投入自己想做的事情。

五、疑病症的诊断和应对方式

1. 疑病症的诊断标准

（1）符合神经症的诊断标准。

（2）以疑病症状为主要临床表现，至少符合下述一项：①对身体健康或疾病过分担心，其严重程序度实际健康情况很不相称；②对通常出现的生理现象和异常感觉做出疑病性解释；③牢固的疑病观念，缺乏充分根据，但不是妄想。

（3）反复就医或反复要求医学检查，但检查结果阴性或医生的合理解释不能打消顾虑。

（4）排除强迫症、抑郁症、偏执性精神病等诊断，疑病症状不只限于惊恐发作。

2. 疑病症的应对方式和治疗

对确诊为疑病症的患者，以心理治疗为主，同时结合药物治疗，通过药物治疗可以消除身心不适症状，增强病人的自信心，加速康复时间。其中提高患者的认知水平、调整对抗疑病症的心态，是最关键的心理治疗措施。

（1）不要看有关医学卫生的书刊和其他宣教资料，以免对号入座，这是疑病症心理治疗的首要原则。

（2）改变四处投医问病的习惯，除非确实有某种疾病，才接受必要的医学诊治。

（3）杜绝经常自我注意、自我检查、自我暗示的不良生活习惯，因为无根据的担心疑虑本身就是一种不良的心理因素，是诱发多种身心疾病的导火线。

（4）只要不是器质性疾病，对自己身体上一切功能性症状和不适要抱着顺其自然的态度。

六、抑郁症的诊断和应对方式

据调查，自杀者中50%～70%是抑郁症患者，预计到2020年，抑郁症将成为继冠心病后的第二大疾病负担源。这些数据告诉我们，必须高度重视抑郁症，防止抑郁症患者自杀。

1. 抑郁症的诊断标准

抑郁症有明显的"三低"现象，即情绪低落、思维减慢、活动减少。中国的抑郁症诊断标准与美国的诊断标准有所区别，按照国内的抑郁症诊断标准，在连续两周的时间里，病人表现出下列9个症状中的5个以上，并且至少包括抑郁症症状1和2中的一个，就可诊断为患有抑郁症。

（1）每天的大部分时间里心情都非常抑郁，患者常感到伤心、流泪和绝望。

（2）对工作、娱乐、日常活动和性生活丧失兴趣，体验不到愉快的感觉。

（3）食欲明显降低或体重明显减轻。

（4）失眠，尤其是早醒，而且醒后不容易再入睡。

（5）缺乏精力，很容易疲劳。

（6）出现明显的坐立不安，来回踱步，或者不停地运动、说话、叫喊；或者出现明显的动作迟钝、说话费力，甚至完全不动或不说话。

（7）感到自责或感到自己有罪。

（8）感到注意力难以集中或思维困难，如思维迟钝、难以做出决定等。

（9）脑子里反复想到死或自杀，或已有自杀行为。

2. 抑郁症的应对方式和治疗

抑郁症的治疗可从药物治疗、心理治疗与自我调适等多方面着手，这样有助于帮助患者摆脱抑郁症的困扰。

（1）药物治疗与心理治疗。治疗抑郁症首先要考虑的是其严重程度，如果有自虐或自杀倾向则要考虑住院治疗。在药物治疗方面，医生会按其严重程度酌量给予抗抑郁药，如果病情极为严重，医生还会考虑用脑电荡治疗法；在心理治疗方面，心理专家也会采用认知疗法，帮助患者丢掉思想上的包袱，让其从另一角度看待人生和世界，以积极的心态去面对新的生活，同时患者的家属也要给予其更多的支持和鼓励。

（2）自我调适方法。首先，要尽力投入到生活中去，抑郁症本身很痛苦，它往往会使人变得很敏感、脆弱和多疑，如果再封闭自己就会加重病情。要尽量放宽心态，多与朋友接触，心情好了，顾虑也就没有了。其次，建立兴趣爱好，转移自己的注意力。抑郁症患者生活很单一，基本上没有什么爱好和兴趣，所以患者才会经常觉得无聊、孤独和寂寞。要逼迫自己建立一个兴趣爱好，并投入精力去实施，再痛苦也要努力完成，这样就可以把感受症状的痛苦向别的事情方面分散、转移。最后，要做健身运动，运动会使人体内啡肽的释放量增加，从而产生愉悦与轻松感。在家人的帮助下，患者要尽量鼓励自己锻炼身体，加强运动量，并一直坚持下去。总之，只要不去过分关注自己的病症，等心态好了，睡眠质量和记忆力提高了，抑郁情绪自然而然也就消失了。

七、精神分裂症的类型及表现

精神分裂症是一种持续且慢性的重大精神类疾病，它是以基本个性、思维、情感、行为的分裂，精神活动与环境的不协调为主要特征的一类最常见的精神病，发病年龄多为青壮年。目前，对精神分裂症的病因和发病机理尚不清楚，通常认为与人体遗传、内分泌、母孕期受感染、左右半脑连接、社会环境等因素有关。有研究显示，我国大学生的发病率大概为7‰。

1. 精神分裂症的诊断标准

（1）症状标准。确定无疑有下述症状中的至少两项，且各症状并非继发于意识障碍、智能障碍以及情感高涨或低落，单纯型精神分裂症另有规定。①明显的思维松弛或破裂性思维，逻辑倒错，或病理象征性思维。②原发性妄想（如妄想知觉、妄想心境），妄想内容自相矛盾，或毫无联系的两个或多个妄想，妄想内容荒谬离奇，不需核实即可肯定为病理性的。③情感倒错或情感不协调。④会产生评论性幻听、争议性幻听、命令性幻听或思维性幻听等，或持续一个月以上反复出现的言语性幻听。⑤紧张综合征，或行为怪异愚蠢。⑥较以往显著的孤僻、懒散或思维贫乏、情感淡漠。⑦有被洞悉感，或被动体验、被控制体验和思维被播散体验。⑧思维被插入或被撤走、思维中断或强制性思维。

（2）严重程度标准。自制力丧失或不完整，且至少有下述情况之一：①社会功能明显受损；②现实检验能力受损；③无法与患者进行有效的交谈。

（3）病程标准。精神障碍的病期至少持续3个月，单纯型另有规定。

（4）排除标准。应除外脑器质性精神障碍、身体疾病、精神活性特质所引起的上述症状。

2. 精神分裂症的治疗与干预

精神分裂症属于严重的心理疾病，但不属于心理咨询的范畴，应及时转介到专业医院治疗。其治疗方法主要采取药物治疗、行为治疗、工作治疗、娱乐治疗及各方面疏导，以消除或减轻患者的种种障碍。同时要由心理医生运用心理学知识及临床心理技术，对患者进行心理治疗和矫正，积极为其制造良好的生活环境，尽可能消除或减轻患者的心理负担及压力，帮助患者解决生活和工作中的实际困难及问题，提高其生活的适应能力，同时让他们认识和接受自己的疾病，这样才能获得最大的治疗效果。

【心理测试】

请教师指导学生用《SCL—90 症状自评量表》进行自我测评，并解释和讨论测评结果。

【心理训练】

简易放松疗法

目的：学会简易放松法，调整心理压力，缓解焦虑和紧张情绪。

放松训练的基本条件：精神要专一，要求自己集中注意身体感受，当思维或者想象分心时，教导自己不理睬无关的刺激而重新集中注意力；要选择一个安静的场所，再找一把舒服的座椅，最好是能半躺式的沙发，确保自己感觉舒适。训练时要穿宽松的衣服，排空肠胃，餐后一小时内不适合做训练。

方法之一：深呼吸放松法

采用鼻子呼吸，腹部吸气。双肩自然下垂，慢慢闭上双眼，然后慢慢地深深地吸气，吸到足够多时，憋气两秒钟，再把吸进去的气缓缓地呼出。自己要配合呼吸的节奏给予一些暗示和指导语："吸……呼……吸……呼……"呼气的时候尽量告诉自己我现在很放松很舒服，注意感觉自己的呼气、吸气，体会"深深地吸进来，慢慢地呼出去"的感觉。重复做这样的呼吸20遍，每天两次。这种方法虽然很简单，效果却很明显。如果你遇到紧张的场合，或是不知道自己该怎么办、手足无措之时，不妨先做一次深呼吸放松。

方法二：想象放松法

在心理咨询与治疗中，想象技术是最常用的技术之一，而且，通常结合其他的一些方法，比如暗示、联想等。想象最能让自己感到舒适、惬意和放松，通常可以想象自己是在大海边或草原上。例如："我静静地俯卧在海滩上，周围没有其他的人；我感觉到了阳光温暖的照射，触到了身下海滩上的沙子，我全身感到无比的舒适；海风轻轻地吹来，带着一丝丝海腥味。海涛在轻轻地拍打着海岸，有节奏地唱着自己的歌；我静静地躺着，静静地倾听这永恒的波涛声……"给别人放松时，要注意语气、语调的运用。自我想象放松，可以自己在心中默念。节奏要逐渐变慢，配合自己的呼吸，自己也要积极地进行情境想象，尽量想象得具体生动，全面利用五官去感觉。想象放松方法，初学者可在别人的指导下进行，也可根据个人情况，自我暗示或借助于播放磁带来进行。

【延伸阅读】

心理健康的水平和经济条件并不存在因果关系，也不存在正比例关系，但是，越发达的国家就越重视心理健康，越发达的城市心理咨询开展得就越好，其实质就是文化素质越高的人越容易接纳心理咨询，越愿意找寻心理的慰藉和解惑。我们知道美国人一旦遇到诸如情感挫折、人际不和、环境不适、人格障碍、神经症之类的问题，首先想到的就是心理工作者。大多数美国人都把接受心理咨询看成自信与富有的象征。在美国，不少中产阶级都有自己的心理顾问。有人这样形容说：美国的成功人士的臂膀是由两个人扶持的，一个是法律顾问，一个是心理顾问。早在1963年，美国总统肯尼迪便亲自签署了关于设置社区心理卫生中心的文件，并将这一文件以法案的形式提交国会批准通过。自此以后，大大小小的心理辅导和治疗机构便迅速在美国城镇发展起来。据统计，美国现有临床心理医生、社会工作者和精神护理人员28万人，每年接受心理咨询和精神护理的人数多达6000人。难怪美国著名心理学家杜·舒尔兹特称美国人是世界上"最自信、最讲究实际的人"。

【学习反馈】

1. 学了这章后，你对心理咨询有了什么新的看法？
2. 当你遇到心理困惑或是别人需要心理帮助的时候，你会采取什么办法呢？

第三章 遇见未知的自己

——大学生的自我意识与培养

【案例导读】

欢欢是一位在贫困山区长大的女孩，父亲早逝，家里只能靠母亲务农维持生计，艰难的生活使欢欢比别的孩子更加成熟懂事，她一面帮母亲分担家务，照顾妹妹，一面刻苦学习，希望通过读书改变家庭的命运，终于，欢欢以优异的成绩考入了一所知名高校。来到大学后，欢欢突然发现自己和同学之间的差距是如此的大，很多东西对她来说都是那么陌生，尤其是英语学习上更加吃力。但是，欢欢并没有因此而消沉，她清楚地知道自己肩上的担子。于是她充分地发挥了自己不怕苦、不怕难的坚毅品质，全身心地投入学习。别人还在睡梦中的时候，她已悄悄起床读英语；别人都已经就寝了，她还在挑灯夜读；周末别人都出去玩了，她还在图书馆自习。天道酬勤，大二时欢欢以优异的成绩获得了"学习标兵"的荣誉称号，并获得了奖学金。但是欢欢并没有因此而满足，她知道自己还可以做得更好。每年暑假，欢欢都会去打工，一方面是为自己赚取大学的学费，另一方面是为了更好地提升自己。大学毕业时，欢欢终于如愿以偿，进入一家金融机构工作，从妈妈的手中接过了家庭的重担。

【心理分析】

正确认识自我意识，了解当代大学生自我意识发展的特点、偏差及调节，掌握树立正确自我意识的方法。

【关键概念】

自我意识

第一节 正确认识自己——自我意识的基本概念

在古希腊德尔菲的一座古神庙前，巍然矗立的一块石碑上镌刻着一句象征最高智慧的阿波罗神谕："认识你自己"。这句简单的名言表达了非常丰富、深邃的内涵。我们存在于天地之间，就要认识自己，只有认识自己，才能出现一个全新的自我、一种全新的思想、一种全新的状态、一种全新的精神，也可能是一种全新的行为。这是以一种全新开放式思维来应对人生，阐释新时代的价值标准，更是我们观念更新的全新追求。

纵观人类发展的整个历史，从简单的社会分工到复杂的社会协作；从刀耕火种到原始劳动再到日新月异的现代文明，无不留下人类在认识自己的经历中艰辛的探索足迹。人类正是在不断认识自我的基础上发展自我，从而把历史不断推向前进。

一、自我意识的内涵

自我意识是意识的核心部分，是自己对自己的认知，它包含自我认知、自我评价和自我控制。换句话说，自我意识就是对自己及自己与周边环境关系的认识。这种认识活动是通过个体对外部的观察、分析及社会比较等获得的，是一个多维度、多层次的心理系统。自我意识的表现形式是丰富多样的。自我意识包括三方面的内容。

1. 生理自我

这是个体对自己身高、体重、容貌、身材等的认识和评价，以及生理病痛、温饱饥饿、劳累疲乏的感觉等。如果一个人对自己的生理自我的某些方面不能接纳，如认为自己不漂亮、身材差，可能会讨厌自己，表现出自卑，缺乏自信。

2. 心理自我

这是个体对自己知识经验、需要、动机、兴趣、爱好、人生观、价值观、情绪情感、性格、气质、能力等的认识、体验和评价。如果一个人认为自己知识经验欠缺、能力差、智商不高、兴趣贫乏、情感淡漠、自制力差，就会否定自己，缺乏主动性，表现出自弃自堕、行为退缩。

3. 社会自我

这是个体对自己在群体中的角色、地位、作用以及自己与其他人、事、物相互关系的认识、评价和体验。作为社会人的个体始终是群体中的个体，他的言行举止或多或少都会与周围环境中的人、事、物发生联系。如果一个人认为周围的人不喜欢自己、不接纳自己，找不到知心朋友，就会产生距离感、疏远感、排斥感和冷漠感，从而感到很孤独、寂寞，缺乏归属感和安全感。

二、自我意识的结构

自我意识的结构由自我认知、自我评价和自我控制三个方面构成。

1. 自我认知

自我认知包括自我感觉、自我观念、自我分析、自我观察、自我想象、自我判断、自我评价、自我批评、自我整合等。如"我现在是一个什么样的人""我将来会成为什么样的人""我的优点和缺点各自有哪些"等。

2. 自我评价

自我评价是个体以情绪情感体验形式表现出来的自我主观感受或自我的态度，主要表现为自信、自尊、自爱、自卑、自怜、自弃、自恃、自傲、责任感、义务感、优越感、羞耻感等。如"我是否相信自己""我是否尊重自己""我是否有责任感"等。

3. 自我控制

自我控制是对自己行为、思想和言语的控制，以达到自我期望的目标。自我控制包括自我激励、自我暗示、自强自律，核心内容是"我将如何规划自己的人生"。自我控制是自我的最高阶段，其核心是"我应该做什么""我应该成为什么样的人""我可以选择如何做"。通常讲的"自制力"其实就是自我控制的能力。

三、自我意识的作用

大学阶段是人生全面发展的时期，也是一个人的自我意识迅速发展并在自身的成长中发挥特殊作用的时期。这一时期自我意识的发展状况决定了我们自主功能的发展状况，自主功能的发展状况又决定着我们能否成功地走向人生。

1. 健全的自我意识能促进我们全面地成长和成熟

健全的自我意识主要表现为：在奋斗目标的确立上，既可设定积极的远期和近期目标，又能明确远期目标的价值和近期目标的可行性；在行为的控制方面，能在内在动机的支配下，有意识地调节自己的行为，抑制不良因素的影响和诱惑，保证自己按照正确的方向健康发展；在情感的调节方面，能有意识地充实自己的内心世界，丰富自己的情感生活，培养自己良好的情感品质，从而在自我发展中增加情感的动力效能；在才智的发展方面能刻苦学习，努力调整自己的学习方法，从而完善知识结构，并在此基础上发展自己的聪明才智和特殊才能，特别是创造才能；在身体素质的提高方面，能主动加强个人的体育锻炼，增强体质，保持充沛旺盛的精力；在时间的利用方面，能意识到时间的价值，注意利用课内时间和课余时间，乃至点滴时间，提高时间利用率。

2. 健全的自我意识有利于自我资源的开发

大学阶段，大学生的智力将获得迅速发展，热情而富于体验，内心感情日益丰富，思想情操迅速发展，意志一天天坚强起来，特别是气质、性格、兴趣、理想、信念等也在快速发展，并日趋定型；在社会化方面，正处于正式进入成人社会以前的准备阶段。此时大学生的内在发展潜力很大，但若缺乏主动自觉意识，缺乏紧迫感和危机感，这种潜力也会白白地被浪费掉。

3. 健全的自我意识有利于自身独立性的发展

大学时期是独立性开始形成的时期。由于身体发育成熟、心理上的急剧变化及社会化过程的加速，大学生就开始步入了"自己的路自己走"的新阶段。但是，要真正地学会"自己走"，情况却比较复杂，其中一个重要的影响因素就是自我意识。因为真正的独立性标志着一个人内在动机的发展水平，个人的成长、学习和参与的力量主要来自自身强烈的驱动力，而不是外在的压力和奖惩因素；标志着个人所追求的是事物的内在意义，如学习知识，是出于对科学现象本身的兴趣，而不是对老师讲的趣事笑料的兴趣；标志着个人在面对各种外在刺激及内在冲突时的正确抉择能力，而不是盲目、固执、错误地自以为是。

4. 健全的自我意识有利于心理与行为的健康发展

心理与行为的健康发展，在很大程度上取决于主观心理因素。其中自我意识就是心理行为健康的主要表现，即能否正确认识自己、接受自己、完善自己。

【知识链接】

良好自我意识的参照标准

有健全自我意识的人应该是一个自我肯定、自我统合的人；

有健全自我意识的人应该是自我认识、自我体验、自我调节一致的人；

有健全自我意识的人应该是独立的，同时又与外界保持协调的人；

有健全自我意识的人应该是一个主动发展自我、且自我具有灵活性的人；

有健全自我意识的人应该是不仅自己能健康发展，而且能促进社会文明进步的人。

第二节 清晰了解自己——自我意识发展的特性

自我意识是随着人生每一阶段的成长而逐渐发展的，它是决定当代大学生学习、生活的态度和行为的一个重要因素。自我意识在大学生个体发展中有十分重要的作用。大学生正处于自我意识的迅速发展时期，自我意识对大学生人格的形成和心理的健康发展起着重要的作用，也是大学生心理发展成熟的重要标志之一。当代大学生的自我意识的发展具有以下几方面的特点。

一、自我意识迅速发展，但并不均衡

1. 自我意识开始分化，并且迅速发展，自我矛盾开始出现

进入大学以后，随着学习、生活方式的改变和心理水平的提高，大学生的自我意识有了明显的变化，出现了理想自我和现实自我的分化并且迅速发展，矛盾冲突日益明显。大学生对自己的生活充满信心，对未来抱有幻想，而现实往往不是他们所想象的，于是就出现了理想自我和现实自我的矛盾。这种矛盾分化，使大学生发生自我意识的改变，经过自我体验和自我调控，而表现出各种激动、焦虑、喜悦与不安情绪。当理想自我占优势时，往往会将"客体我"降到实际能力以下，产生较强的自卑感，甚至放弃努力，形成自暴自弃或伤感的心理状态。相反，当"现实我"占优势时，往往表现出较强的虚荣心和自我陶醉，特别在乎别人对自己的评价，担心暴露自己的缺点，而表现得过于傲慢、虚假。

2. 自我意识矛盾日益突出，但调控能力相对较弱

由于自我意识的分化，"主体我"和"客体我"、"理想我"和"现实我"之间的种种矛盾开始出现，随着自我意识的进一步发展，这种矛盾也越来越突出。在这种矛盾心理的作用下，他们对自己的评价也常常是矛盾的，对自己的态度也是被动的，对自己的调控常常是不自觉、不果断的。他们忽而看到自己的这一面，忽而又看到自己的另一面；时而能客观地评价自己，时而又高估或低估自己；时而感到自己很成熟，时而感到自己很天真；时而对自己充满信心，时而又对自己不满。面对自我意识中的种种矛盾，大学生便开始通过各种活动来重新认识自己，自觉或不自觉地在调节矛盾中认识自己，完善自我。经过一段时间的矛盾冲突和自我探究后，大学生的自我意识就会在新的水平和方向上趋于一致，达到暂时的自我统一。然而新的矛盾又会产生，还需要不断地自我调控和自我探究。但大学生的这种自我调控能力相对较弱，过多关注自己，过于看重自己，而对他人、集体、社会考虑较少。

3. 自我意识的矛盾不断激化，并出现混乱

大学生自我意识的混乱通常表现为两种类型：一种是过高的自我评价，另一种则是过低的自我评价。过高或过低的自我评价往往导致个体自我意识确立过程中的过分自负或过分自卑这两大心理缺陷，它们是妨碍良好自我意识形成的心理障碍。

过低的自我评价的大学生，在心理上的一个特征就是自我排斥。由于在成长过程中，"理想我"与"现实我"的距离过大所导致的自我矛盾冲突，他们往往会产生否定自己、拒绝接纳自我的心理倾向。这类大学生往往对自我过分怀疑，压抑自我的积极性，并可能引发严重的情感损伤和内心冲突。他们的心理体验常伴随较多的自卑感、盲目性、自信心丧失和情绪消沉、意志薄弱、孤僻、抑郁等现象，尤其是面对新的环境、挫折和重大生活事件时，常常会产生过激行为，酿成悲剧。

过高的自我评价是一种与过低自我评价相对立的自我意识状态。在这种自我概念的支配下，个体往往夸大现实的自我，形成错误的不切实际的理想自我，并认为"理想我"可以轻易实现。这种类型的大学生往往盲目乐观，以我为中心、自以为是，不易被周围环境和他人接受与认可，容易引起别人的反感和不满。因此极易遭受失败和内心冲突，产生严重的情感挫伤，导致苦闷、自卑、自我放弃，有时会引发过激行为和反社会行为。

4. 自我意识的矛盾转化不断进行，且渐趋稳定

在自我意识由"矛盾——统一——新矛盾——新统一"转化发展过程中，大学生自我意识不断发生重大变化，由刚进校的"依赖性"和"盲目性"，渐渐转变为"想入非非"，到毕业前就显得沉稳多了。正是由于这种矛盾转化，大学生自我意识发生了明显的飞跃，个体之间出现了不同的差异，自我意识也逐渐趋向成熟。

由此可见，大学阶段是大学生自我意识的转折时期，也是自我意识和自我矛盾表现最突出的阶段，对个体的人生观、价值观、世界观形成有着非常重要的意义。针对大学生自我意识的发展特点，采取相应的自我意识教育和培养，促进大学生走上全面发展和健康成长之路，要引导他们全面认识自我，积极认可自我，努力完善自我。

二、对自我的认识具有自觉性和理性

大学生对认识和评价自我充满了浓厚的兴趣和紧迫感，对自我的认识更具有自觉性和理性，其内容更加丰富和深刻，更多对自己的能力、性格、品德、人生价值等深层次问题进行探讨。

1. 强烈关心自己的发展

围绕个人发展、个人和社会的关系，大学生能够主动积极地探索自我。例如，会经常独思、反省这样一些问题："我聪明吗？""我风度如何？""别人会怎么看我？""我性格怎样？""我将成为什么样的人？""我如何实现自我的价值？"……大学生能自觉地把自我的命运和集体、国家的命运结合起来考虑。

2. 自我评价能力提高

随着大学生活的继续，大学生的知识增加了，社会经验也丰富了，大多数人对自己的分析、评价逐渐变得全面、客观和主动，对自己的优缺点有了较正确的认识和评价，并能选择自己的长处进行发展，开始具备在自觉基础上的"自知之明"，大多数大学生对自己的分析、评价逐渐变得客观、全面。对自我的认识和评价基本与外界一致，并且自觉地按照社会的要求来评价和设计自己。

3. 自我体验丰富而复杂

大学生的自我体验是既丰富又复杂的，可以说是一生中或各种社会群体中"最善感"的年龄阶段或群体。一般来说，大学生自我体验的情绪、情感是积极的、健康的。凡是涉及"我"的及与"我"相联系的许多事物，都常常引起大学生的情绪、情感反应。对别人的言行和态度极为敏感，愿把自己的情感体验闭锁于内心，且内心体验起伏较大。取得成绩时容易产生积极、肯定的体验，甚至骄傲自满，忘乎所以；遇到挫折时又易产生消极、否定的情感体验，甚至自暴自弃、悲观失望，有明显的两极情绪。

4. 自我控制的能力提高

大学生自我控制的能力有很大提高，自觉性、坚持性、独立性和稳定性显著发展，有强烈的自我设计和自我规划的愿望，绝大部分大学生都奋发向上、力争成才，并且根据自我设计目标自觉调节行为。同时，强烈要求独立和自治，希望摆脱依赖和管束。

5. 自我意识水平存在年级差异

大学生自我意识水平总体而言比较高，但不同年级的大学生自我的发展方面存在明显差异，而且大学生自我意识发展的趋势与其心理障碍的表现趋势似乎存在某种对应关系。大学一、三、四年级的学生自我意识随年级升高而发展，而大学二年级是大学生自我意识最低、内心矛盾冲突最尖锐、思想斗争最激烈、回顾与展望时间最多的时期，是大学生自我意识相对稳定阶段中的不稳定时期，但也是一次新的上升时期，因此也有人称之为大学生自我意识发展的转折时期。

6. 自我设计的愿望强烈

大学生有设计自我、完善自我的强烈愿望。他们根据自我设计的"最佳自我形象"

而不断地充实自己的知识，培养自己的能力，形成自己良好的性格与品德。大学生的成就动机是最强的，他们不愿做一个庸庸碌碌无为的人，都想干出一番事业，能对社会、对祖国有所贡献，以实现自己人生的价值。但是大学生的自我设计常会产生与社会要求不一致的矛盾。它主要表现在：一方面，大学生都支持改革开放，希望有一个公平、民主、自由的社会，强烈地反对腐败行为；另一方面，在涉及自己的利益时，又对合理的利己主义、享乐主义、拜金主义等表示认同，甚至有人为了所谓的自我实现而损人害己。不过，我国大学生的自我设计、自我完善的基本倾向是奋发向上的、积极的。

7. 强烈的独立意识和自信心

独立意识，也叫独立感，是指个体力图摆脱监督和管教的一种自我意识倾向。大学生在生理发育上已完全具备了成人的特点，心理成熟和社会成熟也已达到较高的水平。通过对自我的认识、体验和控制、调节，他们的心目中已逐渐确立一个新的自我——成人式的自我，成人感特别强烈。

自信心是从独立感中派生出来的一种相信自己精力和能力的自我意识倾向。青年大学生有体力充沛、精力旺盛、思维灵活、记忆力强等优越条件，这是他们产生自信心的生理及心理基础，而"天之骄子""时代宠儿"的优越感，则是大学生充满自信的社会基础。所以，大学生的自信心是十分强烈的，他们不仅对自己的才华、学识充满自信，而且对自己的风度、能力也充满自信。但由于知识、经验不足，他们易于产生过分的自信，而且容易因一时的挫折而降低自信。

大学生的独立意识和自信心十分宝贵，它是蓬勃向上、积极进取等优良品质的心理基础。因此要加以适当的保护和引导，而不要因为一时的偏差而冷眼待之。一般来说，随着自我评价能力的提高和知识经验的积累，大学生的独立意识和自信心会逐步表现得客观和稳定。

三、大学生自我意识发展的时代特点

我国不断深化的社会变革和社会主义市场经济的初步建立，影响和促进着大学生自我意识的迅速发展，并形成了当代大学生自我意识发展的时代特点。

（1）关心国家振兴，渴望改革成功。他们特别关心当前社会上正在进行的各项改革，常为改革发展的前途和出现的阻力等问题争论不休，对改革中出现的官僚主义、腐败现象极为不满，有时甚至采取过激行为。

（2）思维的独立性、批判性明显增强，强调民主、自由、信任和尊重个性。当代大学生不轻信盲从，喜欢独立思考人生和社会问题；特别关心我国民主、自由和法制建设；他们要求别人尊重自己，对那种简单生硬的教育方法极为反感。

（3）探求知识，渴望成才。大学生强烈的成才意识表现出如下特点：一是在成才动力上，由以内在压力为主，转变为外在压力为主；二是在成才途径上，由过去单纯追求分数转变为注重知识水平和创造能力的提高，努力向多途径成才方向发展；三是在成才模式上，由过去只重智力因素发展到现在向德才兼备、学有所长的复合型人才的方向发展。

总之，大学生自我意识的时代特点是丰富多彩的，它从总体上反映了大学生在处理与社会、时代关系的心态走向。同时掌握大学生自我意识发展的时代特点，也是了解和研究大学生精神面貌的关键。

大学生在大学期间能否真正地实现最大价值，获得理想的发展，自我意识的成熟和发展是非常重要的，是他们心理成熟与健康的焦点，在这里一方面需要大学生本人能够正确认识自我意识的发展，进行全面客观的自我评价，学会悦纳自我，展示自己的才华与能力，自尊自爱，珍惜自我。同时正确对待自己的缺点与不足、成功与失败，积极改造自我和超越自我。另一方面，学校要在教育过程中，注重学生自身的需求与发展，尤其是帮助学生确定自身的发展方向和目标，帮助他们正确分析和认识自我，鼓励其进行自我创造和自我实现。

第三节 调适提高自己——自我意识偏差的调节

迈过青春期的门槛，大学生步入了人生发展的一个崭新时期。在大学阶段，正好是大学生积极探索、寻求自我的关键时期，虽然在这时期自我意识快速发展，但还未完全成熟，积极的探索也会带来各种发展偏差。

一、大学生自我意识的偏差

（一）自我认识偏差——过度的自我接受和过度的自我拒绝

自我接受又叫自我悦纳。它是指建立在对物质自我、社会自我特别是心理自我的正确认知的基础上，对自我的优点和长处给予恰当的客观评价。这当然是心理健康的表现。自我拒绝是不喜欢自己，不能容忍自己的缺点和不足，对这些缺点和不足常常抱怨和自责。这种自我拒绝的现象在许多大学生中都不同程度地存在，这对大学生的自我修养和自我完善还是有积极意义的，因而也是心理健康的表现。

过度的自我接受是大学生自我接受的极端表现。它所接受的是自己被夸大了的优点和长处，甚至把缺点和短处也视为优点和长处；相反，他们把别人看得一无是处。这种"我好—你不好"的人际交往模式必然造成人际关系的紧张。而过度的自我拒绝，则把自己看成一无是处，感到事事不如人，对自己缺乏信心，自我否定，自我厌恶，甚至自我绝望而导致自杀。他们人际交往的模式是"我不好——你好"，这种人必然在人际交往中受到别人的排斥和嫌弃。无论是过度的自我接受，还是过度的自我拒绝，都会对人的心理健康产生消极影响。

（二）自我体验偏差——过强的自尊心和过强的自卑感

自尊心和自卑感是自我体验的两极性表现。这两种体验普遍存在于每个大学生身上，是一种正常的心理现象。自尊心是人心理活动行为的动力。但古人所说的"知耻而后勇"也说明像自卑感这样的消极心理现象，也会催人奋起。因此自尊心与自卑感只要不"过"都是有益无害的。

其实，某些大学生过强的自尊心是极其脆弱的。他们特别在意别人的评价和批评，顾全面子，爱慕虚荣，一旦自尊心受到轻微的伤害便无法承受。如果过强的自尊心屡屡受挫，他们便羞愧无比，无脸见人，无地自容，使过强的自尊心走向另一个极端——过度自卑的消极的情感状态，产生严重的自责、自怨等挫折反应。

（三）自我意向偏差

1. 自我中心倾向

大学时期是年轻人进行自我探索最集中的时期，大学生正处于世界观、人生观、价值观形成时期，他们开始用"自己"的头脑去认识世界、人生、理想和价值，并形成"自己"的理念；他们自信、自负、自尊；他们追求理想和自我价值的实现。但是，有些大学生的自我意识超过了适当的度（如唯我独尊、目空一切），盲目自傲，"舍我其谁?"并且与极端个人主义、名利思想等不健康的思想意识结合起来就产生了自我中心主义的倾向。

"自我中心主义"的基本特征，是以"老大"自居，充满领导欲、权力欲，目空一切，颐指气使，盛气凌人；将个人的意志强加于人，使其按自己的意愿行事，追名逐利，且自我感觉良好（自认为别人对他信任，甚至崇拜）等。

显然，这种"自我中心主义"的自我意识倾向，在群体中非但成不了群体的领导，反而由于将自己置于群体的对立面，从而导致被群体抛弃。

2. 过分的独立意向

独立意向是大学生自我意识发展的重要内容和自我完善的标志之一。多数大学生表现出的自立、自强、独立思考、善于明辨是非、勇于决断等积极心理品质，是大学生自我意识发展和成熟的体现。

但少数大学生的独立意向过强，表现出极端性的特点。

（1）以孤立为荣。他们在人际交往中把自己置于别人的对立面，不辨是非地事事处处与学校、老师、同学作对；视孤立为不落俗套、不盲从。

（2）以逆反心理反抗舆论和规范。他们视舆论和规范为压抑自己独立性的外在力量，不加分析地予以抑制和排斥。面对舆论、规范，故意反其道而行之。

（3）行为具有攻击性、破坏性等非理智的不符合年龄特征和大学生角色的倾向。这些倾向本是少年期反社会人格的表现，却在少数大学生中表现出来。这一方面说明这些大学生的人格也具有反社会性，另一方面说明他们独立意向发展的幼稚性和不成熟性。

3. 过分的依赖心理

一些大学生在父母的呵护下生活了近20年，"衣来伸手，饭来张口"已成为习惯。打破事事时时依赖父母的习惯不是一朝一夕能够完成的。多数大学生能主动地靠自己独立意识的发展摆脱依赖心理，一天天成熟和长大，直到完全独立。但是少数大学生，特别是低年级大学生，依然有不符合大学生身份和年龄特征的过分依赖性。每年大学新生入学，学生由家长一路陪同（实际是护送）到校，家长代办入学各种手续，代替安排新生的生活等，这是大学生依赖性的突出表现。也使在校园中有一群"没有长大的"大学生。

4. 不当从众行为倾向

在遇事未做出正确判断和决策的情况下，便主动地与大多数人采取一致的行动，这种从众行为人皆有之。大学生存在这种从众行为不能算作自我意识的偏差。但有相当数量的大学生所表现出来的从众行为倾向却过度，因而是有害的。

有的大学生保持自幼形成的从众行为习惯：没有独立思考的习惯，对一切事物和行为习惯于与大多数人持相同的态度和采取相同的行动。还有的大学生根据人数来决定自己行为倾向。另有部分大学生出于自我保护的考虑，他们不想成为少数不服从者，以避开"偏离的恐惧"，他们内心并不想从众却表面上从众。

大学生不当的从众行为倾向的最大危害：缺乏独立思考能力的锻炼，使自己的分析能力、判断能力得不到提高。当然，由于与大多数人采取了相同的行动，很可能无意中与大多数人一起犯了错误。

5. 过分追求完美的倾向

"我是一个完美主义者。"很多大学生都这样评价自己。对自己严格要求固然是好事，因为崇高的理想以及在生活细微处对自己精益求精的要求能激励我们不断地努力，不断地超越自我。

但是，很多大学生生活在他人的期望之中，把这些期望误以为是自己的需要。有些家长总是要求自己的孩子从小到大都做第一，而这些家长为了孩子的发展，往往做出很大的牺牲，那么这些孩子进了大学后，就会背负很重的思想负担，衡量自己的标准也随着自己的不断进步而步步升高，不能及时地调整参照体系。

6. 过分自卑的倾向

心理学家阿德勒认为，追求优越和超越自卑是人发展的最根本的动力，那是因为他所说的"自卑"给予人强大的推动力，推动人超越自己。然而在生活中，我们见到的自卑更多的是消极而具有破坏性的。在这种消极的自卑作用下，人们总是对自己持有否定的感觉。即使和其他人差不多，他们总能找到很多自己不如他人的地方。

二、自我意识偏差的调节

自我意识存在的各种矛盾、冲突和偏差的产生，是大学生心理发展由青年初期步入青年中后期的标志，是一种心理的发展和进步。这些矛盾的存在和斗争、冲突的冲击与化解、偏差的产生与纠正，也是大学生自我意识发展的动力。大学生就是在解决这些矛盾冲突、纠正各种偏差的过程中，完成了理想自我与现实自我的逐步统一，最终完成大学生心理和社会发展的课题——自我同一性的确立。

调节自我意识的偏差要正确地认知自我，客观地评价自我，积极地提升自我，关注自我成长。

1. 克己——自我中心主义倾向的纠正

克己是指自己要摆正自己在群体中的位置，约束自己的行为，克服极端个人主义和名利思想。

（1）平等相处，尊重他人。由于人与人的关系是相互的，因此，应当平等待人，像尊重自己一样尊重他人，而不把别人看成自己的"工具"，当成自己需求的事物。这就要求自我中心者不要过分苛求别人，也不要对别人冷眼相待，而应使交往双方都有机会满足自己的需要。

（2）接受批评，转变态度。自我中心者的致命弱点之一是自以为是，不愿接受别人的批评和转变自己的态度。接受批评并不是要完全服从他人，而是要能接受别人正确的意见。

（3）了解自己，了解他人。自我中心者之所以固执己见，不关心他人。是因为他们既没有真正认识自己，也没有真正了解别人。人的自我意识主要是来自别人的反映，自我中心者如果能把别人作为一面镜子来反射自己，从别人的评价中认识自己，又能抛开偏见去认识别人，就会逐步摆脱自我中心倾向。

2. 慎独——过分的独立意向的纠正

独立性是成长的表现，适当的独立性是成熟的标志，但是过分独立对于大学生来说是弊大于利的，因为大学生经验不足在某些问题上也是非常危险的。独立性不是无约束的、无节制的，而应当是审慎的小心而又谨慎的。大学生毕竟社会经验比较少，在遇见问题时特别是重大问题时应该多听听家长、老师、同学等的建议，然后再综合判断做出选择。一意孤行、草率行事容易造成不良后果。同时，社会舆论不要过分强调大学生的独立发展，而淡化了大学生对集体的认同感和归属感。那些过分独立，人际交往不佳的学生，要多参加集体活动，打开心扉，既要培养独立性，也要培养开朗、豁达、理解、宽容的品质。

3. 自立——过分依赖心理的纠正

自立是大学生心理发展的主要内容，也是大学生自我意识日渐成熟的标志。

（1）大学生入学后要重新认识新环境，适应新生活，确立新目标，塑造新自我。自觉地培养和锻炼自己自立自强、独立生活的意识。

（2）大学生特别是新生应多收集本地有关自然风貌和人文地理的有关资料，激发寻找异地、异乡、异校的优势和美感，培养热爱学校、热爱他乡的感情。

（3）大学生应认识目前所学的专业，充分认识大学学习的竞争性，使自己产生紧迫感和责任感。

（4）大学生要积极主动地扩大人际交往，融入寝室集体、班级集体中去，寻找新朋友，培养新感情。

4. 自主——不当的从众行为倾向的纠正

（1）培养自信心。自信心是一个人对自身力量的认识和充分估计。它是自我意识的重要组成部分。有的大学生看不到自己的能力，认为自己干什么都不行，总觉得不如别人，对自己力量的认识和可能达到的成就估计得很肤浅、不稳定，完全从属于别人的评价。因此，大学生要学好基础及专业知识，从各方面提高能力；创造条件，充分表现自己；尝试自己做出决定和选择，增强对自己的认识，从而相信自己的力量。

（2）提高分辨是非的能力。大学期间，大学生的世界观和价值观正在形成过程中，要确定判断是非的标准，不要按自己喜爱和厌恶的情绪来判断人物和事物的是与非。另外，不要看别人怎样，自己就跟着学。大学生要通过对他人行为、言语的评价，逐步提高分辨是非的能力，进而形成良好的个性品质。

大学生有了自信心，又有了明辨是非的能力，做事就会有自己独特的见解，不盲目地随从别人。

5. 做最好的自己——过分追求完美的倾向的纠正

（1）在追求远大理想时，对细节不要太过分在意，而且要允许自己不断地犯错误。

（2）大学生要在成功与失败中学会学习，学会总结，学会享受过程的快乐，全身心投入地去实现目标，体会这个过程带给你的所有喜怒哀乐，真实地体会生活。同时，大学生要学会在失败时不要过分自责，因为除了个人努力，决定成功的还有很多外部无法控制的因素。

（3）要学会灵活地调整参照体系，仔细分析参照对象的背景的其他条件。要学会与自己的过去相比，做到今天比昨天好，一步一个脚印，不断进步。

6. 天生我材必有用——过强的自卑感的纠正

（1）全面地、无条件地接受自我、悦纳自我。对自己的一切，包括优点和缺点、成功和失败、顺利和挫折都持肯定的态度，以形成自尊、自爱、自豪、自我接受、自我愉悦的自我信念。

（2）在已形成的自尊、自爱、自豪、自我接受、自我愉悦的自我信念基础上，给自己进行心理定位和归类——"我是一个自信的人"，即形成自我观念。

（3）按照"自信的人"所应有的心理特征，在头脑中想象一幅自我表现的心理图像，并坚信这个心理图像就是自己。这样就会在行为、情感、举止甚至才能等方面，真的成为一个自信的人。

第四节 接纳成就自己——塑造正确的自我意识

为了能更好地完善自我、超越自我，在纷繁复杂的社会中顺利健康成长，大学生应学会积极主动地了解自己的气质、性格、兴趣、能力和爱好等，调整自我拒绝、自我否定、自以为是、自我为中心等自我意识发展的缺陷，形成正确的自我概念，培养健康的自我意识，使自我评价更加客观，自我体验更加积极，自我控制更加有力。

一、正确认识自我：以铜为镜，以人为鉴

健康成熟的自我意识，是以正确认识自己为基础的。认识自己，不能单凭个人的主观印象，而是要在同别人的相互关系中，通过各种各样的实践活动，才能比较客观地认识自己。

1. 通过他人的评价与比较来认识自我

唐太宗有句名言："以铜为镜，可以正衣冠；以人为鉴，可以知得失。"他人的确是自己的一面镜子，他人既是评价者，又是参照者，能帮助个体澄清观念与认识自己。人们总是要在与他人的相互交往中不断深化对自己的认识，同时也在认识和评价他人。在认识和评价他人的过程中，接受他人对自己的评价。相反，如果他人的评价和自我评价相矛盾，他就会改变或部分改变自己的这些品质，改变对自己的认识。

当前，不少大学生往往比较在意他人对自己的评价，但值得注意的是对别人评价应有一个正确的态度，不能因过高的评价而飘飘然，也不因过低的评价而失去信心。一般来说，同学之间比较了解，无利害冲突，他们的评价较少偏见。要特别重视那些人数众多、异口同声的评价。既要重视与自己观点一致的意见，又要重视与自己观点不一致的意见。人都喜欢听好话，那些赞扬自己的话，以及支持、符合自己观点的评价，都容易被自己接受。但是忠言逆耳，却可以帮助人们更全面、更正确地认识自己。多和别人交往，让别人更多地了解自己，他们的态度和评价对认识自己就会有更大的价值。

2. 通过内省来认识自我

孔子曰："吾日三省吾身。"个体对自己的认识，并不全是依据他人的评价做出的，他人对自己的评价并非都是符合实际的，因而要正确地认识自己，还需要经常地反省自己。

进行自我分析，或经常反省自己，是正确认识自己的重要途径。日本已故企业家松下幸之助，在晚上睡觉前，总要静静反省自己的一天。他认为企业管理者，应该一日"五省"或"十省"，甚至"百省"。大学生必须学会经常自省、解剖自我、反思自我，能够与自我进行内心的对话，对自己的内心世界加以分析，使自己不但成为观察的主体，也成为自我观察的对象，意识到自己的心理活动，以便有的放矢地进行自我调节。和谐的人格不是从天上掉下来的，而是与深刻的内省有关，这样就能使心灵潜能得到更好的发挥。

【知识链接】

古人自省故事三则

司马光警枕励志

司马光是一个贪玩贪睡的孩子，为此他没少受先生的责罚和同伴的嘲笑，在先生的谆谆教诲下，他决心改掉贪睡的坏毛病，为了早早起床，他睡觉前喝了满满一肚子水，结果早上没有被憋醒，却尿了床，于是聪明的司马光用圆木头做了一个警枕，早上一翻身，头滑落在床板上，自然惊醒，从此他天天早早地起床读书，坚持不懈，终于成为一个学识渊博的，写出了《资治通鉴》的大文豪。

万斯同闭门苦读

万斯同是清朝初期著名学者、史学家，参与编撰过《明史》。但万斯同小的时候也是一个顽皮的孩子。万斯同由于贪玩，在宾客们面前丢了面子，从而遭到了宾客们的批评。万斯同恼怒之下，掀翻了宾客们的桌子，被父亲关到书屋里。万斯同从生气、厌恶读书，到闭门思过，并从《茶经》中受到启发，开始用心读书。转眼一年多过去了，万斯同在书屋中读了很多书，父亲原谅了儿子，而万斯同也明白了父亲的良苦用心。万斯同经过长期的勤学苦读，终于成为一位通晓历史、遍览群书的著名学者。

唐伯虎潜心学画

唐伯虎是明朝著名的画家和文学家，小的时候在画画方面显示了超人的才华。唐伯虎拜师，拜在大画家沈周门下，学习自然更加刻苦勤奋，掌握绘画技艺很快，深受沈周的称赞。不料，沈周的称赞，使一向谦虚的唐伯虎也渐渐地产生了自满的情绪，沈周看在眼中，记在心里。一次吃饭，沈周让唐伯虎去开窗户，唐伯虎发现自己手下的窗户竟是老师沈周的一幅画。唐伯虎非常惭愧，从此潜心学画。

【引申阅读】

凯勒丰是苏格拉底相知极深的朋友。有一天，他特意跑到德尔菲神庙，向神请教一个问题：世上到底还有谁比苏格拉底更聪明？神谕曰：没有谁比苏格拉底更聪明了。凯勒丰高兴地向苏格拉底展示了神谕的内容，可是他从苏格拉底脸上看到的却是迷茫和不安。苏格拉底不认为他是最聪明、最有智慧的人。于是，苏格拉底要寻找一位智慧、声誉高于他的人，以反证神谕的不成立。他首先找到一位政治家。政治家以知识渊博自居，和苏格拉底侃侃而谈。苏格拉底从中看清了政治家自以为是其实无知的真相，他想，这个人虽然不知道善与美，却自以为是无所不知，我却认识到自己的无知，看来我似乎比他聪明一点。苏格拉底一一寻访以智慧而著称的人，结果发现，名位最高的人，几乎是最缺乏智慧的，名位较低的人相反有更多的学识。苏格拉底还不满足，依然继续着他的证明。他找到了一位诗人，发现诗人作诗是出于天赋，而诗人自以为能写几句歪诗便目空一切。接下来，苏格拉底又向一位工匠请教。想不到工匠竟在重蹈诗人的覆辙，因一技在手便以为无所不能，这种狂妄反而消弭了他所固有的智慧之光。最终，苏格拉底悟出了神谕：神并非说苏格拉底最有智慧，而是以此警醒世人——你们之中，只有像苏格拉底这样的人最有智慧，因为他自知其无知。

心灵感悟："认识你自己。"这句镌刻在德尔菲神庙上的名言，曾赋予了苏格拉底一种深沉的智慧目光。而今，苏格拉底的证明则向我们开启了一扇智慧之门：许多时候，认识自己，或者认识真理，都是从认识自己的无知开始的。

3. 通过参加学习和实践活动，分析学习成绩和活动成果来认识自我

任何活动的成果，都是人的智慧和思想的结晶，它是人的内部世界的客观表现。因此，通过分析自己在某一方面、某一领域的成就，以及这些成就所花费的时间和精力等，

可以知道自己在某一方面、某一领域的能力水平。学生的主导活动是学习，通过分析自己的学习成绩，可以了解自己的理解力、记忆力、思考力的强弱以及主观努力的程度等。通过比较自己各门学科的学习成绩，可以知道自己的兴趣、能力倾向。参加课外活动可以打破自我心理闭锁，增加生活阅历，充分表现自我，使个体的内部世界更加具体化，以便对自我有更清楚的认识，发现自我的价值，形成整合的自我体系，从而进一步开发潜能，激发自信，确立自己的人生方向。

由此可见，恰当地认识自己，实事求是地评价自己的长处和弱点，是自我调节和个体完善的重要途径之一。

【知识链接】

自我认识训练：认识你自己的20问法

这是帮助你认识自己的一种方法，分两步进行。

第一步，问你自己10次或20次：你是谁？请你把头脑里浮现出来的答案一一写出来。例如，我是××（姓名），我是××学校的学生，等等。由于这是自我分析材料，可以不给别人看，所以想到什么就回答什么，不要有什么顾虑。回答每次提问的时间为20秒，如果写不出来，可以略去，继续往下写。

第二步，对自己的答案进行分析。分析的内容包括以下几个方面。

1. 答案的数量和质量。

即一共写出几个答案，答案中哪些方面的内容为多。如果能写出9～10个答案，则大体上可以没有特别的障碍。

2. 回答内容的表现方式。

有三种情况。符合客观情况的，如"我是大女儿""我是小学生"等。主观解释的情况，如"我是老实人"等。中性的情况，即谁都不能做出判断的情况。如果主观评价和客观评价都有，可以认为取得平衡；如果倾向主观或客观，则不能取得平衡。在主观评价中，最好是既说自己好的方面，也说到自己不足的地方。

3. 回答的内容是否涉及自己的未来。

哪怕只有一个答案涉及未来，也说明自己有理想和抱负，在现实生活中充满生机。如果没有一个答案涉及未来，则可能说明自己对未来考虑不多。

【引申阅读】

认识自我的方法

1. 比较法

俗话说，有比较才有鉴别。比较法就是从自己与他人及自己的比较中来了解自己的能力、水平、在团体中的相对位置以及自己的发展变化的一种方法。与比自己优秀的人比，就会觉得人外有人，天外有天，从而找到差距，激发自己的动力；而与不如自己的人比，就会看到自己的长处，增强自信心。古人云："以铜为鉴，可正衣冠；以古为鉴，可知兴替；以人为鉴，可明得失。"通过比较，你可以发现自己的长处和不足，扬长补短。

当然，自己与他人比较的时候，切忌单向比较，既要和比自己强的人比，也要和比自己差的人比，这样才能保持心理平衡。我们在和他人比较的时候，也要和自己对比，"和自己赛跑"，即把自己的现在和过去比，把自己的目标和现实状况比，这样才可以不断看到自己的进步和进一步努力的方向。

2. 他人评价法

他人评价法是通过别人的评价反映来认识、了解自己的方法。自己做某件事，若总得到别人的肯定，那么自己在这方面就是比较优秀的。相反，就是比较差了。当然，对他人的评价，我们也不能全盘接受或全盘否定，但要注意：首先要特别重视与自己关系密切的人对自己的评价，因为他们对我们比较了解，评价也会较为全面、客观；其次，在大多数情况下要重视人数众多、异口同声的评价。有时，别人的意见我们的确难以接受，但"良药苦口，忠言逆耳"，而且，俗话说，"当局者迷，旁观者清"，所以，许多时候，自己还是要多听听别人对我们的评价，对别人的评价更要客观分析，虚心接受。

3. 内省法

内省法是通过反省自己、分析自己来了解自己的方法。古人云，"吾日三省吾身"，可见，反省自己对认识、把握自己是很有好处的。我们可以通过回答"我是谁"来反省、分析，并进而认识、了解自己。即将"我是……"补充成一句完整的话，并尽可能多地写，写的句子越多越好。原则上说，如果写出的句子少于7句，则认为是过于压抑自己，未能对自己有较为全面的认识。

4. 实践成果法

这是通过活动的效果来了解自己的一种方法。例如，参加歌手大赛得了一等奖，则说明自己在这个方面的确有一定的能力或特长。但假如说，在某项活动上屡遭失败，但也不能轻信自己在这个方面的能力是欠缺的。心理学上"自我意象"的研究表明，在某个方面没有取得良好的成绩，不是你没有这方面的能力，而是你认为自己在这方面的能力是欠缺的。

5. 测量法

测量法可以分为生理测量和心理测量。通过生理测量或检查，我们可以了解自己的生理状况。而通过心理测量（大多是心理测验的测试）可以了解自己各方面的心理特征。包括像智力水平、人格特征、心理健康水平等。通过一些较为成熟的、信效度较高的测验来了解自己的心理状况是一种比较科学、准确的方法。选用心理测验时必须在专业人员的指导下测验并解释结果，不要随意使用心理测验。

当然，我们在认识自我、了解自我的时候，不要仅仅采用一种方法，我们应该采用多种方法多角度、全面地来了解自己。只要能够合理、综合地利用这些方法，相信我们会对自己有一个全面、正确的认识，在此基础上也会有一个更好的发展。

二、积极悦纳自我：尺有所短，寸有所长

悦纳自我是发展健康的自我体验的关键和核心。积极悦纳自我，就是平静而理智地对待自己的长短优劣、得失成败，既不以虚幻的自我来补偿内心的空虚，自欺欺人，也不以消极的自我遮蔽自身的闪光点。

要做到悦纳自我，需要强化四条理念：一是坚信"只要真正付出努力，同等条件下，别人行，我也行"，以此来增强自信；二是不忘"尺有所短，寸有所长"，恰当地认同自己，而不是苛求自己，做一个真正的勇士；三是懂得"失之东隅，收之桑榆"，正视自己的短处，如果无法补短，便与之共存；四是牢记"失败是成功之母"，正确对待成功与失败，不丧失信心，做生活的强者。

【知识链接】

自我接纳训练：超觉静坐

1. 四大要项

（1）静坐的内外环境均需安静：内是指个人的心境，外是指自我所处的物理环境。

（2）静坐时必须有一个心向专注的目的物；该目的物可以是重复的一个单词或一种声音，也可以是一个抽象的图形。

（3）静坐时必须保持平静的心态：摒弃一切杂念，要心如止水。

（4）最后，也是最重要的事项，是保持身心舒适。静坐遵循的八字诀是轻松、舒适、安静、自然。

2. 六个步骤

（1）在安静的房间内，盘坐在软垫上。房间灯光必须柔和。

（2）闭上眼睛。

（3）尽量放松，尝试先从脚部开始，然后由下而上，一直放松到头部。

（4）用鼻子呼吸，每次吸气时默数"一"。如此进行20分钟后，自行停止。睁开眼睛看看时间，但切记不要闹钟。

（5）只要保持练习，不求急功，不必担心是否有进步。身心一时不能随心所欲达到深度放松的目的，也不必着急。只要继续学习，继续遵守前述第四项的八字诀，最终会获得静坐的效益。

（6）每天练习一次或两次，但练习时间必须在饭后两小时。

三、有效控制自我：驽马十驾，功在不舍

自我控制是人主动、定向地改变自己的心理品质、特征及行为的心理过程，是大学生良好自我意识、完善自我的根本途径。很多大学生经不住挫折打击，无法实现自己的理想。而那些自卑自怨的大学生更是因为控制不了自己的情绪，偏离了良好自我意识的轨道。因此，自我控制对于大学生来说尤为重要。在进行自我控制时，要充分发挥自我控制系统中的四个环节作用。

第一，要意识到社会的要求，并努力使自己的行为符合社会要求、准则，激发自我控制动机。

第二，制订完善和提高自我的相应计划和程序，严格执行，不要朝令夕改。

第三，在行动中要运用自我分析、自我体验、自我鼓励、自我监督和自我命令等各种激励措施。

第四，要培养健全的意志品质。

四、恰当塑造自我：琢玉成器，历练成才

良好自我的过程是一个塑造自我、超越自我的过程。塑造自我，成为自己，按照社会的需要和个人的特点来自我发展、自我实现，是当代大学生的思想行为热点之一。塑造自我，就是要做一个"游刃有余的我，独一无二的我，深具内涵的我，社会欢迎的我"。所谓做一个"游刃有余的我"，是指不给自己提出脱离实际的过高要求，而是给自己设计可望又不可即的目标。所谓做"独一无二的我"，是指不一味追求时尚，在刻意模仿中失去自我，而是在接受自我的过程中，扬长避短，自在地生活。所谓做"深具内涵的我"，是指立足于现实，选择适合自己的正确人生道路，充分实现自己的人生价值，满意地生活。所谓做"社会欢迎的我"，是指立身行事要有正确的价值取向，得到社会认可。

改造自我的最大障碍之一便是缺少毅力。不同的人对不同的行为来说可有不同的毅力。因此毅力主要取决于对自我的了解和改造自我的迫切性，也取决于人的价值观。问题不在于是否有毅力，而在于你想要什么，你是否有一个明确的目标。人缺少的并不是前进的力量，而是彻底摆脱昨天阴影的力量。

认识自己也往往是欢乐与痛苦、成功与失败同在。自我意识的健全是每个有志之士的执着追求，这不是一蹴而就的事情，而是一个一生不间断的持续过程，更是个体终生为之付出艰辛与努力的课题。只有正确认识自我、积极悦纳自我，才能正确地塑造自我，不断地超越自我，达到日臻完善的境界。

【心理测验】

请教师指导学生用《田纳西自我概念问卷》进行自我测评，并解释和讨论测评结果。

心理美文

一列火车穿过隧道，因车窗没有关，坐在窗前的一个人的脸被迎面而来的煤烟熏黑了，他对面坐着的另一个人的脸并不脏。车过隧道后，两人互相看了看，脸脏的那位没动，倒是脸没脏的那位连忙起身洗脸去了。这是什么原因？很简单，看到别人的脸脏，就以为自己的脸一样脏，因此赶忙去洗脸。脸脏的人见别人的脸不脏，以为自己的脸不脏，所以没去洗。

如何让自己愉快起来？

一位少年去拜访一位年长的智者。他问智者："我如何才能成为一位自己愉快，同时也能给别人带去愉快的人呢？"智者看着他说："孩子，在你这个年龄有这样的愿望，已经很难得了。我送你四句话。第一句话是，把自己当成别人。你能说说这句话的含义吗？"

少年回答说："是不是说，在我感到痛苦忧伤的时候，就把自己当成别人，这样痛苦就自然减轻了；当我欣喜若狂之际，把自己当成别人，那些狂喜也会变得平和中正一些了？"

智者微微点头，接着说："第二句话，把别人当成自己。"少年沉思一会儿，说："这样就可以真正同情别人的不幸，理解别人的需求，在别人需要的时候给予恰当的帮助？"

智者两眼发光，继续说道："第三句话，把别人当成别人。"少年说："这句话的意思是不是说，要充分地尊重每个人的独立性，在任何情况下都不可侵犯他人的核心领地？"

智者哈哈大笑说："很好，很好。孺子可教也！第四句话是，把自己当成自己。这句话理解起来太难了，留着你以后慢慢品味吧。"少年说："这四句话之间有太多自相矛盾之处，我用什么才能把它们统一起来呢？"智者说："很简单，用一生的时间和精力。"少年沉默了很久，然后叩首告别。

后来少年变成了壮年人，又变成了老年人。再后来他离开这个世界很久以后，人们都还时时提到他的名字。人们都说他是一位智者，因为他是一个愉快的人，而且也给每一个见到他的人带来了愉快。

【学习反馈】

1. 通过自我欣赏和聆听他人的自我欣赏，发掘自己和他人的优点，增强自信和对人的信任。

按下列写出未完成的语句：

（1）我最欣赏自己的外表是…

（2）我最欣赏自己对朋友的态度是…

（3）我最欣赏自己对学习的态度是…

（4）我最欣赏自己的一次成功是…

（5）我最欣赏自己的性格是…

（6）我最欣赏自己对家人的态度是…

（7）我最欣赏自己做事的态度是…

2. 两人一组，在小组中读出自己所写的内容。

3. 当与他人分享时，请认真聆听，思考哪些与我所写相同，哪些不同，为什么？

第四章　做最优秀的自己

——大学生人格发展与心理健康

【案例导读】

　　小霞是一名大二女生，性格比较内向、自卑。最近她遇到了一件让自己非常闹心的事，她的日记本上总是会莫名其妙地被人写上虚伪、小人等字。一开始她怀疑是宿舍的一名女生干的，因为她们曾经闹过矛盾，为此她还与那名女生大吵了一顿，结果弄得人家搬出去住了。但让人疑惑的是，日记本小霞天天带在身边，怀疑的对象也没有了，可是她的日记本上依然会出现辱骂自己的字眼。她不明白究竟是谁要这么和她过不去，弄得她整日忧心忡忡，心躁不安，最后在班主任的带领下来到了心理咨询中心，老师建议在她宿舍安放一台摄像机。第二天早上，当大家回看录像时才发现，其实是小霞自己每天半夜爬起来在日记本上写下了这些字，但她自己却没有意识到，这就是所谓的双重人格分裂，这跟小霞长期压抑自己的个性有关。后来在心理老师、班主任的悉心引导下，她开始意识到自己问题的严重性并努力尝试改变。一年后，她已慢慢走出了心理阴影，不仅学会了如何处理问题、如何与人交往，还取得了非常优异的成绩，人也变得真正开朗、自信起来。

【心理分析】

　　分裂型人格障碍的人通常是倾向于追求完美的人，他们争强好胜，往往只能接纳自己好的部分，而不能接纳自己不好的部分，但人无完人，所以他们就把自己分裂成两部分，一部分是好的，另一部分是坏的，而好的部分通常存在于意识当中，不好的部分则压抑到潜意识中去了，当个体的防御机制减弱时（比如在睡觉的时候），不好的部分就会从潜意识里溜进意识与好的部分产生冲突。该案例中的小霞自小就争强好胜，考大学时没考上自己理想的大学，内心深感自卑，可她又不愿承认自己的失败，每天还故意在别人面前装着很开心、自信的样子，晚上却经常躲在被子里偷偷哭泣，这也是为什么当小霞睡着时，她的另一面会辱骂自己虚伪。虽然在短短一年时间内，她的人格已开始整合，但要完全成为一个健康、开朗、自信的女生，她可能还有很长的路要走。

【学习目标】

1. 正确了解人格的定义、结构和特点。
2. 大学生人格发展异常的判断标准。
3. 大学生人格完善的自我调适方法。

第一节　揭开人性的面纱——人格概述

一、人格定义

人格包含的内容十分丰富，大到一个人的人生观、价值观，中到一个人的能力道德，小到一个人的个性习惯，无所不包。诸如气质、性格、个性等，无论哪一个都对人有着十分重要的影响。

心理学家对人格的定义有很多种。可以概括为：人格是心理特征的整合统一体，是一个相对稳定的结构组织，在不同时空背景下影响人的外显和内隐行为。人格标志着一个人的独特性，并反映人的自然性与社会性的交织。当然人格的形成也是遗传与环境交互作用的结果，它会影响个体的认知、情绪和行为。

二、人格结构

在心理学领域中，有关人格结构的理论也有很多，他们把人格划分为不同的层次或部分，较著名的有弗洛伊德的结构模型（精神分析流派）、荣格的原始意象模型（新精神分析流派）、艾森克的人格层级模型（生物学流派）、马斯洛的需要层级理论（人本主义流派）等，下面我们着重介绍一下弗洛伊德和荣格的人格结构模型。

1. 弗洛伊德的人格结构模型

弗洛伊德曾提出著名的冰山模型，即分为意识、潜意识、前意识，潜意识在冰山之下，前意识在水的界面之间，意识是露出水面的部分，其中潜意识占绝大部分。

后期他重新提出了一种人格动力学模型，将人格分为三部分：本我、自我和超我。

（1）本我。本我代表人的性本能、冲动和欲望，它存在于无意识的深处，是与生俱来的，也是人格中最原始的、永存的部分，在人一生的精神生活中起着重要作用。本我遵循"唯乐原则"，它追求直接的、绝对的和立即的满足，如果受到阻碍，就会出现焦虑和烦躁。这是一种儿童的思想、行为模式，新生儿的人格结构主要是本我，因此在人格最初的发展阶段本我尤为重要。

（2）自我。自我是本我与超我的协调者，是人格意识结构的部分，它是在与外界环境接触过程中通过后天的学习而由本我发展起来的。自我遵循"现实原则"，一方面，它是为了满足本我的需求而行动，使个体意识到其认知能力；另一方面，它又在超我的要求下，对本我加以约束和压抑，使其采用社会所允许的方式行动，保护个体的安全。即在人格结构中，自我调节个体的行为，使之采取合理方式行动，以满足本我的需要而维持个体的生存。一旦本我和超我之间的矛盾冲突达到自我不能调节的程度，就会以病理的形式，如焦虑、恐惧等表现出来。因此，自我是人格结构中最为重要的部分，它代表着理性和谨慎，它的发展及功能决定着个体的心理健康水平。

（3）超我。超我是人格结构中的最高层次，它代表着良心、良知或道德力量，是在长期社会化过程中由社会规范、道德观念等内化而成的。超我的作用是指导自我、限制本我冲动，它遵循"至善原则"，即引导自我使之符合社会规范，使个体向理想努力，达到完善的人格。凡不符合超我要求的活动都将引起良心的不安、内疚甚至罪恶感。

弗洛伊德认为，一旦超我形成以后，自我就要同时协调本我、超我和现实三方面的要求。这样，人的一切心理活动就可以从本我、自我和超我三者之间的人格动力关系中得以阐明。本我、自我和超我之间不是静止的，而是始终处于"冲突—协调"的矛盾运动之中。本我寻求本能欲望的满足，是必要的原动力；超我监督、控制自我接受社会道德准则行事，以保证正常的人际关系；而自我既要反映本我的欲望，并找到途径满足本我，又要接受超我的监督，还要分析现实的条件和处境，以促使人格内部协调并保证与外界交往活动顺利进行。当三者不平衡时则会产生心理异常。

2. 荣格的人格结构模型

荣格把整个人格称为"精神"或"心灵"。他认为，人格是一个极其复杂的结构，它包括一切意识和潜意识的思想、情感和行为。它由意识、个人潜意识和集体潜意识三个相互作用的系统所构成，同时这个结构还要受到外部环境和自身内部的不断刺激。

（1）意识。意识是人心中唯一能够被个体直接感觉到的部分，它在生命的早期就有，很可能出生前就有了。这种自觉意识，荣格称其为自我，自我是由各种感知觉、记忆、思维、观念和情感组成，是意识的核心，所有的东西如果不被意识接纳，就永远也不会进入意识。意识和自我的一致才能保证人格结构的同一性和持续性。

（2）个体潜意识。它是由那些曾经被遗忘或压抑的意识，或是一开始就没有形成意识的内容所组成，是人的一种个体体验。它有一种对个人生活产生重大影响的特性，荣格称为情结，即富有情绪色彩的观念或思想。情结会影响人的行为，如一个有权力情结的人会把大把的时间和精力用在权力竞争等活动上。当然还有恋母（恋父）情结、性爱情结、金钱情结等。

（3）集体潜意识。荣格认为集体潜意识是由那些经历了许多时代并一直保持不变的经验累积于心中形成的，它位于心灵的最深处，不能被意识察觉，但却会以梦、幻想、幻觉等象征形式表现出来，荣格称为原型。例如，从人类诞生起，就每天在地里耕田劳作，土地给我们提供了丰富的粮食，这种深刻印象最后凝结在集体潜意识中就成了母亲的原型，所以我们经常在诗歌散文中把大地比作母亲。

三、人格差异

我们在日常生活中经常会用"人格"来评价一个人的行为，比如某人人格高尚，某人人格有问题等，人格反映了一个人的动机、兴趣、理想甚至是人生观、价值观和世界观。但由于受遗传和后天环境的影响，不同的人会存在很大的人格差异，不同的人会具有不同的气质和性格。

1. 气质差异

人的气质是有明显差异的，这些差异属于气质类型的差异。对气质类型的划分，有不同的见解，因而形成不同的气质理论，最常用的是希波克拉底的体液理论。他认为人的体内有四种不同性质的液体，并在此基础上划分出四种经典的气质类型：多血质、黏液质、抑郁质和胆汁质。

（1）多血质（活泼型）。外向，活泼好动，善于交际，思维敏捷，具有很强的表达力和感染力，容易接受新鲜事物，具有明显的外倾特性。但情绪波动较大，注意力与兴趣易于转移，缺乏足够的忍耐性，意志力不够坚强。具有多血质特性的大学生会积极参加学校的一切课外活动，而且有很强的自信心，总喜欢挑战自己的极限，但很容易被挫折击垮，产生负面情绪。

（2）胆汁质（兴奋型）。外向、豪爽但性情急躁、好争论。反应速度快，行动利落、敏捷，意志坚强、果断，注意力稳定且难于转移，具有较高的反应性与主动性。精力旺盛，经常以极大的热情从事工作，但有时缺乏耐心。具有胆汁质类型的大学生在学习中能吃苦，在工作中有魄力，追求高效率的工作，能积极参加学校的各类活动，但比较固执，喜欢与同学争辩，发表自己的观点，在生活中性情比较急躁，常有被压抑的感觉。

（3）黏液质（安静型）。内向、稳定、不好动，喜欢沉思，情绪不易外露，很少产生激情。思维灵活性较差，具有很大的耐性，有较强的自制力，办事小心谨慎，但很难适应新的环境，可塑性差。黏液质类型的大学生生活很有规律，能遵守校纪校规，而且学习态度认真，但不太爱参加学校的活动，交际适度，不主动，通常只有一两个好朋友。喜欢一成不变的环境，如果稍有变动就会引起内心的不安和焦虑。

（4）抑郁质（抑制型）。内向、孤僻、喜欢独处，有较高的感受性，往往富于想象，聪明且观察力敏锐。易多愁善感，胆小怕事，优柔寡断且行动相当缓慢，受到挫折后常心神不宁，但对力所能及的工作能坚持到底。不善交际，非常孤僻，具有明显的内倾性。抑郁质类型的大学生喜欢安静的学习和生活，一般不会参加学校的活动，做事小心谨慎，在生人面前容易害羞，感情丰富但也比较脆弱，容易神经过敏，一点点小事就会引起很大的情绪波动，当遇到挫折时很容易产生自卑心理。

2. 性格差异

性格也称为个性，是个体在生活过程中所形成的对现实的态度以及与之相适应的、较为稳定的行为方式特征。性格会决定一个人的做事方式及他未来的职业方向，所以对于大学生来说，深入了解自己的性格，并发展和管理好自己的个性是非常重要的。对于性格的分类，心理学家们也有各自的标准和原则，比较有代表性的观点：按心理机能划分为理智型、情感型和意志型；按心理活动倾向性可划分为内倾型和外倾型；按社会生活方式划分为理论型、经济型、社会型、审美型、宗教型；按个体独立性可划分为独立型、顺从型和反抗型。但总体上来讲，我们可以把性格归为以下四大类，即活泼型、力量型、完美型与和平型。

（1）活泼型性格。活泼型大体来说是属于外向、多言、乐观的群体。他们热情洋溢好表现，很受朋友的喜爱，能给别人带来无穷的欢乐，而且工作主动有干劲。但他们的缺点是常以自我为中心，不关注他人。虽然朋友很多，却并非知心朋友，因为活泼型性格的人在与别人交往时，总喜欢那些愿意付出的人，而当有人需要帮助时他们却会退缩。具有活泼型性格的大学生总是会表现得快乐无比，兴奋不已。他们有无穷无尽的热情和精力，喜欢交朋友，但却很难成为别人的知心朋友。

（2）力量型性格。天生的领导者，精力充沛，积极主动，意志力坚决果断，充满自信。做事雷厉风行，但也喜欢独断专行，即使错了也不会道歉。具有力量型性格的大学生很有领导天分，在各种活动中喜欢发布命令，操纵一切。但他也会坦诚地与别人交流，因为他会承担所有的责任。

（3）完美型性格。深思熟虑，善于分析，严肃，有目标，有天分，富有创造能力，对他人有责任心，追求完美，是典型的理想主义者。在工作中注重细节，善始善终，高标准完成任务。交友谨慎，忠诚可靠，会帮助他人解决问题。这种人最大的优点是分析问题比较周密，缺点是喜欢钻牛角尖，总想把事情做得尽善尽美，反而使自己压力过大，造成情绪低落。

（4）和平型性格。镇静，有耐心，乐天知命，仁慈善良，喜欢一成不变的生活，有一定的行政能力，能帮助他人解决问题，善于面对压力。与朋友比较容易相处，无攻击性，他们最大的优点就是能坚持原则，耐心聆听别人说话，有很强的协调能力，所以深受群众的欢迎。但由于他们过分安静的性格，对事情很容易表现出漫不经心、毫无主见的态度。因此和平型性格的人要多与他人进行双向沟通，表达自己的意见和感受，提出自己的观点和看法。

总之，性格和气质两者是既有区别又密切联系的。气质无好坏之分，变化较慢，可塑性较小；而性格有好有坏，变化较快，且受后天环境的影响比较大。气质可以影响性格的表现方式，而性格在一定程度上也可以调控、掩蔽和改造气质。相同气质的人可以有不同的性格，而不同气质的人也可能会形成相同的性格。二者共同构成了人格。

第二节　人格特征：有棱有角亦可塑

大学生正处于人生发展的青年期，从我国当今社会发展的现状和大学生的实际表现来看，当代大学生在人格发展中主要呈现以下几方面的特征。

一、人格的冲突性

埃里克森提出，人格发展是一个逐渐形成的过程。个体的每个发展阶段都会经历一个重要转折，埃里克森用冲突来表示每一发展阶段的特征。大学生处于青春期到成年早期的过渡期，这一时期的青年人格特征主要是自我同一性与角色混乱的冲突，以及亲密与孤独的冲突。

　　成长中的大学生要面临自己内部生理、心理的飞速变化以及摆在他们面前的很多成年人的任务，所以此时的他们非常关心自己在别人心中的形象及别人对自己的评价，他们会思考很多与自己现在和将来有关的东西，确定自己的努力方向，如果能达到预期目标，则获得了自我同一性，发展成健康的人格。但如果遇到挫折就会对自己在生活中的角色感到困惑、怀疑，并由此产生"角色混乱"，不能很好地适应新环境，没有明确的生活目标，不清楚自己将会成为什么样的人，从而形成人格障碍。所以"同一性"和"角色混乱"的冲突，会让大学生始终徘徊在迷茫的边缘。

　　处于成长发育期的大学生，性意识开始觉醒，在这一阶段，如果发展了牢固的自我同一性的大学生会主动与别人交往，敢于与自己喜欢的人建立亲密关系，经常会与他（她）交流思想和分享感情，最后确定恋爱关系。而角色混乱的大学生则始终回避与他人亲密交往，因为他们害怕受到伤害和拒绝，所以表面上总给人一种内向、不善言辞、冷漠的感觉，其实他们的内心深处是渴望获得更多的友爱和关怀，这种情感的矛盾使他们倍感孤独。

二、人格的开放性

　　随着改革开放的深入和社会主义市场化的全面推进，大学生置身于一个以开放为荣的新时代，他们的个性必然会受到影响，而且这种开放的环境也为大学生提供了各类与社会和世界接轨的机会。校内和校外各种丰富多彩的活动使大学生的活力、智力和创造力都得到了充分的发挥和施展，因此大学生人格开放性的一面也渐渐显露出来。他们视野开阔、思维活跃，虽然没有经验，却有丰富的想象力和创造力，勇于开拓和创新，他们会积极地参与社会政治生活，关注国家的前途、民族的命运、人类的未来。开放性的人格使得大学生愿意与他人进行经验、能力和知识的交流，注重知识的积累和多方面能力的培养，所以现在的大学生思路更广阔，更富有个性。

　　开放性使大学生把自我融入社会大环境之中，不仅未丧失其独特性，反而吸取更复杂、更多样、各具特色的他人特性来丰富自我，成为有生机、有活力的现代人。开放性人格增强了大学生的竞争胆略和竞争意识，如果引导得当，这种人格特征必将能促进社会生产力和经济的发展，也能提高大学生能力的全面发展。当然，人格的开放性与人格的放纵性是有区别的，因为任何健康人格都必须以法律法规、道德规范、理性高尚为基础。

三、人格的务实性

　　如今，务实性已经成为当代大学生人格的重要特征之一，这与他们所处的时代有密切关系。当今是社会主义市场经济，讲究的是市场竞争、效率和效益，残酷的市场竞争导致就业压力不断增大，这就要求当代大学生必须采取果断行动，培养自身的应变能力和务实精神。在如今这个竞争激烈的社会里，大学生认识到只有不断完善自己，才能实现自我价值，随着现代社会对大学生的需求增加，大学生们积极接纳自我、实现自我的价值观念也越来越烈，自我期望值也越来越高，为社会和国家贡献的同时，他们也重视实现自己的个人目标。当然，对大学生的务实性人格必须予以积极的引导，必须防止其由务实转向唯实、唯物质主义、唯自我利益的误区。

四、人格的不稳定性和可塑性

大学生正处于青春期，他们虽然身体发育成熟了，但心智仍在成长、变化，因此，人格形成还不够稳定、完善，情绪波动也较大，只有经过四年的大学生活磨炼，其人格才会慢慢稳定，因此在这四年间，大学生的人格品质都是在不断变化的。

有研究显示，大一新生的人格表现为情绪稳定、兴奋性高、坦白直率、易与人相处，做事积极好强，较有责任心和自信心，敢作敢为；大二学生性格表现为独立性、主动性、积极性增强，但忧虑和烦恼增加，趋向保守；大三年级学生性格更加外向、热情、谦逊，情绪更严肃、冷静，做事更精明能干，处理事情果断、独立、自强，但也表现出情绪不稳定，忧虑烦恼，做事敷衍，缺乏责任心和自信心，更加固执己见等。这一现象可能与面临实习、就业或考研等压力，对前途缺乏信心有关。但随着年级的升高，大学生的独立性会增强，会变得更加精明能干，但创造性却不断下降。那是因为经过几年的大学教育，学生的独立性、自我控制能力越来越强，行为更加符合社会规范。而且研究发现，男女大学生人格特征是有差异的，男生一般情绪稳定，主动性、自控性和独立性较强，精明能干，而女生则性格外向、富有激情，谦虚顺从，天真直率，易与人相处，做事有责任心和毅力，但情绪不稳定，多愁善感、敏感焦虑。[①]

大学生是一个特殊的群体，他们正处在生理机能基本成熟、心理尚未成熟的特殊阶段，因此在这个过渡时期，其人格发展会因年级和性别的不同而有差异。但由于人格的发展和变化是一个持续过程，因此，大学生的人格发展还有很大的空间，具有较强的可塑性。

第三节 人格异常：人性发展面面观

一、人格异常概述

人格异常又称为病态人格、变态人格或人格障碍，它是从儿童期或青少年期发展起来的严重人格缺陷，常开始于幼年，定型于青年，持续至成年或终生。一般表现在认知、情绪反应、人际关系、冲动控制这四方面的功能损害，且持续时间比较长。人格异常的人会形成特有的行为方式，他们不适应周围环境，常影响其社会功能，甚至与社会发生冲突，给自己或社会造成伤害。人格异常虽然与精神疾病比较相似且易于发展成精神疾病，但其

---

① 林静：《767 名大学生人格特征调查》，《中国校医》2007 年第 3 期，第 289 页。

本身并不属于精神病类，它是介于精神疾病与正常人之间的一种心理疾病。

如何区分人格异常与精神疾病呢？人格异常的行为表现程度是有差异的，轻者完全过着正常生活，只有与他密切接触的人才会发现他的行为怪异，觉得他无事生非，难以相处。严重者事事都违抗社会习俗而且行为明显表现于外，很难适应正常的社会生活。人格异常者无认知障碍，能正确分析、评价和判断自己的行为后果与法律责任，也能理解社会对自己行为后果的评价标准，因此，人格异常者具有刑事责任能力，对其行为要负全部责任。而精神病人没有认知和社会功能，不需负刑事责任。如果一个人以前的行为都很正常，在出现应激事件后产生了异常行为，那就有可能是出现了精神病变；但如果一个人在没有应激性事件出现的情况下，其以往行为和现在行为都有异于常人的话，就有可能是出现了人格异常。但这种区分在行为改变急速显著时容易做到，如果行为改变缓慢且不显著时，这种区分就有些困难了。值得注意的是，人格异常与精神病是可以相互转化的，严重的人格障碍者如果得不到及时有效的矫正，可能会转化成精神病人。

总之，人格异常是一种长期的行为反应障碍，在儿童期由于人格尚未定型，不能看出其是否有人格障碍，性格稳定、定型以后，才可以诊断其是否出现人格异常。由于从严格意义上来讲它是一种心理疾病，所以在治疗时要注重心理方面的治疗，并在日常生活中慢慢矫正其人格缺陷。

二、大学生人格发展异常的表现

1. 孤僻冷漠

孤僻是指性格比较怪异，言语较少，不太合群；冷漠是指对周围发生的事情总是抱着旁观不干涉和"事不关己，高高在上"的态度。那些从小就缺乏家庭温暖和父母关爱的孩子，以及曾经遭受过情感上重大打击的人，很容易形成这种孤僻冷漠的性格。这种人对任何事情都漠不关心，有心事也永远埋在心底，对任何事情都没有期待，在他们的世界里，天空永远都是灰色的，别人绝对都是不可信赖的。因此，长大后他会自我封锁，与别人保持一定的距离。由于他们高度的戒备心理，并常用冷漠的姿态面对他人，因此他们缺乏人际关系的双向沟通，即自己不了解、不关心他人，他人也无法走进其内心世界。但由于人内心的自然倾向是需要人际交往和互相帮助的，因而他们内心又是痛苦的、悲观的，所以孤僻冷漠的人常常会感到"世态炎凉""人情淡薄"。曾经有一名患有重度抑郁症的大学生来咨询时说："我觉得学校环境让我很压抑，周围没有一个朋友，我也感受不到任何的温暖，我只想待在我自己的世界里。"

2. 悲观绝望

一般来讲悲观绝望是重度抑郁症患者的表现，而很多抑郁症患者基本上都是由于性格缺陷造成的。如父母的早期教养方式不合理，经常以暴力的方式管教孩子，那么孩子就会对未来抱着消极心态，任何挫折都会导致其陷入极端的恐惧和悲伤之中，甚至会想到自杀。

3. 敏感自卑

自卑是指低估自己的能力，总觉得自己各方面不如人。这也是一种人格缺陷的表现，他们会对自己的能力、品质评价过低，同时还伴有一些特殊的情绪体验，如害羞、不安、内疚、忧郁、失望等。自卑的人心理敏感度一般都比别人强，他们害怕别人知道或揭露自己的缺点和隐私，对于别人提到的类似问题非常敏感，所以他们非常在乎别人对自己的评价，很希望得到朋友的关怀和重视。有研究显示，在大学里，至少有50%的同学都存在不同程度的自卑，比如，觉得自己身材矮小、相貌丑陋，产生强烈的自我否定；看到别人多才多艺，能歌善舞，而自己没有任何特长，觉得自己很无能、低人一等。当然还有家庭的攀比、学习成绩的较量等都会让大学生感觉不安和焦虑。

4. 狂妄嫉妒

狂妄嫉妒是指对自己能力评价过高而产生的一种争强好胜、处处攀比，对他人优越地位产生不满的心理状态。现在的大学生基本上都是独生子女，家庭过分溺爱，以为世界都围着自己转，所以常常喜欢支配和命令他人。他们总认为自己天分很高，看不到别人的长处和优点，一旦发现自己被超越而又无力改变现状时，就会很容易对对方产生不满、愤怒，甚至不惜伤害他人。曾经有一名女生因为嫉妒室友比自己优秀，把浓硫酸泼向了对方的脸，不仅毁了朋友的健康，也耽误了自己的美好前程。大学生应该心胸开阔，要把别人进步给自己带来的压力看作一种动力而不是一种阻力，这样才能拥有一种健康的心态去面对未来生活的挑战。

5. 偏执多疑

偏执多疑是一种以偏执和猜疑为主要特点的人格障碍。这种人非常多疑、敏感，时常怀疑别人对自己不怀好意，或责难别人有不良动机。他们往往缺乏自知之明，嫉妒心十足，而且喜欢固执己见，因此很难与他人成为朋友，所以他们常感孤独、忧郁、烦闷，有不安全感，且经常处于一种紧张状态之中。他们往往喜欢把"想象"与生活中发生的一些无关事件凑合在一起，甚至别人的一些不经意行为也会被他们误解为对自己有敌意。当然正常的猜疑人皆有之，不是人格异常，但如果常常无中生有、毫无根据，纯粹是为了证明成见和偏见的猜疑则是心理异常的表现。一般来说，偏执多疑的人很容易产生幻听、幻觉，总觉得对方在说自己的坏话甚至怀疑别人要加害自己。

三、大学生人格发展异常产生的原因

人格是在个人的生活基础上受到家庭、伴侣、学校教育和社会环境等影响，而逐步形成的气质、能力、兴趣、爱好、习惯和性格等心理特征的总和，它是在人与外界环境相互作用过程中形成和发展起来的，因此它会受到先天遗传和后天环境的影响，所以人格产生异常的原因应该是多种多样的。一般来说，青春期是人格异常产生的高发期，而大学生正处于青春期，所以应该引起高度重视。

1. 遗传基因的影响

很多研究都认为人的才能和性格是可以遗传的。亲生父母有人格障碍的，子女有病态人格的比率较高。对同卵双生子的研究发现，即使是寄养在不同的人家，他们的性格、脾气、生活习惯都非常相似，这些都说明遗传确实会在一定程度上影响一个人的人格，但它只会影响人格差异的一小部分，大部分还是受外界环境的影响。

2. 家庭环境的影响

家庭是个体生活的重要场所，它会从各种不同的角度对儿童的人格发展起着潜移默化的作用。家庭环境对人格的影响开始最早，持续时间最长，而且影响范围最大，内容最广。从家庭关系来看，不和谐的家庭关系，特别是父母关系紧张，如经常争吵、第三者插入甚至分居或离异等导致孩子缺少母爱或父爱，这些过强的精神刺激都会给大脑处于发育阶段的儿童造成精神创伤，虽然当时的影响不明显，但这种影响是潜在的、长期的，它一旦使儿童形成某种不好的行为模式和不良的应对方式后，就可能会产生人格障碍。例如，儿童发现在父母争吵的时候自己无能为力而只有到处逃避时，以后就可能会发展成回避型人格障碍。很多人格异常者在咨询时都会提起对家庭温暖的渴望，弗洛伊德曾经说过，童年的创伤经历会给儿童留下心理阴影，会有意无意地影响儿童以后的身心发展。

父母是孩子的第一任老师，在人的成长过程中，很长时间是在与父母的关系中建立自己的早期人格，因此父母的言谈举止、教养方式、为人处世原则、心理素质、品德和文化修养等都会直接影响子女对所经历事件的认知与适应，进而影响其人格的形成，其中父母的教养方式特别关键。

3. 社会环境的影响

社会环境包括生活环境和文化环境。在当今信息全球化的时代，大学生的人格更容易受社会环境的影响。特别是在市场经济的冲击下，价值观念的转变、贫富差距的拉大等都会使大学生的心理产生不平衡，再加上网络上一些暴力、不健康信息的引导，又容易导致学生悲观失望、不正当防卫等不健康心理，使学生陷入困惑、苦闷，甚至颓废和绝望中。自改革开放以来，虽然来自各方面的压力在增大，使个体危机感加重，会给大学生的人格发展带来一定的负面影响，但只要我们能够保持思想上的高度警惕，防微杜渐，净化思想和心灵，就一定能保持一种良好的人格意识状态。

4. 学校环境的影响

学校对大学生人格的影响主要是指老师和同学的影响，我国儿童从进入学校，一直到大学毕业，总共有十几年的学习生涯。在这十几年的时间里，老师的言行举止、处事方式等都可能会影响到学生的人格成长。当然同伴之间的影响也是显著的，因为在学习阶段，学生更倾向于向同伴学习并获得相互之间的赞许和认可，因此良好的集体环境对一个人健康人格的形成是非常重要的。

四、大学生人格发展异常的评估标准

人格异常一般于早年开始，一旦形成即具有恒定和不易改变性。人格异常的人智力并不低下，但人格的某些方面非常突出并过分地发展，如具备以上特征，且又能排除器质性疾病和精神疾病所致的人格改变，则可确定为人格异常。参照美国《心理障碍的诊断和统计手册》中的分类，人格异常有三大类，第一类以行为怪僻、奇异为特点，包括偏执、分裂型、强迫型人格障碍；第二类以情感强烈、不稳定为特点，包括癔症型、自恋型、反社会型、攻击型人格障碍；第三类以紧张、退缩为特点，包括回避型、依赖型人格障碍。下面介绍几种常见的人格发展异常表现及其评估标准。

1. 强迫型人格障碍

强迫型人格障碍的特点是，对待他人和自己都有一种求全和固执的表现，而且这种表现涉及面广、相对稳定。在生活中，他们把自己的标准定得很高，并处处清高自傲，常常因自己犯的一点小错而陷入极端的自责和痛苦中。在工作上，他们行为刻板，缺乏想象力，喜欢一成不变的工作模式，不能适应变化的环境，而且常因优柔寡断而误事。在家庭和个人生活上，有些人会有洁癖，容不得一丝纤尘，情感表达能力较差。也有一些人非常吝啬，明知无用的东西也不舍得丢弃。强迫型人格障碍者的早年家庭环境一般较好，但其父母对子女的教育方式往往过分严厉、苛刻，动辄责备、训斥，所以强迫型人格障碍者较易患抑郁症。

按照《中国精神疾病分类方案与诊断标准》，强迫型人格障碍的症状表现如下。

（1）做任何事情都要求完美、按部就班、有条不紊，因此有时反而会影响工作效率。

（2）对别人做事很不放心，总是不合理地坚持别人要严格地按照他的方式做事，否则心里很不痛快。

（3）犹豫不决，常推迟或避免做出决定。

（4）常有不安全感，穷思竭虑，反复考虑计划是否妥当，反复核查，唯恐疏忽和差错。

（5）拘泥细节，甚至生活小节都要"程序化"，不按照一定的规矩就感到不安或要重做。

（6）完成一件工作之后常缺乏愉快和满足的体验，相反容易悔恨和内疚。

（7）对自己要求严格，过分沉溺于职责义务与道德规范，无业余爱好，拘谨吝啬，缺少友谊往来。

至少要符合以上项目中的三项，方可诊断为强迫型人格障碍。

2. 偏执型人格障碍

偏执型人格障碍又称妄想型人格障碍。其行为特点常常表现为：极度的感觉过敏，对侮辱和伤害耿耿于怀；思想行为固执死板，敏感多疑、心胸狭隘、爱妒忌；对别人获得成就或荣誉感到紧张不安；自以为是、自命不凡，对自己能力估计过高，惯于把失败和责任归咎于他人，在工作和学习上往往言过其实；同时又很自卑，总是过多过高地要求别人，但从来不信任别人，认为别人居心不良；不能正确、客观地分析形势，有问题容易从个人感情出发，主观片面性大；如果建立家庭，常怀疑自己的配偶不忠等。这种人格的人在家不能和睦，在外不能与朋友、同事相处融洽。偏执型人格障碍者很少有自知之明，对自己的偏执行为持否认态度。偏执型人格障碍患者中以男性较多见，且以胆汁质或外向型性格的人居多。

按照《中国精神疾病分类方案与诊断标准》，偏执型人格的主要特征如下。

（1）广泛猜疑，常将他人无意的、非恶意的甚至友好的行为误解为敌意或歧视，或无足够根据，怀疑会被人利用或伤害，因此过分警惕与防卫。

（2）将周围事物解释为不符合实际情况的"阴谋"。

（3）易产生病态嫉妒。

（4）过分自负，若有挫折或失败则归咎于他人，总认为自己正确。

（5）好嫉恨别人，对他人过错不能宽容。

（6）脱离实际地好争辩与敌对，固执地追求个人不合理的权利或利益。

（7）忽视或不相信与患者不相符合的客观证据，因而很难以说理或用事实来改变患者的想法。

至少要符合上述项目中的三项，才可以诊断为偏执型人格障碍。

3. 分裂型人格障碍

分裂型人格障碍主要表现出缺乏温情，难以与别人建立深厚的情感联系，因此他们的人际关系一般很差。大多数分裂型人格障碍患者独身，即使结婚也多以离婚告终。他们生活平淡、刻板，缺乏创造性和独立性，对别人的意见漠不关心，过着孤独寂寞的生活。他们的内心虽然丰富，却缺乏相应的情感内容，无进取心，总是以冷漠无情来应对环境，逃避现实，但他们这种与世无争的外表并不能压抑其内心的焦虑和痛苦。分裂型人格障碍的形成一般与人的早期心理发展有很大关系，在成长过程中，如果儿童终日被骂、被批评，得不到父母的爱，就会觉得自己毫无价值；如果父母对子女不公正，就会使儿童是非观念不稳定，产生心理上的焦虑和敌对情绪，他们会逃避与父母身体和情感的接触，进而逃避与其他人和事物的接触，这样就极易形成分裂型人格。

按照《中国精神疾病分类方案与诊断标准》，分裂型人格障碍的特征如下。

（1）有离奇的信念，或与文化背景不相称的信念，如相信透视力、心灵感应、特异功能和第六感官等。

（2）奇怪的、反常的或特殊的行为或外貌，如服饰奇特、不修边幅，行为不合时宜，有不良习惯，目标不明确。

（3）言语怪异，如离题、用词不妥、繁简失当、表达意见不清，但并非文化程度或智能障碍等因素所引起。

（4）不寻常的知觉体验，如有一过性的错觉、幻觉，看见不存在的人。

（5）对人冷淡，对亲属也不例外，缺少温暖体贴。

（6）表情淡漠，缺乏深刻或生动的情感体验。

（7）多单独活动，主动与人交往仅限于生活或工作中必需的接触，除一级亲属外无亲密友人。

至少要符合上述项目中的三项，才可以诊断为分裂型人格障碍。

4. 反社会型人格障碍

反社会型人格也称精神病态或社会病态人格。在人格障碍的各种类型中，反社会型人格障碍是心理学家最为重视的。患者的共同心理特征：情绪的爆发性和行为的冲动性，对社会和他人冷酷、仇视，缺乏好感和同情心，缺乏责任感，缺乏愧疚、悔改之心，不顾社会道德法律准则和一般公认的行为规则，经常发生反社会行为，不能从挫折和惩罚中吸取教训，缺乏焦虑感和罪恶感。产生反社会型人格障碍的主要原因有早年丧失父母或双亲离异、养子、先天体质异常、恶劣的社会环境、家庭环境和不合理的社会制度的影响，以及中枢神经系统发育不成熟等。

心理学家克莱克利在其《正常的假面具》中对反社会人格的特征做了系统的阐述，提出了下列16个明显特征。

（1）外表迷人，具有中等或中等以上智力水平，初次相识给人很好的印象，能帮助别人消除忧烦、解决困难。

（2）没有通常被人认为是精神病状的非理性和其他表现，无幻觉、妄想和其他思维障碍。

（3）没有神经症性焦虑，对一般人心神不宁的情绪感觉不敏感。

（4）他们是不可靠的人，对朋友无信义，对妻子（丈夫）不忠实。

（5）对事情不论大小，都无责任感。

（6）无后悔之心，也无羞耻之感。

（7）有反社会行为但缺乏契合的动机，叙述事实真相时态度随便，即使谎言将识破也泰然自若。

（8）判别能力差，常常不能吃一堑长一智。

（9）病态的以自我为中心，自私，心理发育不成熟，没有爱和依恋能力。

（10）麻木不仁，对重要事件的情感反应淡漠。

（11）缺乏真正的洞察力，不能自知问题的性质。

（12）对一般的人际关系无反应。

（13）做出幻想性的或使人讨厌的行为，对他人给予的关心和善意无动于衷。

（14）无真正企图自杀的历史。

（15）性生活轻浮、随便，方式与对象都与本人不相称，有性顺应障碍。

（16）生活无计划，除了老是和自己过不去外，没有任何生活规律，没有稳定的生活目的。他们的犯罪行为也是突然性的，而不是在严密计划和准备下进行的。

上述这些反社会人格特征都是在青年早期就出现了，最迟不晚于25岁。在做出反社会型人格的诊断时，所要考虑的最关键因素是个人对自己反社会行为的反应。在上述特征中，无责任感和无羞耻心特别重要，因为反社会型人格障碍患者即使在做了大多数人通常会感到可耻和罪恶的事后，在情感上也无任何反应。

5. 攻击型人格

攻击型人格障碍是一种以行为和情绪有明显冲动性为主要特征的人格障碍，又称为爆发型或冲动型人格障碍，其特点主要如下。

（1）情绪急躁、易怒，存在无法自控的冲动和驱动力。

（2）性格上常表现出向外攻击、鲁莽和盲目性。

（3）冲动的动机形成可以是有意识的，亦可以是无意识的。

（4）行动反复无常，可以是有计划的，亦可以是无计划的，行动之前有强烈的紧张感，行动之后体验到愉快、满足或放松感，无真正的悔恨、自责或罪恶感。

（5）心理发育不健全和不成熟，经常导致心理不平衡。

（6）容易产生不良行为和犯罪的倾向。

上述表现是主动攻击型的表现。还有一种被动攻击型，它主要的特征是以被动的方式表现其强烈的攻击倾向。这些人外表被动，内心却充满攻击性。比如，不听指导，拖延时间，故意拆台使工作无法进行等。主动攻击型人格障碍与反社会型人格障碍相似，但主动攻击型人格的行为特点是自控能力低，而反社会型人格则以行为不符合社会规范为特征。

6. 癔症型人格

癔症型人格又称表演型人格或歇斯底里型人格，其典型的特征表现为心理发育的不成熟性，特别是情感过程的不成熟，行为做作、情绪表露过分等。他们总希望引起别人的注意，且情感易变化，高度地以自我为中心。但一般来说，这种类型患者的人格障碍会随着年龄的增长、心理的成熟而症状减轻。

按照《中国精神疾病分类方案与诊断标准》，癔症型人格障碍患者至少具有以下项目中的三项。

（1）表情夸张像演戏一样，装腔作势，情感体验肤浅。

（2）暗示性高，易受他人的影响。

（3）自我中心，强求别人符合他的需要或意志，不如意就给别人难堪或强烈不满。

（4）经常渴望表扬和同情，感情易波动。

（5）寻求刺激，过多地参加各种社交活动。

（6）需要别人经常注意，为了引起注意，不惜哗众取宠、危言耸听，或在外貌和行为方面表现得过分吸引他人。

（7）情感反应强烈，易变化，完全按个人的情感判断好坏。

（8）说话夸大其词，掺杂幻想情节，缺乏具体的真实细节，难以核对。

7. 回避型人格

回避型人格又称逃避型人格，其最大的特征是行为退缩、心理自卑，面对挑战多采取回避态度或无能应付。但回避型人格障碍的行为退缩性与分裂型人格障碍的行为退缩性不同，前者并不安于或欣赏自己的孤独，不与人来往也并非出于自己的内心；而分裂型人格是宁愿待在自己的世界里而不愿与他人交流。美国《精神障碍的诊断与统计手册》中对回避型人格特征的描述如下。

（1）很容易因他人的批评或不赞同而受到伤害。

（2）除了至亲之外，没有好朋友或知心人（或仅有一个）。

（3）除非确信受欢迎，一般总是不愿卷入他人事务之中。

（4）行为退缩，对需要人际交往的社会活动或工作总是尽量逃避。

（5）心理自卑，在社交场合总是默默无语，怕惹人笑话，怕回答不出问题。

（6）敏感羞涩，害怕在别人面前露出窘态。

（7）在做那些普通的但不在自己常规之中的事时，总是夸大潜在的困难、危险或可能的冒险。

只要满足其中的四项，即可诊断为回避型人格。

8. 依赖型人格

依赖型人格对亲近与归属有过分的渴求，这种渴求是强迫的、盲目的、非理性的。他们总觉得自己软弱无助，渺小可怜，一旦自己拿主意时，便感到一筹莫展，很在意别人对自己的评价。依赖型人格源于人类发展的早期，如果父母过分溺爱，不让他们有长大和自立的机会，久而久之，子女在心理上就会逐渐产生对父母或权威的依赖，成年以后会缺乏自信心，终身不能负担起独立工作的职责。美国《精神障碍的诊断与统计手册》中对依赖型人格特征的描述如下。

（1）在没有得到他人大量的建议和保证之前，对日常事务不能做出决策。

（2）有无助感，让别人为自己做大多数的重要决定，如在何处生活，该选择什么职业等。

（3）有被遗弃感，明知他人错了，也随声附和，因为害怕被别人抛弃。

（4）无独立性，很难单独展开计划或做事。

（5）过度容忍，为讨好他人甘愿做低下的或自己不愿做的事。

（6）独处时有不适和无助感，或竭尽全力以逃避孤独。

（7）当亲密的关系终止时感到无助或崩溃。

（8）经常被"遭人遗弃的念头"折磨。

（9）很容易因未得到赞许或遭到批评而受到伤害。

只要满足上述特征中的五项，即可诊断为依赖型人格。

9. 自恋型人格

古希腊有个神话故事：英俊的美少年纳喀索斯，有一天在水中发现了自己的影子，便一见倾心，再也无心顾及其他人和事，一直留在水边不忍离去，最后终于憔悴而死。后来，人们便以纳喀索斯的名字来命名为自恋症。自恋型人格在很多方面与癔症型人格的表现相似，但二者的不同之处在于，癔症型人格者性格外向、热情，而自恋型人格者性格内向、冷漠。自恋型人格大多表现为自我重视、夸大，缺乏同情心，对别人的评价过分敏感等。他们一听到别人的赞美就沾沾自喜，反之则暴跳如雷。在与别人相处时，很少能设身处地地理解别人的情感与需要，由于缺乏同情心，所以他们的人际关系很糟，容易产生孤独和抑郁的心情，加之他们有不切实际的高目标，往往易在各方面遭到失败。对自恋型人格障碍的评估，目前尚无统一的标准，一般认为其特征表现具备以下五项，就可诊断为自恋型人格。

（1）对批评的反应是愤怒、羞愧或感到耻辱（尽管不一定当即表露出来）。

（2）喜欢指使他人，要他人为自己服务。

（3）过分自高自大，对自己的才能夸大其词，希望受人特别关注。

（4）坚信他关注的问题是世上独有的，不能被某些特殊的人物了解。

（5）对无限的成功、权力、荣誉、美丽或理想爱情有幻想。

（6）认为自己应享有他人没有的特权。

（7）缺乏同情心。

（8）渴望持久的关注与赞美。

（9）有很强的嫉妒心。

第四节　人格的完善——炫出最美的人性

一、健康人格概述

人格是一个人相对持久稳定的心理行为特征的总和，人格有变态人格和健康人格之分，健康人格是人格心理学、健康心理学、临床心理学和心理健康教育等学科中经常讨论的一个话题。拥有健康人格的人会乐观地面对生活中的各种压力，会正确地评价自我，会懂得如何与别人和谐相处，因此，培养大学生的健康人格已成为高校教育的重点和基本出发点。对健康人格的理解由于受人性观、价值取向及方法论的影响不同而有差异，心理学家从不同方面来描述健康人格的基本特征。

1. 奥尔波特的健康人格观

奥尔波特提出了健康人格应该具备的六个特点。①自我扩展的能力。具有健康人格的人参加活动的范围非常广，而且会非常专注于这些活动，是真正的参与者；②密切的人际交往能力。具有健康人格的人与他人的关系是亲密无间的，他们富有同情心，无占有欲和嫉妒心，能宽容自己与别人在价值观与人生观上的差异，对父母和朋友都非常友善和关爱。③情绪上有安全感和自我认可感。具有健康人格的人能忍受生活中不可避免的冲突和挫折，经得起一切不幸遭遇，他们具有很强的安全感和一个积极的自我形象。④体现知觉的现实性。具有健康人格的人看待事情是依据事物的实际情况，而不是根据自己的期待来做事，他们能够客观地评价和看待世界。⑤体现自我客观化。具有健康人格的人对自己的优点和缺点都十分清楚，理解真实自我与理想自我之间的差异，即能正确地评价和认识自我。⑥体现定向一致的人生观。具有健康人格的人有坚定的价值观和道德心，他们能够胜任自己所承担的工作，有确定的目标，并为目标而生活。

2. 罗杰斯的健康人格观

罗杰斯认为，健康人格不是人的固定状态，而是一种过程。因此罗杰斯从动态的角度去理解有关健康人格的概念。他认为，具有健康人格的人应该具有以下一些特点。①在情感和态度上是无拘无束的、开放性的。即面对自己和世界不胆怯、不防御，能开放，坦然而又准确地体验一切情绪和经验，并能将各种体验运用到自己的生活与工作中去，能坦然正视自己的优点和缺点，以积极的行动去提升自己，因而他们的人格富有灵活性、积极性和建设性。②对新的生活有很强的适应性，能够自由地分享生活经验。即他们以充分自由、不带任何框架的态度看待并体验生活，不断受各种新经验的影响，在生活中具有很强的适应性、灵活性、自发性和应变能力。③信任自己的感觉。即健康的人能全面接收信息并建设性地发挥自己的潜能，他不仅信任自己，懂得尊重和服从自己内心的声音，而且始终能够忠实于自己。当我们努力说服自己做一件我们最初认为不该做的事时，或者我们努力为一件事情寻找理由时，说明我们都有可能正处在违背自己机体的状态中。④具有自由自在的感觉。具有健康人格的人认为生活是自由的，有很多可供选择的余地，并确信自己有能力做任何自己想做的事。⑤具有极高的创造力。人格健康的人信赖自己的机体，在生活中常常主动追求新的挑战和刺激，他们总能以创造性产品和创造性生活表现自己，因此，不论在什么样的特殊环境中，他们都能建设性地妥善处理与环境的冲突，适应环境并为自己创造丰富美好的生活。

二、大学生健康人格的基本标准

心理健康标准并不是一成不变的，它会随着时代的变迁而发生改变。从当今我国社会文化背景及大学生的实际情况来看，大学生健康人格应具备以下特征和标准。

1. 具有远大而稳定的奋斗目标

从大目标来讲，要有坚定的社会主义信念和远大的共产主义理想，有科学的人生观和世界观；从小目标来看，有不同阶段的学习目标和内容，能保持一定的学习积极性，有较高的学习效率，并能从学习中体验快乐和成长。

2. 具有强烈的道德责任感

能以社会主义、集体主义道德观为核心，正确处理生活和工作中的各种关系，具有为人正直诚实、谦虚谨慎、尊老爱幼等良好品质。遇到不公平的事能挺身而出，并愿意为社会和集体多做贡献。

3. 具有正确的自我意识

能够正确、客观地认识和评价自己；能够自尊、自信、自爱；能够切合实际地看待自己的学业和成就；能够自我监督，自我调节，努力发展身心潜能；不自负，也不过于自责、自暴自弃，能够较快适应新环境。

4. 具有良好的自我调控能力

富有幽默感，能经常保持愉快、开朗、乐观的心情，能以积极方式排解消极情绪；能适当地表达和控制自己的情绪，不大喜大悲，遇到挫折和困难能合理应对。

5. 具有良好的社会适应能力

能够正确观察和了解社会现象，关心社会发展变化，使自己的思想和行为与社会发展同步，对新环境具有较强的适应能力。能够勇敢地面对和接受现实，客观评价周围的人和事，善于发现生活中的乐趣，能以积极的心态应对挑战。

6. 具有和谐的人际关系

在人际关系中能够相互沟通理解，尊重信任他人，能热情坦诚地对待朋友，能主动关心和帮助他人，知心朋友很多，很容易与周围的人打成一片，常常以诚实、公平、信任、宽容的态度对待他人，同时也受到他人的喜爱和接纳。

7. 具有乐观向上的生活态度

常常能看到生活的光明面，对前途和生活充满希望和信心；对自己所担任的工作或学习抱有浓厚的兴趣，即使生活中遇到困难和挫折，也勇于面对，不畏艰险，勇于拼搏，充分发挥自身潜能；经常以乐观的态度来面对困难和挫折，并设法克服困难，振作精神；心理年龄与生理年龄一致。

8. 具有健康、崇高的审美情趣

有正确的审美理想、审美态度和对美的正确追求；有健康、向上的兴趣爱好，能提高自身的修养，自觉抵制各种不健康思想的侵蚀，追求更高的人生价值，实现人的自我完善。

三、大学生人格完善的自我调适方法

人格完善是指一个人不断认识自我、提升自我、完善自我的过程。美国著名心理学家罗杰斯指出，每个人都有两个自我：现实自我与理想自我。其中现实自我是个人在现实生活中获得的真实感觉，而理想自我则是个人依照自己内心标准构建的一个完美自我。只有当现实自我和理想自我达到统一时，人格才能达到和谐状态，才能真正地实现自我，这时候的人格才是最完善的。因此，人格完善就需要个人对自我成长有明确的目标，并规划实现目标的蓝图。

1. 积极参与社会实践，培养良好的人际关系

马斯洛认为归属与爱的需要是人的最基本需要，也叫作社交需求，是指个人渴望得到家庭、团体、朋友、同事的关怀、爱护和理解，是对友情、信任、温暖、爱情的需求。如果这一最基本需要都得不到满足，人格发展就会出现异常。可见良好的人际关系是大学生心理健康的基础。因此在校的大学生应该多参加校内外的实践活动，在活动中学会如何与人相处，学会与人真诚沟通，学会换位思考，只要大学生能够敞开心扉，真诚待人，相信人与人的相处会变得简单、容易得多。

2. 刻苦学习，努力提升文化修养

很多人格障碍都源于知识缺乏，而这又会导致人粗俗、自卑、能力低下。丰富的知识不仅能陶冶人的情操，还能愉悦人的心情，增加人的自信。所以大学生应该努力学习，在学好专业课的同时还可以多看些课外书，以拓宽自己的视野，完善自己的知识结构，在学习知识的过程中逐步完善人格。

3. 接受现实，积极适应环境

大学生在学习、生活过程中很容易受现实环境的影响，如果事事顺心则心情愉快，反之则唉声叹气，丧失志气。例如，大一新生总是充满期待，一旦理想与现实有差距时就容

易自暴自弃。曾经有一名大一的男生前来咨询说："老师，我没有考上自己理想的学校，在现在这个学校里，我根本没有激情学习和生活，我没有勇气面对现实。"可见这名男生对于现实环境失落到了极点。人对环境的不同态度会影响一个人的人格特征，如果遇到逆境就退缩，很容易产生自卑心理。所以大学生应树立战胜困难的勇气和信心，积极适应环境，在顺境中健康成长，在逆境中磨炼意志。

4. 强化自我完善机制，培养健康人格

人格完善说到底就是一种自我教育，强调培养人的自尊、自爱、自重精神和积极乐观的生活态度。所以大学生首先要学会自我反省，即遇到问题多分析自己的缺点和不足，并逐渐改善；其次，要学会自我评价，即能客观、全面地认识自己，在强调自己优点的同时也不要忽略了自己的缺点，要做到既不自负也不自卑；最后，要学会自我调节，有效控制自己的情绪，保持积极、乐观的心境。

5. 锻炼身体，增强体质

健康的人格往往来源于强壮的体魄，而身体的疾病会导致心理疾病的产生。因此，大学生在学习之余还应加强体育锻炼，养成良好的生活习惯，只有身体健康才能心情开阔。

总之，大学生人格的完善是需要通过学校、教师和大学生自己三方面共同努力才能实现的。只要我们具备和谐的人际关系、良好的社会适应能力、乐观向上的生活态度，使自己的人格发展符合时代的需要，就一定能成为人格健康完善的新一代大学生。

【心理测试】

请教师指导学生用卡特尔16种人格测验（16PF—大学）进行自我测评，并解释和讨论测评结果。

【心理训练】

自画像游戏

A4 白纸，彩笔

活动程序：

1. 要求同学们在白纸上画出自己的自画像，并写上自我介绍或特点、爱好等。

2. 老师收集之后贴在黑板上，大家一起讨论，将画像和每个人分别联系起来。或是发给同学们其他人的画像，要求其能通过画像的特征寻找画像的主人。

3. 被找到的同学再做一个详细的自我介绍。

目的：

通过这个游戏对自己有一个全面的认识，了解自己是一个什么样的人以及在别人心目中的样子。

【学习反馈】

1. 什么是人格？你自己的人格特征是什么呢？

2. 大学生人格发展异常产生的原因是什么？我们如何能做到扬长避短，发挥自己的特长呢？

3. 健康人格的标准是什么？如果你要完善和健全自己的人格，你会怎么做呢？

第五章　我的未来不是梦

——大学职业生涯规划及能力发展

【案例导读】

　　哈佛大学曾做过一次职业目标的跟踪调研，在哈佛大学的一批毕业生中，有27%的人没有目标，60%的人目标模糊，10%的人有清晰但比较短暂的目标，3%的人有清晰且长远的目标。25年后跟踪调查结果，发现：3%的人朝着一个长远目标不懈努力，结果有的成为行业领袖，有的是社会精英，几乎都生活在社会上层；10%的人不断地实现短期目标，结果其中的大多数成为各个领域中的专业人士，他们生活在社会的中上层；60%的人，没有什么特别成就，平庸地生活与工作着，几乎都生活在社会的中下层；27%的人，过着很不如意的生活，他们有着共同的特点，那就是抱怨他人，抱怨社会和抱怨人生。

【心理分析】

　　有一个长远的清晰的目标对于一个大学生尤为重要，大学期间进行职业生涯规划，可以使大学的生活更有章法，取得的成就更加突出。

　　在人的生命中最主要的、起决定作用的是成年期。而对成年期起决定作用，为人的一生提供生存和发展条件的是人的职业生涯。一个人的职业生涯决定了一个人一生的发展，然而很多大学生常常会对人生的意义产生疑惑。在上大学之前，大多数学生的人生意义可以说就是考取理想的大学，因而，当这个目标实现，进入了大学之后，就会出现意义和目标的真空状态。考取大学仅是人生的阶段目标，无法提供更为长久的意义。为自己设定远大而现实的长远目标，引领我们当前的生活，为现实的平淡赋予意义，为学习和其他活动设定具体目标，使我们更有进取的动力，这是生涯发展与规划的目标和任务。对大学生来说，走向社会之前，将现实环境和长远规划相结合，给自己的职业生涯一个清晰的定位，是求职就业的必修课，也是职业升级的关键点，更是迈向成功的第一步。因此，做好职业生涯规划对大学生的人生发展至关重要。

【学习目标】

　　了解职业生涯规划的概念、重要性及原则；掌握职业生涯规划的设计步骤；了解大学生择业的心理准备。

【关键概念】

职业生涯规划 择业心理

第一节 完善人生的画卷——大学生职业生涯规划

一、职业的含义与发展

1. 职业的含义

"职业"一词是由"职"和"业"构成。"职"是指职位、职责，即我们平时所说的在一定的职位上就要尽一定的责任。"业"是指从事的行业、事业、业务，即具体干什么事情。所谓职业，就是人们从事的相对稳定的、有收入的、专门类别的社会劳动。它既是个人谋生的手段，也是个人实现自身价值的必要条件，同时也是推动社会不断前进和发展的标志。

2. 职业发展趋势

随着科学技术的不断进步，经济和社会的发展，社会职业的数量、种类、结构、要求都在不停地变化，其发展趋势主要表现在以下几个方面。

（1）职业的数量、种类日益增多。古代社会中职业的种类较少，随着社会的发展，职业的数量、种类越来越多。

（2）职业结构变化加快。纵观人类社会的历史，产业结构和行业结构变化速度逐渐加快的趋势是十分明显的。21世纪，知识经济时代的发展，将会给职业结构的变化带来一次大的飞跃。

（3）脑力劳动职业增加。从历史上看，脑力劳动者远比体力劳动者少。随着教育、文化、科学技术等的发展，脑力劳动者逐渐多了起来。进入21世纪后，脑力劳动职业在社会职业总额中所占比重越来越大。

（4）职业要求不断更新。社会经济发展处在不同历史时期，职业的内容、要求、报酬等都不相同。另一些职业由于任务、职责有一定改变，对就业的要求也会发生一定的变化。

（5）第三产业的职业数量大量增加。以往，一些国家和地区不重视第三产业，在制定经济发展战略时优先发展第一产业和第二产业，而现在第三产业受到前所未有的重视，在国民经济发展中的作用越来越大，职业的种类也大量增加。以提供200万个社区就业岗位，再推算全国32个特大城市和43个大城市，可提供的社区就业机会至少在1500万个以上。

3. 职业类别

据统计，我国现有1万多种职业，都与国民经济的产业、行业有着十分密切的联系，根据不同的分类标准，职业有多种分类方式。

按产业划分，我国国民经济可分为三个产业：第一产业，指农业、林业、畜牧业、渔业等；第二产业，指采矿业、制造业、电力、燃气及水的生产和供应业、建筑业；第三产业，指除第一、第二产业以外的其他行业。

按照工作特点划分，职业可分为事务、社会服务、文教、科研、艺术及创作、户外管理、一般服务性职业等十多种类型。

二、职业生涯规划

（一）职业生涯及职业生涯规划的概念

职业生涯是指一个人一生连续担负的工作职业和工作职务的发展道路，或者说是一个人终生职业经历的模式。职业生涯是个人终其一生所扮演的职业角色的整个过程。

职业生涯规划要求根据自身的兴趣、特点，将自己定位在一个最能发挥自己长处的位置，最大限度地实现自我价值。职业生涯规划实质上是追求最佳职业生涯的过程。一个人的事业究竟向哪个方向发展，他的一生要稳定从事哪种职业类型，扮演何种职业角色，都可以在此之前做出设想和规划。良好的职业生涯规划应具备以下特征。

（1）可行性。设计要有事实依据，并非是美好的幻想或不着边际的梦想，否则将会贻误生涯良机。

（2）适时性。设计是预测未来的行动，确定将来的目标，因此各项主要活动何时实施、何时完成，都应有时间和时序上的妥善安排，以作为检查行动的依据。

（3）适应性。设计未来的职业生涯目标，牵涉多种可变因素，因此设计应有弹性，以增加其适应性。

（4）持续性。人生的每个发展阶段应能连贯衔接。

（二）职业生涯规划的意义

1. 以职业生涯目标增强生命前进的动力

有职业生涯规划的人在工作和学习中有一个长远的目标，如果职业生涯规划做得比较好，往往会把长远目标分解成依次递进的子目标，生活中按照目标脚踏实地地向着长远目标前进。即使是在行进的过程中遭遇很多障碍，但有明确目标的人也会比没有目标的人更充满希望和信心，并以更积极的态度去面对困难和挫折。

2. 通过职业生涯规划实现个人价值最大化

职业生涯规划可以帮助人们更好地明确存在的意义，协助人们在生命过程中突破自身障碍，开发潜能，提高人生的主观幸福感，实现自我价值。

3. 通过职业生涯规划帮助组织和积累人力资本，满足发展需求

随着知识经济时代的到来，许多管理学家认为，组织不应该仅仅关注服务和产品，更应该注重成员的智慧、技艺和能力的提高与全面开发。职业生涯规划可以帮助组织开发人才，提高成员对组织的归属感，留住人才。

三、职业生涯规划的原则和理念

大学生进行职业生涯规划，简单来说，要遵循以下几个原则：择己所爱，择己所长，择世所需，择己所利。具体来说，要注意以下几个方面。

1. 以不变应万变

许多大学生在进行职业生涯规划时总是同时追求许多不同的目标，同时进行着各种不同的努力。这类学生有很多想法，对问题分析得很透彻，且清楚自己的优势和劣势，对外界环境的变化也了如指掌，但是对自己真正想要向着哪个方向发展却茫然不知所措。

影响职业选择的因素是很多的，优化职业生涯的选择，要学会化繁为简，学会把选择的考虑因素全面化，而把选择的决定因素单纯化。例如，针对考研还是就业的问题，不妨问问自己：考研可以给我们带来什么？继续获得新的知识对于自己有多重要？工作中我最想得到什么？是高挑战的工作环境还是高额的收入？这些东西对于我来说有多重要？能不能解决当务之急？等等，这些问题会使我们澄清自我成长的取向、自我实现的取向、安定及免于焦虑的取向等价值观，进而确定更适合自己的职业生涯取向。

2. 借鉴但不照搬

许多大学生常会借鉴学习同专业高年级学生的经验，甚至完全把他人的职业生涯规划照搬过来，还以为是自己找到了捷径。我们不能全盘否定这种做法，毕竟前车之鉴可以使我们少走一些弯路，但是完全的"克隆"就是一种类似投机的行为了，具有一定的盲目性，是过于片面的决策行为。因为世界上找不到完全相同的两片叶子，每个人都有不同的特长、独特的内在素养，这是内在的差异性；每个人所处的外部环境以及所拥有的外部条件都是独特的，这是外在的差异性。在规划自己的职业生涯时，如果不考虑自身在性格、学识、特长、技能、思维方式及组织管理、人际关系、适应及创新能力等方面的情况，盲目照搬他人的职业生涯规划是很不明智的。

因此，大学生在进行个人职业生涯规划之前，应该明确地分析和透彻了解自我的内在素质和外部环境条件，有针对性地选择适合自己的职业生涯路线。此外，职业生涯是个动态的过程，影响职业生涯的环境是复杂多变的。职业生涯规划，关乎一个人一生的发展，需慎重对待，切忌简单克隆他人的生涯设计与规划。

【知识链接】

传说有两个饥饿的人，在最困难的时候，得到了一位长者的恩赐：一根鱼竿和一篓鱼。他们中的一个人想着赶快止住饥饿，就要了一篓鱼；另一个人想着今后能一直有吃的，就要了一根鱼竿。拿到鱼的人马上用干柴把鱼烤熟后，吃了个精光。不久，他就饿死了。拿到鱼竿的人开始向大海边走去，但当看到那片蔚蓝色的海洋时，他的最后一点力气也用完了。结果，他也只能眼巴巴地看着大海饿死了。无独有偶，同样有两个饥饿的人，他们得到了长者同样的恩赐。但他们俩一起烤鱼吃，然后，又一起来到海边，过起了捕鱼为生的日子。最终，他们不仅没有饿死，几年后，还盖起了房子，建造了渔船，有了各自的家庭。这个故事的深刻寓意提示我们：在做事情的时候，如果考虑眼前的利益，而不顾长远发展，最终只能被"饿死"。反之，如果仅仅考虑将来，而脱离眼前的实际，最终也只能被"饿死"。我们只有既从当前的实际出发，又考虑长远的生存与发展，才能最终解决问题。

心灵感悟：在做职业生涯规划时，我们需要从社会现实和自己的实际情况出发，主动地把现实与理想结合起来，既不盲目地好高骛远，又不轻易地妄自菲薄。而是脚踏实地，充满自信地面向未来，制订出人生最可行、最有价值的职业生涯规划。

3. 木桶理论与优势理论

在管理学上有一个著名的"木桶理论"：一只沿口不齐的木桶，其存水量的多少，不是取决于最长的那块木板，而是取决于最短的那块木板。一个人如果仅仅看到了自己拥有的"长板"而忽略"短板"，将会影响职业生涯的发展。在职业生涯规划中，寻找差距是非常重要的。只有分析目前的状况与实现目标所需的知识、能力等方面的差距后，去努力缩小差距、扬长补短，并制订合理的方案，才能采取有效的行动。

然而，重视"短板"，并不是要忽略"长板"。长期以来，我们在认知上经常会有一个误区，就是过分地看重事物的负面，并做很大的努力来试图改变人的缺陷和不足，而很少甚至不关注人的优势和长处，忽略了人最有价值的方面。例如，有些学生活泼好动，在职业定位时，如果定位在那些需要细心谨慎的财务、会计等职业，可能花很多的时间和精力来改变自己的性格，但改变性格不是容易的事情。如果将职业定位于营销、公关等岗位，在大学期间多参加社会实践和社团活动，发挥自己的特长，进一步提升自己的交际能力和组织能力，则可能达到事半功倍的效果。有研究表明，用同样的时间、精力去改变自己的缺陷，或者去提升自己的优势方面，将获得完全不同的结果状态。因此，在职业生涯规划中，过多地纠缠在自己的劣势上，而忽略自身优势的发挥，那不仅是个人资源的浪费，更可能会耽误自己的职业前程。

4. 信心、恒心、平常心的合力效应

职业生涯规划的成功离不开信心、恒心及平常心的共同作用。

（1）信心。在大学校园里，我们经常能听到："不知道我的选择对不对？""我到底该怎么做？"这反映出一些学生对自己的职业生涯方向缺乏信心，对自己的职业定位产生怀疑，这会导致职业生涯规划的失败。在职业生涯的"战场"上，首先就要对自己有信心，相信自己一定能赢，才能产生一往无前的勇气，磨炼自己的意志，激发自身的智慧和潜能，创造出更多"意外"的收获。反之，如果一个人缺乏信心、优柔寡断，即使他具有优秀的专业素质，也会畏畏缩缩而错失良机，也就不可能获得真正的成功。

（2）恒心。追求卓越职业人生的必需素质除了有信心外，更重要的是持之以恒。成功的途径有很多条，可供选择的机会也很多，职业生涯的路线也有很多种，而人的精力和能力是有限的。因此，当自己做出了合理而正确的职业定位，确定了目标之后就该全力以赴。

（3）平常心。保持一颗平常心，能使我们理性地做好职业生涯规划中的"三定"。科学地定向，避免职业生涯决策犯"方向性错误"；理性定点，综合多个方面的因素考虑实现自身人生价值的问题；合理地定位，避免盲目的攀比，能根据个人的爱好和兴趣、知识结构水平、能力、薪资期望、心理承受能力、环境等诸多因素进行全面分析，进行较准确的定位。只有这样，我们才能在竞争激烈的社会中立于不败之地。

第二节　步步为营终不悔——职业生涯规划设计

职业生涯规划又称为职业生涯设计，是指个人在综合考虑自己兴趣、爱好、能力等特点和社会制约因素的基础上确定职业目标，并为实现这一目标做出的合理安排，实质上即是追求最佳职业生涯的过程。

一、职业生涯规划设计步骤

（一）正确评价自我

正确评价自我即要全面、客观地评价自己，摆正自己的位置，清楚自己的优势和不足、兴趣、特长、个性特征、专业知识、综合能力、潜在能力、智商、情商和思维方式等。正确评价自我即是对自己"想干什么，能干什么，应该干什么""将会选择什么"的一个了解。只有从自身实际出发，给自己一个明确的定位，才能展现自己的与众不同，赢得竞争优势和用人单位的认可。

自我评价的方法主要有三种。一是自我测验。这种自我测验只能大概了解自己，不能全面了解自我。二是计算机心理测验。这种方法比较科学，可以较全面了解内在的自我，了解自己的个性特征、能力倾向和职业兴趣。三是自我评估。不管采用自我测验，还是采用计算机心理测验，都需要自我评估。也就是说，对于测验的结果要进行分析，测验的结果哪些是正确的，哪些是不正确的，要做出判断。如果没有条件进行计算机测验，可以直接通过自我评估来了解自己。一个人能够冷静下来，也能对自己做出客观的评估。例如：哪些事情是自己乐意干的，哪些事情是自己不乐意干的；哪些事情自己干得顺手，哪些事情自己干得别扭；哪些事情不费劲就干得很好，哪些事情费了不少劲却干得不怎么样。

【知识链接】

认识自己——人生准确定位的前提

不同的人有不同的职业适应范围，不同的职业对人有不同的职业要求（一个船夫同一个哲学家的寓言）。

认识自我就是由"我想干什么？"到"我能干什么？"

认识自我并不容易，它难在主体的我去认识客体的我。

自我评估就是对自己做全面分析，就是对自己的兴趣、特长、性格、学识、技能、智商、情商、德商、组织管理、协调、活动能力等做出全面而深刻的分析，找出自己的优势、劣势、优点、缺点，为选定职业生涯路线、目标，制订生涯计划提供依据。

有效的职业生涯设计，必须是在充分认识自身条件与相关环境的基础上进行。对自我及环境的了解越透彻，越能做好职业生涯设计。

（二）职业生涯机会的评估

职业生涯机会的评估，主要分析环境因素对自己生涯发展的影响。环境因素主要包括家庭环境、学校环境、社会环境和职业环境。家庭环境分析包括家庭经济状况、家人期望、家族文化和家人性格等；学校环境分析包括学校特色、专业知识掌握、获奖情况、社会实践等；社会环境分析包括就业政策、就业形势、社会经济政治环境等；职业环境分析包括本行业的地位、发展趋势、工作内容及要求、企业文化、工作氛围和工作地点的气候水土等。

【知识链接】

找准职业定位

在做职业生涯设计时，在了解自己的已有"资源"后，应对自己的职业进行定位，合适的定位对于你取得职业成功是非常重要的。这里应着重考虑以下几个问题。

1. 你想从生活中得到什么，换句话说，什么对你最重要，例如，家庭、名誉、事业或者金钱？

2. 有何特长，所谓特长，指你的特殊才能，这在规划职业生涯时应予以重点考虑。你有何才能？把它们全部列出来，选择3种最重要的才能，然后把每种才能用一两个词来表达，如"我最重要的3个才能是我的听力、创造力和表达能力"。如果你没有特长，那么就应尽早去"充电"。

3. 你的追求是什么，什么是你梦寐以求的，使你希望为之付出更多的精力？在哪些事情上你愿意一展才华？在哪些主要领域你愿意投入自己的精力？

4. 什么环境让你感到如鱼得水？什么样的工作和生活环境最适合你发挥才能？如"我最经常在随意的学习环境或与别人一起游览自然风景时，展现出我的才华"。

5. 判断观状。此时你正处于哪个阶段？这阶段有些什么特别之处？重要的事有哪些？尽量以"局外人"身份进行判断，然后对原计划做出相应调整。

6. 确保你的目标在任何时候都适用。心中牢记你的职业目标对你大有裨益，尤其是当你处在生活转变时期时更是如此。通过这种方式，工作中的种种压力也就变得更加合乎情理，而且你能更好地将生活中的变化同全新的视野及明智的选择联系起来。当你明确你的目标后，就能更加容易地规划时间和找出真正生活的优先顺序。

（三）职业选择

通过自我评估和职业生涯机会的评估，认识自己、分析环境，在此基础上对自己的职业做出选择。职业选择是否正确关系到个人未来事业的发展。调查显示，在选错职业的人当中，有80%以上的人在事业上是失败者。衡量职业选择是否正确的标准是看所选职业能否发挥自己的最大潜能，是否与自己的性格、兴趣和能力相匹配。

1. 性格与职业的匹配

不同的人有不同的性格，甚至是千差万别。根据卡特尔性格测验，人的性格可分为16种个性因素。它们分别是乐群性、聪慧性、稳定性、恃强性、兴奋性、有恒性、敢为性、敏感性、怀疑性、幻想性、世故性、忧虑性、实验性、独立性、自律性、紧张性。16种个性因素大致可分为四种特征：①态度特征：独立性、实验性、怀疑性和乐群性；②意志特征：自律性、有恒性、恃强性和兴奋性；③情绪特征：稳定性、忧虑性、紧张性和敢为性；④意识特征：智慧性、世故性、幻想性和敏感性。性格的特征不同，行为习惯就不同，行为习惯的差异，就决定了职业或岗位的选择。

例如，从事财会工作的人往往独立性强、怀疑性强、聪慧性强、敏感性强、兴奋性差、有恒心强。从事推销工作的人往往乐群性强、敢为性强、世故性强、独立性强、敏感性差、忧虑性差。从事业务工作的人往往乐群性强、实验性强、敢为性强、恃强性强、独立性强、聪慧性强。从事研究工作的人往往聪慧性强、恃强性强、稳定性强、乐群性差、敏感性强、独立性强、自律性强。

因此，在职业选择时，要充分考虑到自己的性格，尽量使自己的性格与职业或岗位吻合。

2. 兴趣与职业（岗位）的匹配

在职业或岗位选择时，不仅要了解自己的性格，还要了解自己的兴趣。不同的人有不同的兴趣，有的人对研究自然知识感兴趣；有的人兴趣倾向于情感世界，活跃于人际关系领域；有的人则倾向于理智世界；有的人对智力操作感兴趣，对读书、写作、演算、设计乐而忘返；有的人则对技能操作感兴趣。不同的职业也需要不同的兴趣特征，一个擅长技能操作的人，靠他灵巧的双手，在技能操作领域得心应手，但如果硬要他把兴趣转移到书本的理论知识上来，他就会感到无用武之地。正是这种兴趣上的差异，构成人们选择职业的重要依据。因此，兴趣在职业活动中的作用应引起我们的重视，特别是对于初选职业的人，更应引起注意。

3. 能力与职业（岗位）的匹配

能力分为一般能力、特殊能力和潜在能力。一般能力通常又称为智力。包括注意力、观察力、记忆力、思维能力和想象力等。特殊能力是指从事某项专业活动的能力，也可称为一个人的特长。如计算能力、音乐能力、动作协调能力、语言表达能力、空间判断能力等。潜能是一个人潜在的素质，它隐藏在一个人的潜意识之中，具有巨大的能力。当一个人确定职业或岗位后，要获得事业的成功，就要开发自己的潜能。

4. 气质与职业选择

认清自己的气质对择业至关重要，是选择职业时的重要因素。一般来说，气质分为多血质、胆汁质、黏液质和抑郁质四种类型。每一种气质都有它的积极方面和消极方面。它只表明人的心理活动动力方面的差异，而不表明人的气质的优劣，更不能决定一个人活动的社会价值和成就的大小。气质对人所从事的工作性质和效率有一定的影响，它不仅关系到工作的效率，还关系到事业的成败。不同气质的人适合从事不同类型的职业，了解气质与职业的联系，有助于职业选择的成功。

一般又把职业气质划分为 12 个类型：变化型、重复型、服从型、独立型、协作型、孤独型、劝服型、机智型、经验决策型、事实决策型、自我表现型和严谨型。

（四）确定职业生涯路线

在职业确定后，就要考虑职业生涯路线问题。例如，是走行政管理路线，还是走专业技术路线。职业生涯路线的选择对事业成功的影响不容忽视。一个具有管理才能的人选择行政管理路线，成功的概率就会大于不具备管理才能而选择行政路线的人。确定职业生涯路线时应考虑以下 3 个问题：我想往哪条路线发展？我能往哪条路线发展？我可以往哪条路线发展？认真思考回答以上问题后，你就会清楚地了解何种职业生涯路线适合自己的发展。

（五）设定职业生涯目标

确定职业生涯目标是职业生涯规划的关键，目标指引你努力的方向，有助于你确定日常生活的轻重缓急并使你的潜能得到最大限度的发挥。目标通常可分为短期目标、中期目标、长期目标。短期目标是 1~2 年内实现的目标，又分为日目标、周目标、月目标、年目标。中期目标一般为 3~5 年内可以实现的目标，长期目标一般为 5~10 年达到的目标。中短期目标要具体明确，有激励价值，现实可行；确立长期目标时不一定要详细精确，但大致的方向要明确，要有现实性、指导性、预见性。

确定职业生涯目标要注意以下原则。

（1）清晰性。目标、措施是否清晰、明确？实现目标的步骤是否符合实际？

（2）挑战性。目标或措施是否具有挑战性，还是仅保持其原来状况而已？

（3）一致性。主要目标与分目标是否一致？目标与措施是否一致？个人目标与组织发展目标是否一致？

（4）激励性。目标是否符合自己的性格、兴趣和特长？是否能对自己产生内在激励作用？

（5）实际性。实现生涯目标途径很多，在做规划时必须要考虑到自己的特质、社会环境、组织环境以及其他相关因素，选择确实可行的途径。

（6）可评量。规划的设计应有明确的时间限制或标准，以便评量、检查，使自己随时掌握执行状况，并为规划的修正提供参考依据。

（六）制订职业生涯计划

职业目标确定后，就要有具体的行动方案来保证实行。没有行动，职业目标只能是一种梦想。为实现目标，计划的内容：需要发展和学习哪些新的技能？接受哪些方面的培训？怎样提高工作效率？如何提高业务能力？怎样才能发挥自己的最大潜能？等等。计划要具体明确可行，以便定时检查。

（七）评估调整

职业生涯规划是一个动态的过程，必须根据实际执行情况及效果进行评估和修正，及时检查生涯规划各个环节出现的问题，找出相应对策，对规划进行调整，使职业生涯规划行之有效。修订的内容包括职业的重新选择，职业生涯路线的变动，职业目标的重新确立，实施方案与计划的改进完善等。

以下内容为大学三年级心理学系一名学生的职业生涯规划，供大学生参考。

大学生职业生涯规划书

第一部分 自我分析

经过职业测评、自我分析及周围人的分析，总结出我的优点是乐观开朗、为人热情、喜欢与人沟通、情绪稳定、自信、有主见、有耐心、独立、乐于助人、有亲和力、真诚坦率、遵守秩序。缺点是有时很固执，不愿改变固有的观念，缺乏创新精神，做事欠思考，较主观，对事情要求过于完美。

第二部分 职业生涯机会评估

1. 家庭环境分析

我来自农村，父母都是朴实勤劳的农民，家庭经济条件一般。父母从不过多干涉我的学习和生活，一直都很尊重并支持我的选择。在这样的家庭里成长起来的我具有踏实肯干、独立、正直诚实等性格。同时，我也意识到在就业方面，必须靠我自己的努力，家里没有给我找工作的能力，我觉得这正是对我的一个锻炼，自己的路毕竟要靠自己走。而且我也有信心能实现我的职业理想，因为大学期间我已掌握了从事未来职业所需的理论知识和技能。

2. 学校环境分析

专业知识：在校期间，学习并掌握了基础心理学、发展心理学、教育心理学、咨询心理学和管理心理学等专业理论知识，并且专业课成绩都在良好以上。同时还学习了英语、计算机方面的理论知识，以优异的成绩通过了大学英语的四、六级考试，国家计算机三级考试。

获奖情况：在校期间，经过不断努力，我曾先后获得"三好学生""优秀团员""先进个人""学习明星"等荣誉称号；并多次获得专业奖学金。

社会实践：为了将知识理论与实践相结合，我积极参加了"志愿者""勤工助学""义务家教"等实践活动，同时在学校的心理咨询室接听心理热线，为同学答疑解惑。这些实践活动锻炼了我的交际能力、表达能力，培养了我吃苦耐劳、踏实认真的品质。

3. 职业环境分析

（1）心理问题不容忽视。据调查，中国每年自杀死亡的人数已达28.7万人，每年自杀未遂者达200万人；中国13亿人口中有心理障碍患者达1600多万，1.5亿青少年人群中受心理困扰的青少年就有3000万。

（2）我国心理咨询人员缺乏。美国每100万人中有1000人提供心理咨询服务，开设心理学系的大学有3000多所；而中国每100万人中只有24人提供心理咨询服务，开设心理学系的大学只有60所左右。

（3）政府高度重视心理咨询行业。2002年，国家心理咨询师职业资格认证项目正式启动。在政府政策的大力支持倡导下，三级甲等医院均要求成立心理科，中小学学校要开设心理咨询室，同时要求有心理咨询教师。

（4）职业特点。心理咨询师是一个"助人自助"的职业，可以帮助人们认识自己与社会，正确处理各种关系，改变不合理的思维，掌握自我调节的方法，培养乐观向上的人生态度，提高个体适应能力，提高工作效率。目前，在美国心理咨询师每小时收入可达150美元左右；在国内，心理咨询师每小时收入100元至1000元不等，平均收入可达200元/小时。

第三部分　职业选择

心理学专业毕业生的就业去向主要是普通高校、政府机关、企业、中小学、医院和诊所。

经过自我分析及职业分析，我对我的性格、能力及职业有了清晰的认识。由此选择确定我的职业为面向学校做一名心理学教师。心理学教师一方面可通过课堂教学讲授心理学知识；另一方面可以通过个别访谈、团体活动针对学生的学习、情感、人际关系、适应问题进行辅导。心理教师在对学生进行心理辅导时，要有一套科学、完善、系统的咨询理论和过强的咨询技能，才能帮助学生有效解决心理问题。这要求心理教师要通过心理咨询师认证考试，即考取心理咨询员或心理咨询师。心理咨询师职业共设3个等级，分别为心理咨询员（国家职业资格三级）、心理咨询师（国家职业资格二级）、高级心理咨询师（国家职业资格一级）。

第四部分　职业生涯路线

我的职业生涯路线为考取心理学硕士学位，进一步丰富和完善心理学理论知识，毕业后在高校从事心理学教学研究及心理咨询工作。

第五部分　设定职业生涯目标及制订职业生涯计划

（1）短期目标及计划（大学期间的目标）。考取心理学研究生，取得心理咨询师三级证书。准备心理学考研书目和心理咨询员考试用书，合理分配心理学专业课、政治、英语的时间。

（2）中期目标及计划（大学毕业后五年内目标）。读应用心理学研究生，取得心理学硕士学位；取得心理咨询师二级证书。读研期间了解课程后确定研究方向，同时发表论文。研究生毕业前找一份高校心理学教师的工作。参加工作后继续丰富学习理论知识，积极参加实践，提高专业技能。

（3）长期目标及计划（毕业后十年或十年以上的时间实现的目标）。成为高校心理学带头人；取得心理咨询师一级证书，成为一名优秀的心理咨询师。在工作中积极、主动、耐心地解决学生的心理问题，并不断总结积累，形成一些对高校学生心理问题的新见解。

第六部分　评估调整

俗话说："计划赶不上变化。"理想和现实的冲突要求我们要根据现实调整规划。为了应变，制订如下方案。

大学毕业时如果我没有考上心理学研究生或者没有考取心理咨询员的证书，那么我将在学校找一份心理教师的工作，在工作中继续实现我的理想；如果我在学校没能找到心理方面的工作，那么我会从事其他学科的工作，并将心理学方面的理念渗透给我的学生，教他们快乐积极生活的方法；如果我没能在学校里找到合适的工作，那么我将考虑在医院、企业等单位中寻求一份与心理学相关方面的工作；如果我没能找到一份与我本专业相关的工作，我也会先从事并努力做好这份工作，做到"先就业，再择业"，一旦有机会，我还会从事心理学专业方面的工作。

通过制订职业生涯规划，我对自己未来有了更清晰的认识，因为完整明确的规划给人以智慧和启迪、希望和指导。同时我在执行计划时会坚持"与时俱进，适时调整"的原则，使计划书的内容更可行，更贴近实际情况。大学生正风华正茂，意气风发，精力充沛，容易接受新事物并敢于创新，正是立志的大好时机。所以我们应该树立目标，规划人生，努力拼搏，实现梦想！

二、大学生职业生涯规划技巧

（一）树立正确的职业理想，确立明确的职业目标

职业理想是指人们对未来职业表现出的一种强烈的追求和向往，是人们对未来职业生活的构想和规划。任何人的职业理想必然要受到社会环境、社会现实的制约。社会发展的需要是职业理想的客观依据，凡是符合社会发展需要和人民利益的职业理想都是高尚的、正确的，并具有现实的可行性。大学生的职业理想更应把个人志向与国家利益和社会需要有机地结合起来。

职业理想在人们职业生涯设计过程中起着调节和指南作用。一个人选择什么样的职业，以及为什么选择某种职业，通常都是以其职业理想为出发点的。大学生树立职业理想的过程，便是心目中进行职业生涯设计的过程，一旦心目中有了自己认为理想的职业，就会依据职业理想的目标，去规划自己的学习和实践，并为获得自己认为理想的职业而去做

各种准备。

（二）正确进行自我分析和职业分析

职业生涯设计，要通过科学认知的方法和手段，对自己的职业兴趣、气质、性格、能力等进行全面认识，清楚自己的优势与特长、劣势与不足。自我分析要客观、冷静，不能以点带面，既要看到自己的优点，又要面对自己的缺点。只有这样，才能避免设计中的盲目性。

现代职业具有自身的区域性、行业性、岗位性等特性。设计职业生涯时要考虑到职业区域的具体特点，如该地区的特殊政策、环境特征；职业角色的发展与职业所在的行业的发展有着密切的关系，设计职业生涯时，要对该职业所在的行业现状和发展前景有比较深入的了解，如人才供给情况、平均工资状况、行业的非正式团体规范等。

（三）构建合理的知识结构

知识的积累是成才的基础和必要条件，人们常常把一个人掌握知识的多少作为衡量水平高低的标准，但它不是衡量人才的绝对标准。单纯的知识数量并不足以表明一个人真正的知识水平，大学生不仅要具有相当数量的知识，还必须要形成合理的知识结构。在设计职业生涯时，大学生要根据职业和社会不断发展的具体要求，科学地重组已有知识，建构合理的知识结构，最大限度地发挥知识的整体效能。

（四）培养职业需要的实践能力

大学生的综合能力和知识面是用人单位选择大学生的依据。用人单位不仅考核其专业知识和技能，而且还考核其综合运用知识的能力、对环境的适应能力、对文化的整合能力和实际操作能力等。大学生进行职业生涯设计，除了构建自己合理的知识结构外，还要发展从事本行业岗位的基本能力和某些专业能力。一般来说，大学生应重点培养满足社会需要的决策能力、创造能力、社交能力、实际操作能力、组织管理能力和自我发展的终身学习能力、心理调适能力、随机应变能力等。

（五）参加有益的职业训练

职业训练包括职业技能的培训、对自我职业的适应性考核、对职业意向的科学测定等。暑期下乡活动、大学生"青年志愿者"活动、大学生毕业实习工作、大学生校园创业活动等都是职业训练很好的形式。有条件的大学生可以利用假期到父母或亲戚单位实习，从事社会兼职工作，开展模拟性的职业实践活动，开展职业意向测评，开展职业兴趣分析测评等。大学生应主动积极地参加有益的职业训练，更早更多地了解职业，掌握职业技能，正确地进行职业设计。

第三节　走出择业的误区——大学生择业

一、避免择业心理误区

大学生在面对择业冲突时，常常产生各种矛盾，导致心理失衡。这不但影响择业成功，而且影响大学生的心理健康。因此，了解择业中大学生常有的心理误区，并进而对个体或团体进行辅导，显得尤为重要。

1. 盲目攀高，追求"热门单位"

随着高等教育大众化趋势的发展，我国大学生已从过去的天之骄子转为目前成千上万的普通人。但许多大学生朋友没认清形势，还在以天之骄子自居，理所当然地认为，毕业后应该去大城市、大单位、大企业享受高待遇、高职位、高薪水。在这种"三大"和"三高"的标准下，就业就成了难题。

2. 忽视自身特长，追求安逸

刚刚毕业的大学生，选择合适的职业发展方向尤为重要，人的精力有限，必须选准方向，强化发展。职业方向的确定必须结合个人特长、兴趣并综合考察行业前景来确定。应届毕业生，表面上看是就业的问题，而实际上是择业的问题，择业就是要做选择，选择适合自己的职业发展方向。

3. 不屑于基层锻炼，自视清高

随着人们生活水平的提高，如今的大学生多半是在物质条件比较优越的条件下长大的。在许多大学生眼里，只有那些够层次、够水准的岗位，才能体现自身价值。而条件相对艰苦的偏、远、穷地区，较少人问津，甚至成为他们的无奈之选。

4. 不注重提高自身素质，热衷于找关系

我国就业人口多，就业岗位有限，就业压力大。大学生毕业以后面临的就业问题在当前和今后一个时期都将显得十分突出。通过关系、门路找工作已成为当今社会常见的现象。许多高校在校生，把这种社会现象放大，在校期间不屑于努力提升自己，而将一切筹码压在"关系"上。

5. 过高估计自己，孤芳自赏

有些大学生经常会问用人单位："你们提供什么样的待遇给我？""你们单位是否有利于我的发展？能为我提供什么样的发展平台？"而很少谈及"我能为单位做点什么"。如果大学生过高估计自己，不仅对择业不利，即使工作了，也很容易产生强烈的失落感。

6. 法律意识淡薄，诚信意识不强

毕业生在求职就业中，由于相关法律知识匮乏，运用法律手段维权意识淡薄，加上社会经验欠缺，在求职就业过程中权益被侵犯的事件屡有发生。而毕业生随意毁约，"朝秦暮楚""一女多嫁"，同时与多家用人单位签订就业协议关系，随意违背就业协议上所约定的条款的事情也时有发生。要做到真正意义上的平等就业，就需要毕业生提高自身的法律意识，在根本上拥有保护自己合法权益的手段，通过法律武器来武装自己；同时通过提高个体自身的法律意识来建立正确的合同契约观念，以法为本，以诚信为本来对待自己的就业协议，减少相关纠纷。

7. 就业一步到位的习惯思维

在目前的高校毕业生中，大部分学生还有传统的就业终身制、就业一步到位的就业理念。在这种思想的引导下，毕业生们很难放低就业标准，一心想找个理想的单位就业，即使毕业时仍然选不到条件较好的单位，也不降低自己的择业标准，宁愿等待观望。其实，在当今激烈的人才市场竞争中，大学生毕业时的择业，只是人生无数次择业中的第一次。今天的大学毕业生一定要更新就业理念，树立先就业、后择业、再创业的新理念。要清楚地认识到，早就业就早成才，早成才才能早选择好职业，才能早日实现理想。

二、大学生择业心理准备

随着社会主义经济体制改革的深化与发展，市场机制正在逐步取代过去的计划机制。企事业单位拥有越来越多的用人自主权，可以根据本单位和本部门的需要挑选毕业生。用人单位对毕业生的要求越来越"苛刻"，对毕业生的个人素质要求越来越高，因此，大学生要正确认识社会，了解就业形势，现实地设定自己的社会位置，排除各种干扰，从实际出发，对选择职业做好必要的心理准备。

1. 培养主动的求职意识

大学生要了解所学专业的培养使用方向和适应范围，注意收集符合社会发展和变化的用人信息，不断调整自己的知识结构，不断修正自己的职业意向和就业期望水平，主动求职。

2. 培养良好的竞争心理

择业是一个选择与被选择的过程，随时都有可能被应聘单位拒绝，但社会为毕业生提供的职业是很多的，只要勇于竞争，耐心选择，敢于决断，就一定会找到一份适合自己的职业。

3. 培养正确的择业观念

一般而言，树立正确的择业观念应符合"发挥素质优势，服从社会需要，有利于发展成才，争取及时就业"的原则。

（1）"发挥素质优势"是在选择职业时，综合自身素质情况，侧重某一特长或某一优势来选择职业岗位，以便今后能在工作岗位上充分发挥自身优势，出色地完成任务。这个原则有利于缩短适应期，促进劳动积极性的提高，增强成就感；有利于实现个人特征与职业需要相匹配，实现人才资源的合理配置；有利于自尊心和自信心的增强，也体现出对事业、对社会负责的精神。

（2）"服从社会需要"是在选择职业时把社会需要作为出发点和归宿，以社会对个人的要求为准绳，去认识和解决择业，进而决定自己的职业岗位。在选择岗位时，要明确现实职业岗位的重要性和职业岗位工作的意义，把个人的兴趣、爱好、专长与社会实际有机统一起来，既要考虑个人的因素，也要自觉服从社会需要，将自己的人生目标与国家和社会的需要紧密地联系在一起。

（3）"有利于发展成才"是在选择职业时不被社会时尚、经济利益、从众心理等因素干扰，要根据自身的能力水平和特长，树立以事业为重的思想，避免贪图享乐和盲目择业，克服地域、收入等因素的影响，努力实现人职匹配的科学性原则。在择业时应分析利弊，分清主次，合理取舍，重点考虑选择的职业是否有利于自身的发展成才。

（4）"争取及时就业"是在选择职业时要调整择业心态，就业期望值要合理，注意克服脱离现实、盲目攀比等心理情绪的干扰，避免由于自身择业观念有误而导致有岗不上、有职不任的人为待业。先解决生存问题，尤其是家庭经济比较困难的学生，要发扬顽强竞争、不怕挫折的精神，积极主动地探寻就业机会，避免在消极等待中延误就业时间。同时，要加深对职业流动的认识，改变"一次就业定终身"、对初次就业过度谨慎的观念，避免错失就业机会。

从本质上说，大学生在择业中出现的许多不适应现象、不健康心理都与择业观念不正确有关，而观念不正确通常是由信息不畅造成的。因此，为了顺利择业，要及时了解并恰当处理各种信息，要正视社会现实。

三、大学生择业心理的自我调适

自我心理调适就是根据自身发展及环境的需要对自己的心理进行控制和调节，从而最大限度地发挥人的潜力，维护心理平衡，消除心理障碍。心理学家通过理论探讨和实践检验，创立了许多行之有效的自我心理调适的方法。大学生在择业就业过程中，可根据自己的心态有选择地加以使用。以下简要介绍几种常见的方法。

（一）自我静思法

自我静思法也叫自我反省法。遇到困难和挫折时要冷静对待，控制心境，切莫冲动和急躁；摆脱干扰，仔细分析原因，有针对性地解决问题。

（二）自我转化法

有些时候，不良情绪是不易控制的。这时，可以采取迂回的办法，把自己的情感和精力转移到其他活动中去。如专心学习、参加有兴趣的活动、假日郊游、接受大自然的熏陶等，使自己没有时间沉浸在不良情绪中，以求得心理平衡，保护自己。

（三）自我适度宣泄法

因挫折造成焦虑和紧张时，消除不良情绪最简单的方法莫过于宣泄，切忌把不良心情埋藏于心底。忧虑隐藏越久，受到的伤害就越大。较妥善的办法是向朋友、老师倾诉，一吐为快，求得安慰、疏导、同情，甚至也可以向亲友痛哭一场。也可以去打球、爬山，参加运动量大的活动。但是，一定注意场合、身份、气氛，注意适度，宣泄应是无破坏性的。

（四）自我慰藉法

自我慰藉法就是自我安慰法，实质是自我忍耐。择业中遇到困难和挫折，已尽了主观努力仍无法改变时，可说服自己适当让步，不必苛求，承认并接受现实，以求得解脱。

（五）松弛练习法

松弛练习法也叫放松训练，是一种通过练习学会在心理上和躯体上放松的方法。放松训练可帮助人们减轻或消除各种不良的身心反应，如焦虑、恐惧、紧张、心理冲突、入睡困难、血压增高、头痛等症状，且见效迅速。大学生择业中如遇类似心理反应可在有关人员指导下尝试进行放松学习。

（六）理性情绪法

理性情绪法认为，人有理性与非理性两种信念，这些信念指引下的认知方式会左右人的情绪。人的不良情绪来自人的非理性观念，反之亦然。要消除人的不良情绪，就要设法将自己的非理性观念转化为理性观念。例如，有的学生择业中受了挫折，就消沉苦闷，怨天尤人，其原因在于他原本认为大学生就业应当是顺利的，择业应该很理想。正是这些观念导致或加剧了他的不良情绪。如果将这些想法加以纠正，则不良情绪一定能得到克服。

大学生在运用理性情绪法时，应首先分析自己有哪些消极情绪，从中分析、综合、抽象、概括出相应的非理性观念，并对其进行挑战、质疑和论辩，同时对比两种观念状态下个人的内心感受，鼓励自己向理性观念方面转化，从而有助于排除不良情绪。

当然，自我调适的方法还有很多，如自我重塑法、环境调节法、广交朋友法、自我暗示法、幽默疗法等。这些都是应变的一些方法，但最主要的还是树立远大的理想，树立正确的人生观、价值观，平时就注意培养良好的品质，磨炼坚强的意志，开放各种感官接触社会，多方面体验生活，培养乐观豁达的生活态度。只有这样，才能在择业的重要关头始终保持积极向上的精神状态和健康的心理，不在困难面前退缩。

【心理测试】

霍兰德职业倾向测验量表

本测验量表将帮助你发现和确定自己的职业兴趣和能力特长，从而更好地做出求职择业的决策。如果你已经考虑好或选择好了自己的职业，本测验将使你的这种考虑或选择具有理论基础，或向你展示其他合适的职业；如果你至今尚未确定职业方向，本测验将帮助你根据自己的情况选择一个恰当的职业目标。本测验共有七个部分，每部分测验都没有时间限制，但请你尽快按要求完成。

第一部分　你心目中的理想职业（专业）

对于未来的职业（或升学进修的专业），你得早有考虑，它可能很抽象、很朦胧，也可能很具体、很清晰。不论是哪种情况，现在都请你把自己最想干的 3 种工作或最想读的 3 种专业，按顺序写下来。

1. ＿＿＿＿＿　2. ＿＿＿＿＿　3. ＿＿＿＿＿

以下第二、三、四部分每个类别下的每个小项皆为是否选择题，请选出比较适合你的、与你的情况相符的项目，并按"有一项适合的计 1 分"的规则统计分值，将相应分数写在第六部分的统计项目中。

第二部分　你所感兴趣的活动

下面列举了若干种活动，请就这些活动判断你的好恶。如果某些活动你没有经历过，请凭你对该活动的认识和感觉判断。最后将判断为"是"的次数统计在每项的指定位置，统计次数即为该项得分。

你喜欢从事下列活动吗？

R：实际型活动

1. 装配修理电器或玩具
2. 修理自行车
3. 用木头做东西
4. 开汽车或摩托车
5. 用机器做东西
6. 参加木工技术学习班
7. 参加制图描图学习班
8. 驾驶卡车或拖拉机
9. 参加机械和电气学习班
10. 装配修理机器

得分＿＿＿＿＿

A：艺术型活动

1. 素描/制图或绘画
2. 参加话剧/戏剧
3. 设计家具/布置室内
4. 练习乐器/参加乐队
5. 欣赏音乐或戏剧
6. 看小说/读剧本
7. 从事摄影创作
8. 写诗或吟诗
9. 进艺术（美术/音乐）培训
10. 练习书法

得分＿＿＿＿＿

I：调查型活动

1. 阅读科技图书和杂志
2. 在实验室工作
3. 改良水果品种，培育新的水果
4. 调查了解土和金属等物质的成分
5. 研究自己选择的特殊问题
6. 解算术或玩数学游戏
7. 上物理课
8. 上化学课
9. 上几何课
10. 上生物课

得分＿＿＿＿＿

E：事业型活动

1. 说服鼓动他人
2. 卖东西
3. 谈论政治
4. 制订计划、参加会议
5. 以自己的意志影响别人的行为
6. 在社会团体中担任职务
7. 检查与评价别人的工作
8. 结交名流
9. 指导有某种目标的团体
10. 参与政治活动

得分＿＿＿＿＿

S：社会型活动

1. 参加学校或单位组织的正式活动
2. 参加某个社会团体或俱乐部活动
3. 帮助别人解决困难
4. 照顾儿童
5. 出席晚会、联欢会、茶话会
6. 和大家一起出去郊游

C：常规型（传统型）活动

1. 整理桌面和房间
2. 抄写文件和信件
3. 为领导写报告或公务信函
4. 检查个人收支情况
5. 参加打字培训班
6. 参加算盘、文秘等实务培训

7. 想获得关于心理方面的知识　　　　7. 参加商业会计培训班

8. 参加讲座会或辩论会　　　　　　　8. 参加情报处理培训班

9. 观看或参加体育比赛和运动会　　　9. 整理信件、报告、记录等

10. 结交新朋友　　　　　　　　　　 10. 写商业贸易信

得分_____　　　　　　　　　　得分_____

第三部分　你所擅长或胜任的活动

下面列举了若干种活动，其中你"能做"或"大概能做"的事，并将"能做"或"大概能做"统计的次数写在相应的位置。请回答全部问题。

R：实际型活动　　　　　　　　　　 A：艺术型能力

1. 能使用电锯、电钻和锉刀等木工工具　1. 能演奏乐器

2. 知道万用表的使用方法　　　　　　2. 能参加二部或四部合唱

3. 能够修理自行车或其他机械　　　　3. 独唱或独奏

4. 能够使用电钻床、磨床或缝纫机　　4. 扮演剧中角色

5. 能给家具和木制品刷漆　　　　　　5. 能创作简单的乐曲

6. 能看建筑设计图　　　　　　　　　6. 会跳舞

7. 能够修理简单的电气用品　　　　　7. 能绘画、素描或书法

8. 能修理家具　　　　　　　　　　　8. 能雕刻、剪纸或泥塑

9. 能修理收录机　　　　　　　　　　9. 能设计板报、服装或家具

10. 能简单地修理水管　　　　　　　 10. 写得一手好文章

得分_____　　　　　　　　　　得分_____

I：调研型能力　　　　　　　　　　 E：事业型能力

1. 懂得真空管或晶体管的作用　　　　1. 担任过学生干部并且干得不错

2. 能够列举三种蛋白质多的食品　　　2. 工作上能指导和监督他人

3. 理解铀的裂变　　　　　　　　　　3. 做事充满活力和热情

4. 能用计算尺、计算器、对数表　　　4. 有效利用自身的做法调动他人

5. 会使用显微镜　　　　　　　　　　5. 销售能力强

6. 能找到三个星座　　　　　　　　　6. 曾作为俱乐部或社团的负责人

7. 能独立进行调查研究　　　　　　　7. 向领导提出建议或反映意见

8. 能解释简单的化学　　　　　　　　8. 有开创事业的能力

9. 理解人造卫星为什么不落地　　　　9. 知道怎样做能成为一个优秀的领导者

10. 经常参加学术会议　　　　　　　 10. 健谈善辩

得分_____　　　　　　　　　　得分_____

S：社会型能力

1. 有向各种人说明解释的能力
2. 常参加社会福利活动
3. 能和大家一起友好相处地工作
4. 善于与年长者相处
5. 会邀请人、招待人
6. 能简单易懂地教育儿童
7. 能安排会议等活动顺序
8. 善于体察人心和帮助他人
9. 帮助护理病人和伤员
10. 安排社团组织的各种事务

得分＿＿＿＿＿＿

C：常规型能力

1. 会熟练打中文
2. 会用外文打字机或复印机
3. 能快速记笔记和抄写文章
4. 善于整理保管文件和资料
5. 善于从事事务性的工作
6. 会用算盘
7. 能在短时间内分类和处理大量文件
8. 能使用计算机
9. 能搜集数据
10. 善于为自己或集体做财务预算表

得分＿＿＿＿＿＿

第四部分　你所喜欢的职业

下面列举了多种职业，请逐一认真地看，请选择你有兴趣的工作，选一项计 1 分，将统计的结果写在相应的位置。请回答全部问题。

R：实际型职业

1. 飞机机械师
2. 野生动物专家
3. 汽车维修工
4. 木匠
5. 测量工程师
6. 无线电报务员
7. 园艺师
8. 长途公共汽车司机
9. 电工
10. 火车司机

得分＿＿＿＿＿＿

A：艺术型职业

1. 乐队指挥
2. 演奏家
3. 作家
4. 摄影家
5. 记者
6. 画家、书法家
7. 歌唱家
8. 作曲家
9. 电影电视演员
10. 电视节目主持人

得分＿＿＿＿＿＿

I：调研型职业

1. 气象学或天文学者
2. 生物学者
3. 医学实验室的技术人员
4. 人类学者

E：事业型职业

1. 厂长
2. 电视片编制人
3. 公司经理
4. 销售员

5. 动物学者

6. 化学家

7. 数学家

8. 科学杂志的编辑或作家

9. 地质学者

10. 物理学者

得分＿＿＿＿＿＿

5. 不动产推销员

6. 广告部长

7. 体育活动主办者

8. 销售部长

9. 个体工商业者

10. 企业管理咨询人员

得分＿＿＿＿＿＿

S：社会型职业

1. 街道、工会或妇联干部

2. 小学、中学教师

3. 精神病医生

4. 婚姻介绍所工作人员

5. 体育教练

6. 福利机构负责人

7. 心理咨询员

8. 共青团干部

9. 导游

10. 国家机关工作人员

得分＿＿＿＿＿＿

C：常规型职业

1. 会计师

2. 银行出纳员

3. 税收管理员

4. 计算机操作员

5. 簿记人员

6. 成本核算员

7. 文书档案管理员

8. 打字员

9. 法庭书记员

10. 人口普查登记员

得分＿＿＿＿＿＿

第五部分　你的能力类型简评

下面两张表是你在6个职业能力方面的自我评定表。你可以先与同龄者比较出自己在每一方面的能力，然后经斟酌后对自己的能力进行评估。请在表中适当的数字上画圈。数字越大，表示你的能力越强。注意，请勿全部画同样的数字，因为人的每项能力不可能完全一样。

表1

R型	I型	A型	S型	E型	C型
机械操作能力	科学研究能力	艺术创作能力	解释表达能力	商业洽谈能力	事务执行能力
7	7	7	7	7	7
6	6	6	6	6	6
5	5	5	5	5	5
4	4	4	4	4	4
3	3	3	3	3	3
2	2	2	2	2	2
1	1	1	1	1	1

表2

R 型	I 型	A 型	S 型	E 型	C 型
体育技能	数学技能	音乐技能	交际技能	领导技能	办公技能
7	7	7	7	7	7
6	6	6	6	6	6
5	5	5	5	5	5
4	4	4	4	4	4
3	3	3	3	3	3
2	2	2	2	2	2
1	1	1	1	1	1

第六部分　统计和确定你的职业倾向

请将第二部分至第五部分的全部测验分数按前面已统计好的6种职业倾向（R型、I型、A型、S型、E型和C型）得分填入下表，并作纵向累加。

测试	R 型	I 型	A 型	S 型	E 型	C 型
第二部分						
第三部分						
第四部分						
第五部分 A						
第五部分 B						
总分						

请将上表中的6种职业倾向总分按大小顺序依次从左到右排列：
_____型、_____型、_____型、_____型、_____型、_____型
最高分_____，你的职业倾向性得分_____，最低分_____

第七部分　你所看重的东西——职业价值观

这一部分测验列出了人们在选择工作时通常会考虑的9种因素（见所附工作价值标准）。现在请你在其中选出最重要的两项因素，并将序号填入下边相应空格上。

最重要_____，次重要_____，最不重要_____，次不重要_____

附：工作价值标准：

1. 工资高、福利好

2. 工作环境（物质方面）舒适

3. 人际关系良好

4. 工作稳定有保障

5. 能提供较好的受教育机会

6. 有较高的社会地位

7. 工作不太紧张，外部压力少

8. 能充分发挥自己的能力特长

9. 社会需要与社会贡献大

现在，将你测验得分居第一位的职业类型找出来，对照下文，判断一下自己适合的职业类型。

职业索引——职业兴趣代号与其相应的职业对照表

R（实际型）：木匠、农民、操作 X 射线的技师、工程师、飞机机械师、鱼类和野生动物专家、自动化技师、机械工（车工、钳工等）、电工、无线电报务员、火车司机、长途公共汽车司机、机械制图员、修理机器、电器师。

I（调查型）：气象学者、生物学者、天文学家、药剂师、动物学者、化学家、科学报刊编辑、地质学者、植物学者、物理学者、数学家、实验员、科研人员、科技作者。

A（艺术型）：室内装饰专家、图书管理专家、摄影师、音乐教师、作家、演员、记者、诗人、作曲家、编剧、雕刻家、漫画家。

S（社会型）：社会学者、导游、福利机构工作者、咨询人员、社会工作者、社会科学教师、学校领导、精神病工作者、公共保健护士。

E（事业型）：推销员、进货员、商品批发员、旅馆经理、饭店经理、广告宣传员、调度员、律师、政治家、零售商。

C（常规型）：记账员、会计、银行出纳、法庭速记员、成本估算员、税务员、核算员、打字员、办公室职员、统计员、计算机操作员、秘书。

心理美文

职业规划之如何烧开一壶水

一位青年满怀烦恼去找一位智者。他大学毕业后，曾豪情万丈地为自己树立了许多目标，可是几年下来，依然一事无成，他找到智者时，智者正在河边小屋里读书。智者微笑着听完青年的倾诉。对他说："来，你先帮我烧壶开水！"

青年看见墙角放着一把极大的水壶，旁边是一个小火灶，可是没发现柴火，于是便出去找，他在外面拾了一些枯枝回来，装满一壶水，放在灶台上，在灶内放了一些柴火便烧了起来，可是由于壶太大，那捆柴火烧尽了，水也没开。于是他跑出去继续找柴火，那壶水已经凉得差不多了。这回他学聪明了，没有急于点火，而是再次出去找了些柴火，由于柴火准备得足，水不一会儿就烧开了。

智者忽然问他："如果没有足够的柴火，你该怎样把水烧开？"

青年想了一会儿，摇摇头。智者说："如果那样，就把水壶里的水倒掉一些！"

青年若有所思地点了点头。智者接着说："你一开始踌躇满志，树立了太多的目标，就像这个大水壶装的水太多一样，而你又没有足够的柴火，所以不能把水烧开，要想把水烧开，你或者倒出一些水，或者先去准备柴火！"

青年顿时大悟。回去后，他把计划中所列的目标画掉了许多，只留下最近的几个，同时利用业余时间学习各种专业知识。几年后，他的目标基本上都实现了。

只有删繁就简，从最近的目标开始，才会一步步走向成功。万事挂怀，只会半途而废。另外，我们只有不断地捡拾那些"柴火"，才能使人生不断加温，最终才能让生命沸腾！

【学习反馈】

1. 大学生应该如何做好自己的职业生涯规划？
2. 为了顺利择业，大学生应该做好哪些心理准备？

第六章　书山有路心为径

——大学生学习心理

【案例导读】

赵某是一名即将毕业的大四学生，在校的四年对他来讲可以说是硕果累累，他不仅成绩名列前茅，多次获得"三好学生""优秀团干部"称号和国家奖学金、企业奖学金等，还公开发表了两篇论文，与导师共同承担了一项国家课题，自己负责了一项校级重点课题，均已结题获优秀荣誉。目前他已被保送到北京大学攻读硕士学位，当别人问及他在大学学习的感受时，他是这样说的："我高考成绩并不是很理想，所以在进入大学后我开始重新审视自己，并给自己定位。大一的时候有很多的社团我都想加入，但考虑到不能与学习时间冲突，所以通过再三权衡我只加入了两个社团，因为我认为这两个社团可以锻炼自己所欠缺的能力。同时我也担任了班委，这样我既可以为班集体服务，又能很好地拉近我与班上同学的关系。为了使这些工作不与学习时间冲突，我每天都有自己的学习计划，并严格地按照计划行事，如果哪天有额外的工作耽误了我的学习，我在第二天也一定会挤出时间把功课补回来的。刚开始的时候我的确很累，但一旦工作上手了，我就能轻松地做到工作、学习两不误，前提是你开始时可能要付出大量的精力。大二时，专业课非常多，但还好我做了充分的准备，因为在大一时我就会经常到图书馆借一些专业书看，还经常与学长聊天，吸取他们的学习经验，特别是老师重点推荐的书籍，我基本上都熟读了好几遍，所以上专业课我并不吃力，因此有更多的时间让我在学生会锻炼，从大二开始到现在快毕业了，我一直在学生会担任主席，在这个职务上我学会了很多做人的道理。大三了，学习基本稳定了，我开始考虑自己的毕业去向，因为自己很想读研究生，所以就立志考研，那时候，听老师说读研就是为了提升自己的科研能力，所以我想为什么自己不提前做准备呢？大三时，我加入了一个导师的国家课题，跟着他开始做研究，当自己慢慢入了门道后又试着自己申请校级课题，没想到还中了一个校级重点课题，并发表了两篇论文。其实正因为我的科研能力还不错，大四的时候才会那么顺利地保送到北京大学读研。回想自己大学四年的学习生涯，我觉得学习本身并不重要，重要的是你如何安排自己的学习时间和学习计划。"

【心理分析】

赵某之所以如此优秀，是因为他已掌握了大学学习的三个要点：第一，学习动机正确，即知道学习是为了自己；第二，学习目标明确，时间安排合理，即不同的学习阶段有不同的学习目标，并能严格按照学习计划办事；第三，学习方法正确，即每次确定了学习目标后，都能提前做准备，并通过借鉴他人的经验来选择适合自己的学习方法。

【关键概念】

1. 了解大学学习的基本概念和特点。
2. 掌握大学学习的基本方法。
3. 大学生常见的学习心理问题与调适。

第一节 认识学习——大学生学习特点与影响因素

一、学习的概念

学习是人活动的基本需要，也是人生命之根本。学习的概念有广义与狭义之分。从广义上来讲，它是指人和动物的学习。目前许多心理学家较为认同的观点是把学习定义为"基于经验而导致行为或行为潜能发生相对一致变化的过程"[1]。这个定义说明：①学习是一种基于经验的变化过程；也就是说学习只有通过体验才能发生，体验包括个体对外界的认知过程和对环境的适应过程，在体验中完成从不知到知、从不会到会的变化过程；②学习是学习者行为或潜能产生某种稳定变化的过程，也就是说学习可以从你的一些行动中表现出来，或者是让你获得一种改变行为的潜能。

从狭义上来讲，学习就是指人的学习，而大学生的学习就是人类学习的一种，具体是指大学生在大学校园里，在教师的指导下，有目的、有计划、有组织进行的过程，其目的是在较短时间内系统掌握科学知识和技能，开发智力，培养个性，形成一定的人生观、世界观和道德品质。[2]

二、学习的类型

对学习进行科学的分类，有利于探讨和把握不同类型学习的特点和特殊规律。但是，由于学习本身的复杂性以及心理学家们依据的标准不同，因而就形成了对学习的各种不同的分类。

1. 依据学习目标分类

美国教育家和心理学家布卢姆认为，有三大类学习，即认知学习、情感学习和技能学

---

① 理查德·格里格、菲利普·津巴多：《心理学与生活》，人民邮电出版社2003年版，第161页。
② 魏资：《高校大学生心理危机预防与教师心理干预引导手册》，高等教育出版社2010年版，第310页。

习。每一类学习又分为不同水平的目标，其中认知学习依据认知水平的高低分为六级：认识、领会、运用、分析、综合、评价。情感学习包括兴趣、态度和价值观等方面的变化。技能学习包括获得并用以进行批判性思维和建设性思维所需的技能和习惯。

2. 依据学习内容和结果分类

我国心理学家依据中国教育的实际情况及工作需要，把学习划分为四种类型：①知识的学习；②动作技能和熟练的学习；③心智的、思维技能的学习；④道德品质和社会行为规范的学习。

3. 依据学习方式分类

美国心理学家奥苏贝尔根据学习进行的方式，从两个维度上来进行划分。第一个维度是把学习分为接受学习与发现学习。在接受学习中，教学者把所学的内容以现成的或定论的形式提供给学习者，学习者并不需要去独立发现。在发现学习中，学习者必须自己去摸索规律、创造经验，进而获得知识。第二个维度是把学习分为机械学习和有意义的学习。机械学习是指通过死记硬背来积累知识。而有意义学习是指在原有经验的基础上理解材料的新信息。但这两个维度之间有可能是交叉进行的。

4. 依据学习水平分类

苏联心理学家彼得罗夫斯基认为，依据学习水平可以把学习分为反射学习和认知学习两大类。反射学习是通过探索和试错来进行的，带有机械的、无意识的性质。例如，马戏团动物的表演，大部分都属于反射学习；认知学习是通过观察、思索、练习、判断等认知活动来实现的。

三、影响学习的心理因素

研究发现，学生在学习过程中会受到心理状态或心理因素的影响，严重的会影响学生学习的积极性、兴趣、学习进程和学习结果。学生在学习过程中的心理结构包括学习动力、智力以及自我评定等诸多因素，但综合起来可以概括为智力因素和非智力因素，而学习的成败就取决于智力因素和非智力因素的共同作用。

智力因素是学习和成才的必要心理条件。心理学家普遍认为，智力因素包括注意力、观察力、记忆力、思维力和想象力，并以思维能力为核心。学习过程是以一定的智力发展水平为前提的心智活动过程。有些人受遗传基因的影响，天生就具有超高的智力水平，学习效率较高。但在现实生活中，这种"天才"学生还是极其少见，大部分人在智力水平上并没有多大的差异，而真正影响学习好坏的却是非智力因素。

非智力因素是学习的重要心理条件，它取决于一个人愿不愿意学习。有研究表明，成功者与不成功者之间在智力发展上并没有什么大的不同，成败主要是取决于进取心、自信、意志、情绪情感、个性等。广义的非智力因素是指智力因素以外的心理因素（不包括非心理因素，如体质）；狭义的非智力因素是指动机、兴趣、情感、意志、性格等，这些因素才是真正影响学生学习的关键因素。例如，有些大学生虽然智商很高，但学习动机不正确，产生厌学情绪，进而不愿意面对学习，这种恶性循环的结果必然会阻碍大学生的学习，严重的还可能会患上心理疾病。因此只有心理健康状况良好，才能激发学生积极的学习动机和浓厚的学习兴趣，形成良好的个性品质，从而促进学习能力的发展和学习效率的提高。

第二节　理解学习——学习方式与学习特性

一、学习的独立性和自主性

大学学习是以教师指导为辅、学生自学为主的学习。与中学学习相比，少了"填鸭式"的讲授，多了课外自由支配的时间。在中学里是"要我学"，而大学里是"我要学"，因此大学的学习强调的是独立性和自主性。

（1）学习时间的自由支配。大学生除了上课外，大约有40%的时间可以自由支配，如晚上自习时间、双休日和节假日等，在这些自由支配的时间里，大学生可根据自己的兴趣爱好多参加一些社团，提高自己的综合素质及人际交往能力。也可以到图书馆多查阅与自己专业相关的资料和参考文献，扩大并补充在课堂上所学的知识，平时还可以选择自己喜欢的学术讲座、专业论坛，参加学校组织的各类竞赛等。甚至还可以依据自己家庭的经济状况选择勤工助学或校外兼职，提高自己的实践能力。

（2）学习内容的自主选择。在大学里，除了公共课和专业必修课外，学生是可以依据自己的专长、兴趣，甚至是对教师的喜好来自由选择选修课的。

（3）学习方法的自我调适。在大学的学习中，教师不会规定学生用什么样的方法来学习，只是提出学习的目标和要求。学生完全可以依据自己的习惯和需要来选择合适的学习方法，这也充分体现了高校对学生自主学习能力培养的重视。随着我国高等教育体制改革的不断深化和完善，对人才的要求也越来越高，这就要求大学生必须全面发展、培养自己的综合素质能力，能够主动地、有主见地学习，做自己学习的主人，具有较强的自我意识和主体意识，更快地适应大学学习生活。

二、学习的专业性和选择性

大学教育与中学教育的不同之处在于，中学是基础教育阶段，学生学习的内容不分专业，具有很强的基础性。而大学则是专业教育阶段，其学习的职业定向性非常明显。因此大学的学习目标是学好专业理论与专业技能，为将来奠定基础。所以，大学生在入校前或入校后一段时间内必须根据自己的兴趣爱好及特点选择适合自己的专业，且在学好专业知识的同时，更要在专业基础上拓宽自己的知识面，不断更新自己的学习内容，形成最佳的知识体系，实现"一专多能"，以便更好地适应社会。大学的学习给了学生自主选择的权力，这在一定程度上要求学生必须具备一个完善的自我认知系统和较强的自我控制能力，这对于意志力薄弱且自我控制能力差的学生来说是一个巨大的心理挑战。

三、学习方式和途径的多样化

与中学相比，大学的学习方式更人性化、多样化，教师也多采用开放式、讨论式、启发式和探索式的教学。此外，学校还会举办各种类型的讲座、丰富多彩的艺术节会演，创办大学生创业基地等，这些都为大学生学习提供了广阔的空间。大学生除了在课本上学到知识外，还可通过学校图书馆的电子数据库或互联网免费下载各类学习资料，培养自己查找、收集资料的能力。

四、学习的探索性和研究性

大学的学习具有一定的探索性和研究性，它是以培养学生卓越的追求态度及发现问题、提出问题、解决问题能力为目标的学习。在大学的学习中我们要自己选择"学什么"，自己设计"怎么学"，并能预测和期望"学到什么程度"。目前，大部分高校都设立了专门的学生科研经费，确立了大学生校级课题申报制度，鼓励学生通过各种科研成果或项目设计、作品设计与制作等方式探索科学研究方法，获得丰富多彩的体验和科学文化知识。

五、学习的接受性和创造性

大学的学习是一种以接受性学习为基础的创造性学习，奥苏贝尔提出：有意义的接受性学习，要求学生积极主动地把新知识纳入原有的认知结构，找出新旧知识之间的相同点和不同点，不断重建和完善自己的认知结构。因此，有意义的接受性学习将为学生的探究学习打下扎实的基础。大学校园强调"第一课堂"和"第二课堂"相结合，实际上就是以接受性学习为根本，激发学生学习的需求和兴趣，以扎实的专业文化为基础，培养学生的创新意识和潜能。

第三节　掌握学习——大学生学习能力培养

一、学习能力概述

学生要适应未来社会发展的需要，就必须学会学习，因此学习能力已成为当代大学生的核心竞争力，是大学生解决一切问题的最基本能力，也是大学生在理论学习和实践过程中所必须具备的最基本心理素质。学习能力是一个结构复杂且多维度、多层次的心理现象，它是其他能力的基础，是在很多基本活动中表现出来的一种较为稳定的心理特征，它包括观察力、记忆力、视听觉能力、思维能力、分析能力、抽象概括能力、意志力和理解能力等。而学习能力作为现代大学生能力结构的组成部分之一，是指学生用以指导自己学习活动的策略和技能的总和，这些策略和技能是学生通过自己的学习活动获得和形成的，学习能力的提高过程就是学生从"不会学"到"会学"的逐渐转变过程。[①]

二、大学生学习能力的培养

大学生要想提高自己的学习能力，应该注重以下几方面能力的培养。

1. 认知能力的培养

认知能力是指大学生运用科学的学习策略和学习方法独立地获取、加工、提取、处理所学的学科信息，以及分析和解决实际问题的能力，它包括思维能力、自主能力和实践操作能力的培养。

在大学里，自主学习能力和实践操作能力也是非常重要的，它是大学生开展学习必不可少的条件。大学四年的学习过程，大体可分为"基础学习""专业学习""实践学习"三大阶段，而大学生自主能力和实践能力的培养就贯穿在这三个阶段当中。首先，基础课学习阶段主要是培养自我设计的能力，如把其他同学作为参照找出自己的不足之处，看自己与其他同学的差距在哪里，明确自己的努力方向，对自己有一个最基本的正确评估，为未来四年学习生涯做一个简单的设计和规划。其次，在专业学习阶段，首先要对自己所学的专业有一个全面、深刻的了解，包括其难易程度、未来发展方向、社会功能和就业前景等，然后，再依据自己的基础条件和对专业的正确理解设计具体的学习目标及发展方向，并在学习的过程中针对不同的"学期"和"课程"，动态地调整和修改目标。最后，是实践学习阶段，通过参加各种课外活动提升自己的应用和创新能力。如可以积极参加学校社团活动。一般来说，这类社团通常会为学生提供学习、交流和展现才能的机会，通过这些活动和竞赛同学们可以达到创造性学习的目的。当然，也可以参加学校或学院举办的系列学术讲座和报告，通过这些专题的学术报告，学生可以了解学科前沿的新动态、新知识，增长见识，开阔视野和思路。或是在寒暑假自己找一些单位进行实习，为自己将来找工作做好充足的准备。

2. 综合能力的培养

综合能力是在基本认知能力的基础上，综合运用有关知识、技能和策略而形成的能力，它包括自我监控能力和科研能力的培养。

大学生要在学习过程中进行自我体验、调节和监控，并通过不断的评价自我，适时进行学习方法的调整，才能保证学习任务的完成。因为只有在体验学习变化的过程中才能弄清楚导致变化的原因，从而进行有效的调整。首先，大学生要清楚了解自己每个学习阶段的特点，把握自己的学习节奏。其次，要明确各学习阶段之间的关系，这样就知道自己在进入下阶段学习时还需具备哪些知识水平与结构。再次，稳定自己的学习情绪，当在学习过程中情绪低落时，可以采用合理发泄、注意力转移、迁移环境等方法把自己不合理的情绪宣泄和释放出来，待心情平静后再进入学习状态。最后，要强化学习的意志力。确定了学习目标就要想方设法达到，当然也可以在小框架范围内做适当的调整。大学生提高自控

---

① 周倩、吴涵：《关于提高大学生学习能力的调查研究》，《中国电力教育》2009 年第 139 期，第 173 页。

能力的最根本方法就是明确自我、树立目标、制订计划、保持乐观心态。

科研能力的培养也是大学生综合能力培养的一个重要环节，但是在大学校园中，很多同学却很容易忽视这一点。其实，大学生在大二或大三的时候就可以尝试做一些科研论文，例如，申请校级学生课题，在专业老师的指导下进行研究、设计，并通过完成课题来增强自己的科研能力。当然学生也可以参加一些导师的课题项目，以丰富自己的科研经验，为日后毕业论文和毕业设计打下基础。

3. 学习策略能力的培养

"工欲善其事，必先利其器。"只有学习方法正确，才能达到事半功倍的效果。大学生虽然在中小学时期已形成了独立学习的能力，并掌握了一些好的学习策略，但这些方法基本上还停留在机械地读、背、抄，较少会使用精细加工和组织策略。在大学里，随着专业学习的不断深入，只有更加科学、有效的学习策略才能帮助大学生学好专业。学习策略能力就是指大学生在借鉴别人学习经验的基础上，能依据自己学习内容的特点和实际情况，逐步摸索出有效的学习方法和策略的能力。学习策略能力的培养可以从以下几个方面入手。

（1）激发学习动机，培养学习兴趣。

学习动机和兴趣是直接推动学习的内部动力，在适当的学习动机作用下，学生会表现出求知欲望并主动积极地学习。不同的学习动机决定了我们会选择什么样的学习策略及学习效果。大学生要把自己的目标放长远，要明白学习不是为了别人，也不是与他人争名利，而是为了自己综合素质的提高，要尽量将学习的成败归因于自己的努力程度和一些可控制的因素。例如，考试没有考好，可能是自己复习不到位，或没有抓住老师的重点，也可能是自己太粗心大意或考试过于焦虑等。这样才能提高自我效能感，在不断强化自身认知的基础上逐步培养学习兴趣，学习兴趣和学习动机是相辅相成的。

（2）合理管理学习资源。

学习资源的管理主要包括对学习时间、学习环境、学习心境和学习工具的管理，学生是否善于有效管理与利用自身及学习环境中的资源，会深刻影响其学习效率及质量高低。

首先，在时间管理策略上要掌握好三个总原则和五大法则。三个总原则：统筹安排学习时间，高效利用最佳时间，灵活利用零碎时间。五大法则：设立明确的目标，列一张总清单，用80%的时间来做20%最重要的事情，保证"不被干扰"时间，同一类的事情最好一次把它做完。[①] 也就是说，在学习过程中我们一定要确定好学习任务的轻重。而时间的机动性也要掌握好，除了安排好每天必需的上课时间、工作时间、自习时间和休息时间外，还要留有一定的休闲娱乐等弹性时间。

其次，学习环境的挑选也是非常重要的，当然是因人而异。如果你对声音不是很敏感，那么在宿舍或是自习室看书都是可以的，但如果你对环境的要求非常高，则可以选择在图书馆、教室或是自己租房住，以减少他人对自己学习的干扰。

---

① 姜燕、吴素红：《论大学生的学习策略及其培养》，《考试周刊》2011年第70期，第222页。

再次，在学习过程中我们还要尽量保持愉快的心情，多挑选一些中等难度的学习任务去完成，这样有利于激发自己对学习的兴趣和自信。

最后，我们还要善于利用人力资源和图书工具。在学习过程中遇到了困难应及时寻求同学或老师的帮助，或是通过查阅学校图书馆的书籍、电子书库和网络寻求支援。

（3）掌握有效的学习方法。

大学学习要有科学的学习方法，要勤于思考，多想问题，要把握好以下几个主要环节：预习、听课、复习、记笔记、总结、做作业、考试。

预习。大学老师讲的东西基本上不全在教科书上，比较灵活，如果事先不预习，一堂课下来肯定云里雾里，考试也就抓不住重点了。所以，大学学习最好课前先预习，预习老师指定的参考书，这样不仅可以培养自己独立思考问题的能力，还可以提高学习新课的兴趣，掌握学习的主动权。

听课和记笔记。在大学里，上课时不要忙着记笔记，关键是要仔细地听老师的讲解及提问，开动脑筋思考，如果真正听懂了再记下来也不迟。下课后，要坐在座位上好好地花几分钟回想一下这堂课老师所提的问题及其包含的中心思想，这样就可以巩固一堂课听的内容。每天晚上，根据课堂上听到的和下课后想到的，整理出自己的学习笔记。钱伟长曾经给大学生讲过这样一个故事："我有个同学叫林家翘，现在是美国麻省理工学院教授，美国科学院的院士，他的课堂笔记除每天晚上整理一次，写出一个摘要外，每个月他还要重新再整理一次，把其中的废话全删掉，把所有的内容综合起来，整理出一个阶段的学习成果。每学期结束复习时，一门课的笔记经过综合整理后，只有薄薄的一本，大概 18 页吧。一个学期所学习的知识，就完全消化成了他自己的东西，他复习时就看这个，边看、边回忆、边思考，每次考试都名列前茅。这种记笔记的方法，就是要把教师和别人的东西，经过认真的思考和消化，变成自己的东西。林家翘分三个阶段记笔记的过程，就是一个不断消化的过程，通过这种过程来加深对知识的理解。"钱伟长说，我只分了两个阶段，现在我很后悔，我要早分三个阶段，学习效果一定会更好。

做作业和考试。其实做作业是一个巩固和消化知识的过程，而考试是检验学生掌握知识的程度，它们都起到了及时找出薄弱环节并加以弥补的作用。做作业的过程中一定要举一反三，触类旁通，对考试也要有正确态度，不作弊，不单纯追求高分，要把考试作为检验自己学习效果和培养独立解决问题能力的演练，只有这样，学到的知识才会更扎实。

三、大学生创新思维潜能的开发

创新思维是一种具有开创意义的思维活动，它是以感知、记忆、思考、联想、理解等能力为基础，以综合性、探索性和求新性为主要特征的高级心理活动。创新思维是一种以思维的流畅性、新颖性和独特性为特征的思维风格和思维取向，是整个创新活动的核心，需要人们艰苦付出的脑力劳动。

1. 大学生要努力培养自己的创新意识

创新意识是指大学生本身具有探索、求新、求异的需要和动机，它会激励大学生勤于思考，发现并提出问题。所以，开发创新思维潜能的第一步，就在于树立创新意识。只有在强烈的创新意识引导下，才可能产生强烈的创新动机，树立创新目标，充分发挥创造潜能。因此，大学生在课堂中要具有敏锐的洞察力和丰富的想象力，勇于突破思维定式的束缚，敢于提出问题，并在学习中坚持不唯上、不唯书，只唯实，课后把学到的知识广泛地迁移到学习新知识的领域中去。

2. 大学生要多参加社会实践，培养自己的创新人格

当代大学生个性鲜明，渴望成功，强烈希望拥有创新人格，因为这种创新人格能引导他们在现实面前勇于进取、开拓创新，实现自己的理想和追求，但创新人格是需要在社会实践的土壤上才能培养起来的。目前，各高校都在努力创办大学生创新实践活动基地，如大学生孵化中心、大学生创业基地等，学校也经常有计划地组织学生参加社会调查、访谈等活动，让学生学习课堂里学不到的知识，甚至有些高校借鉴国外实践的经验，吸收大学生参加教研室的科研工作，或寒暑假成立境外研习团，组织学生直接到国外去体验学习和生活。这些都为大学生创新人格的培养奠定了良好的基础，所以大学生一定要抓住这些实践机会，培养自己的创新意识。

第四节　学习调适——学习障碍及矫正

学生从中学升入大学，由于生活、学习环境以及人际关系都发生了重大改变，因此很容易引起一系列不适反应，特别是在学习动机、情绪、意志、性格、理想信念等方面都会存在很多问题和不良倾向，引起大学生的学习心理障碍，若不及时调适，必然会影响正常学习活动，以及智力的开发和创新能力的发展。因此，深入了解学习心理状况，及时发现问题并作适当的调适，是非常重要且必要的。

一、大学生学习动机障碍及其调适

在大学里，我们经常听到学生说"学习没有劲""学习没兴趣"或是"我很努力了，但总觉得成绩不够好，达不到预期目标"等，这一部分学生学习成绩不够理想的原因就是因为学习动机缺乏或过强，进而影响学习效果，严重的还会带来一系列的心理问题。心理学家研究发现，动机强度在一定范围内，依据学习内容的难易程度而对学习效率产生正面影响，动机水平过低或过高都会对学习产生不利影响。

1. 大学生学习动机障碍的表现

学习动机障碍是指大学生由于学习动机缺乏或过强所产生的一系列学习心理问题，其表现主要有以下几个方面：①没有明确的学习目标或目标太高无法实现；②低自我效能感或争强好胜心理；③学习过于放松或强度过大。

2. 大学生学习动机障碍产生的原因

（1）个人原因，这也是最主要的原因。进入大学的学生很容易走两种极端，一种是由于缺乏自我效能感，再加上学校和专业不理想，导致社会责任感不强，学习目的不明

确，对专业没有兴趣。如果不加以调整，久而久之形成恶性循环就很容易产生厌学情绪，再加上社会上各种不健康思想的影响，更使大学生丧失了努力学习的动机，不愿再奋斗。而另一种学生会有很强的学习欲望，但是他们的学习却是建立在不恰当的认知模式之上的。例如，有的大学生具有完美主义倾向，认为自己非常优秀，一定要在学习上超过别人；有的大学生带有一定的补偿心理，因为家境贫寒或相貌平平，自己又无其他特长，于是力图通过优异的学习成绩弥补上述不足；等等。

（2）社会和家庭的原因。在社会方面，大学生择业机制尚不完善，实用主义、拜金主义比较盛行，大学生就业难，而且就业中存在的一些不合理、不公平现象也不同程度地影响了大学生学习的积极性；家庭方面，有些家长不重视孩子的成长教育问题，没有给大学生创造一个温馨、和睦的家庭环境，认为学习好不好无所谓，只要能挣到钱就是硬道理。而另一些家长又往往在孩子身上倾注太多不恰当的期望，对大学生提出过高的要求，导致学生学习压力过大，无法承受。

（3）学校方面的原因。一些大学专业设置不合理，在一定程度上脱离实际需要；校园文化与学习氛围不理想，学习风气不好；教师教学水平有限、授课方式单调乏味；学校太过于看重学习成绩等，都会导致学生学习动机障碍。

3. 大学生学习动机障碍的调适

（1）明确学习意义，培养专业兴趣。大学生不能只把学习定位于实现父母的期望，为了将来能找好工作或是为了毕业拿文凭等，而是要认识到学习是为了自己发展的需要，也是增强自己综合素质能力和适应社会的需要，体会学习的价值，才会有责任感和使命感，从而增强学习的欲望。当然也有部分学生对所学的专业不感兴趣，兴趣并不是天生的，而是要通过不断地深入了解自己的专业，同时带着问题去思考，产生自己的观点，当在学习中获得了满足感，并产生了愉快情绪后，就会慢慢产生对专业的兴趣。

（2）改变不恰当的认知模式，进行正确的归因。很多大学生在学习过程中很容易会产生一些不合理的信念，如"我付出了努力，就一定会取得成就""只要我成绩好，其他都无所谓""我学习总学不好，一定是自己太笨"等。如果总把学习的焦点放在结果而不是过程上，那必然会承受不住失败的打击，从而产生退缩心理，所以大学生一定要找出在学习上的一些不合理观念，做正确的归因。比如"我付出了努力，成功的概率就会大一些""我这次没有考好，可能是学习方法有待改进，下次一定要吸取教训"等。大学生要依据正确的认知模式进行合理的归因，才能保障学习的有效进行。

（3）正确评价自我，增强自我效能感。大学生在学习中一定要客观评价自我，要在充分正确认识自己能力的基础上确立适当的学习目标，既不放松要求，也不好高骛远，过高估计自己的能力。在学习过程中一定要有阶段性，先从容易的目标开始，取得了效果后再自我反思并让身边的朋友进行评价，从而总结经验，再挑战下一个目标。从易到难，这样不仅可以很好地调节自己的抱负水平和期望值，正确评价自我，增强效能感，还能培养对学习的兴趣。

二、大学生学习注意力障碍及其调适

1. 大学生学习注意力障碍的表现

注意力是指人的心理活动对一定对象的指向和集中，它是人进行观察、思维和想象的一种准备状态，如果注意力产生了障碍就会使人很难集中精力去清晰地感知一定的事物并深入地思考问题。而在学习上注意力障碍的主要表现：①上课容易开小差，不能专心听课；②在学习中很容易受无关刺激的影响，如总觉得老师的穿着怪怪的，甚至别人不经意的咳嗽或拨弄头发都干扰了自己学习；③胡思乱想，反应迟钝，学习时心猿意马，还总做些小动作，如不停地转笔、抖脚、玩弄手机等，不能及时把注意力转移到学习上来。

2. 大学生学习注意力障碍产生的原因

在医学上，很多专家认为注意力障碍是与脑部前额叶有关，或是小脑发育不良使其没有适当地发挥功能所造成的。但大学生注意力障碍应该多数都是由心理因素造成的，即无意注意增强，有意注意减弱。大学生在学习过程中很容易被无关的事物吸引，如网络游戏、手机小说、流行音乐和电视剧等，同时他们的学习自控能力也差，学习的自觉性和意志力相对薄弱，很难保证长时间的学习活动。目前，大学生注意力不集中的主要原因：对学习活动的认识不足，认为老师讲课太枯燥不想听，做作业多此一举，因而缺少学习的自觉性；学习动机不强，尤其是新生，刚参加完高考，想放松一下，加上离毕业尚早，出现了"理想间隙期"，导致学习动机较弱；所学专业不对口，学习兴趣不高，再加上考上的不是自己理想的学校，失落感很强，很难把心思放在学业上；没有明确的学习目标，没有压力，没有紧迫感，没有计划，缺乏自控力；未形成良好的学习习惯，参加太多的社团活动，导致身心疲惫，精力下降；此外，学生也很容易受学校或班级的一些不良学习风气的影响，造成注意力难集中。

3. 大学生学习注意力障碍的调适

（1）明确学习目标，强化学习动机。学习注意力障碍的最主要原因是对学习缺乏动机和兴趣，如果学生没有明确的学习目标，不去深入地了解自己所学的专业内容，那么就很难培养出浓厚的学习兴趣。所以大学生在大一就要做好自己大学四年的学习规划，分阶段、分内容地一步步计划，这样就能够约束自己并集中精力去学习。

（2）养成良好的学习习惯，保持最佳的学习心态。每个人都有自己的学习风格和习惯，有的人喜欢晚上看书，有的人则喜欢白天看书，有的人喜欢在热闹的环境下思考问题，有的人却喜欢静静地一个人学习，总之每个人都可以依据自己的学习风格养成良好的学习习惯，并做到劳逸结合，使自己始终保持一种愉快的心情来学习。

（3）进行科学的注意力训练。注意力训练的方法有很多种，在这里介绍一种国际上比较流行且最简单也最有效果的视觉定向搜索训练法，即"舒尔特表"训练法。一张有25个小方格的表中，将1～25的数字顺序打乱，填写在里面。然后以最快的速度从1数到25，要边读边指出来，同时计时。研究表明：7～8岁儿童按顺序找出每张图表上数字的时间是30～50秒，平均40～42秒；正常成年人看一张图表的时间是25～30秒，有些人可能会缩短到十几秒。可以自己多制作几张这样的训练表，每天训练一遍，相信注意力水平会逐步提高。

21	12	7	1	20
6	15	17	3	18
19	4	8	25	13
24	2	22	10	5
9	14	11	23	16

"舒尔特表"示意图

三、大学生学习疲劳及其调适

"学习疲劳"是心理学及教育学中的重要概念，它是指人由于长时间地持续学习，在生理和心理方面产生了怠倦，致使学习效率下降，甚至到了不能继续学习的状态。

1. 大学生学习疲劳的表现

学习疲劳的表现形式有很多种，但主要可归纳为两大类，即生理疲劳（或身体的）和心理疲劳。

（1）生理疲劳的表现。生理疲劳如体质明显下降，经常感冒发烧，睡眠质量下降，脸色苍白，四肢无力等。这是由于长期高负荷地学习，加上四肢缺乏运动，周身血液流通不顺畅，导致大脑神经介质失调，从而出现明显的肢体反应，严重的甚至会出现腰酸背痛、肌肉痉挛、麻木、眼球发疼等症状。

（2）心理疲劳的表现。心理疲劳现象可表现为心理焦虑，情绪躁动，学习效率低，没有成就感，心情忧郁，精神萎靡不振。

2. 大学生学习疲劳产生的原因

学习疲劳产生的原因是多种多样的，它不仅取决于所从事的学习性质和数量，也和一个人的学习动机、学习态度、学习兴趣等个人特点以及周围环境条件有关。在学习动机方面，很多学生认为高考过了要好好放松或是认为大学的学习没有什么现实意义，因而造成对学习缺乏兴趣；在学习态度方面，有的学生太过于强调学习，由于学习持续时间过长，不能劳逸结合，再加上对可能取得的成绩顾虑重重，寝食难安，焦虑万分，反而形成恶性循环，造成学习上的心理疲劳；在学习方法上，有的大学生没有找到窍门，虽努力学习，成绩却总平平，久而久之，学习劲头松懈，成绩就更差了。当然也有许多研究指出，只要是需要紧张的注意、积极的思维和记忆的学习活动，都容易产生疲劳。不愉快的学习较愉快的学习更容易疲劳，学习内容的单调性也会引起心理的疲劳。另外，在异常的气温、湿度、噪声、缺氧、光线不良等外界环境条件影响下学习质量和效率也会降低。

3. 大学生学习疲劳的调适

（1）合理安排学习，调整学习节奏和方法。首先，要注意学习内容的性质和数量问题。如果每天学习的内容过难、过多，心理负担就会过重，容易引起学习疲劳。所以要合理安排各科学习时间及内容，在学习过程中要做到难易结合、有张有弛。其次，在学习方法上要注意把接受性学习转化为发现性学习。大学的学习多而且杂，长时间处于被动接受状态很容易感觉疲劳，如果能够改变学习方法，有意识地去主动吸收知识，学习效果可能会更好些。例如，上课前先把要学的东西思考一遍，上课时积极提问，下课后又和同学讨论、分享等，这种互动的学习过程不仅不会使人感觉疲劳，而且对所学的知识会记得相当牢固。

（2）转换学习环境，劳逸结合，保持轻松的学习心情。学习疲劳是可以通过学习环境的改变和适当的休息而得到缓解的。大学生长期在图书馆、教室或宿舍这种狭窄的空间环境学习，由于空气的污浊和不流通以及不同程度噪声的影响，很容易产生学习疲劳，如果能适时地走出去，找一个环境幽雅且空气新鲜的地方学习，是能缓解疲劳、提高学习效率的。各种研究表明，休息也有缓解疲劳的效果，尤其午睡，对恢复因白天活动而产生的疲劳是很有效的，所以大学生应注意养成坚持午睡的好习惯。但休息也不一定都是消极的不活动，也可以是积极的，如听一些轻松欢快的音乐、做做喜爱的运动、看看轻松幽默的电影等，不仅能使心情愉快，而且还能有效地清除因过度学习而带来的情绪垃圾。

（3）掌握预防和消除学习疲劳的方法。大学生在学习中感到疲劳时，可以采用休息与运动的方式来缓解大脑疲劳状态，在这里主要介绍一种单侧体操法。由于人脑左、右两半球功能不同，左脑偏重语言、概念、数字等逻辑推理功能，而右脑偏重音乐、空间想象等综合功能，所以研究者提出可以通过做单侧体操锻炼来消除对侧半脑的疲劳，即，如果左半球疲劳就做右侧体操锻炼，如果右半球疲劳则做左侧体操锻炼。方法如下：首先全神贯注，站立并目视前方，左（右）手紧握拳，左（右）腕用力，屈臂，慢慢上举到最大限度后还原，重复8次；其次仰卧，左（右）腿伸直上举，然后倒向左（右）侧，但不能挨地，还原重复8次；再次直立，左（右）臂向左（右）侧平举后再上举，头不能动，右（左）臂上举，平举还原，重复8次；然后侧卧，身体向左（右）倾倒，以左（右）手和左（右）脚尖支撑身体，左（右）臂伸直，呈斜侧卧姿势，屈左（右）膝以起身还原，重复8次；最后俯卧，翘起脚尖，像俯卧撑那样用腕和脚尖支撑起身体，重复8次。

（4）懂得享受学习。大学生要学会享受学习，那么就会感觉比较轻松愉悦，不仅如此，因为具备了享受学习的能力，将来到工作岗位时，也能很快学会享受工作，这样一来，就会进入良性循环。

【心理测试】

自我鉴别：我的学习方法需要改进吗

指导语：判断下面每句话是不是符合你自己的状况，并在括号内写上相应的分数，计

0 分表示不符合这种情况，计 1 分表示有点符合，计 2 分表示不确定，计 3 分表示比较符合，计 4 分表示非常符合。

1. 我上课时经常开小差或打瞌睡。　　　　　　　　　　　　　　　（　　）
2. 我不知道怎样找出文中重要的信息。　　　　　　　　　　　　　（　　）
3. 我经常把错误的内容记到笔记本上。　　　　　　　　　　　　　（　　）
4. 我没有在 24 小时内复习我的笔记。　　　　　　　　　　　　　（　　）
5. 我在阅读过程中抓不住细节信息，难以把握文章主旨。　　　　　（　　）
6. 我不能长时间学习，经常觉得疲惫和注意力分散。　　　　　　　（　　）
7. 我看完整章内容时，不能记住前面所读的内容。　　　　　　　　（　　）
8. 我在学习时很少关掉收音机或电视。　　　　　　　　　　　　　（　　）
9. 我需要提高记笔记的能力。　　　　　　　　　　　　　　　　　（　　）
10. 我需要提高阅读理解水平。　　　　　　　　　　　　　　　　（　　）
11. 在课后，有时看不懂做的笔记。　　　　　　　　　　　　　　（　　）
12. 我需要提高学习注意力。　　　　　　　　　　　　　　　　　（　　）

评分标准：第 1、6、8、12 题测试注意力；第 2、5、7、10 题测试阅读理解能力；第 3、4、9、11 题测记笔记能力。计算这三部分能力的平均分，如果平均分均在 2 分以上，说明你需要通过相应的学习策略来提高你的学习水平。

【延伸阅读】

毛主席是怎样读书的呢？几十年来，毛主席一直很忙，可他总是挤出时间，哪怕是分分秒秒，也要用来看书学习。他的中南海故居，简直是书天书地，卧室的书架、办公桌、饭桌、茶几上，到处都是书，床上除一个人躺卧的位置外，也全都被书占领了。为了读书，毛主席把一切可以利用的时间都用上了。比如，在游泳下水之前活动身体的几分钟里，要看上几句名人的诗词；游泳上来后，在休息时间里再看一会儿书。甚至连上厕所的几分钟时间，他也从不白白地浪费掉。

毛主席外出开会或视察工作，常常要带一箱子书。途中列车震荡颠簸，他全然不顾，总是一手拿着放大镜，一手按着书页，阅读不辍。有一次，毛主席发烧到 39 度多，医生不准他看书。他难过地说："我一辈子爱读书，现在你们不让我看书，叫我躺在这里，整天就是吃饭、睡觉，你们知道我是多么难受啊！"医生没有办法，只好把拿走的书又放在他身边，他这才高兴地笑了。

毛主席从来就反对那种只图快、不讲效果的读书方法。他在读《韩昌黎诗文全集》时，除少数篇章外，都一篇篇仔细琢磨，认真钻研，从词汇、句读、章节到全文意义，哪一方面也不放过。通过反复诵读和吟咏，韩集的大部分诗文他都能流利地背诵。《西游记》《红楼梦》《水浒传》《三国演义》等小说，他小学的时候就看过，到了 20 世纪 60 年代又重新看过。他看过的《红楼梦》的不同版本差不多有 10 种以上。一部《昭明文选》，他上小学时读，50 年代读，60 年代读，到了 70 年代还读过好几次，他批注的版本，现存的就有三种。一些马列、哲学方面的书籍，他反复读的遍数就更多了。《联共党史》及李达的《社会学大纲》，他各读了 10 遍。《共产党宣言》《资本论》《列宁选集》等，他都反复研读过。许多章节和段落还做了批注和勾画。几十年来，毛主席每阅读一本书、一篇文章，都在重要的地方画上圈、杠、点等各种符号，在书楣和空白处写上许多批语。毛主席这种发奋读书、刻苦学习的精神一直激励着我们一代又一代的青年学生，为当代大学生的学习树立了好榜样。

【学习反馈】

1. 大学学习有哪些特点呢？

2. 当你在学习中遇见心理困扰的时候，你会怎样调适呢？

3. 请反思一下自己的学习方法，有什么需要改进的吗？

第七章 与情绪相处，做情绪的主人
——大学生情绪管理与疏解

【案例导读】

小吉的导师艾伦教授经常告诫学生说，不要一时冲动，否则将成为情绪的奴隶，他曾这样和学生们说："发脾气是值得赞扬的，如果你能做到：在适当的场合，向正确的对象，在合适的时刻，使用恰当的方式，因为公正的理由而发脾气。"

一天，小吉的室友小娜激动地向她控诉另一名同学，声称对方对自己出言不逊，奚落、冷嘲热讽，让她下不了台。她很愤怒、懊恼，很想去找对方理论。小吉想到了艾伦教授，她把小娜带到了艾伦教授的办公室，请他来帮助小娜。艾伦教授用他那一贯平稳的声调说："人们年轻时，很多时候是无法理解别人的言行，连他们自己，也未必理解自己。如果你真要我给你出个主意，那么我想给你一个小建议。批评和侮辱，跟泥土般的污点没什么两样。你看，这是早上过马路时，汽车溅到我衣服上的泥点。如果当时我气急败坏地想立即擦掉这些泥点，那一定会把我的衣服搞得乱七八糟。当时我控制了我的气急败坏，等我回到办公室后，我把大衣挂起来，专心于做别的事情，等泥巴晾干了再去擦掉它，你们一起来瞧瞧，轻轻弹几下就干净了。"

听到艾伦教授的话，小娜平静了下来，艾伦教授继续说："我年轻的时候也不善于控制情绪，所以深受其害。时日渐长，我发现最好的办法就是把生气的烦恼先晾一边，让它自己冷却，等自己冷静下来后，再去应对。"

【案例分析】

案例中艾伦教授教会小娜处理情绪的方法，是我们生活中常被提到的冷处理法。当我们处于情绪的风暴中时，我们很容易情绪化，使我们被情绪支配，失去理智，影响我们的判断力，做出错误的选择和决定。我们要学会做自己情绪的主人，管理和关照自己的情绪，而不是任由自己的情绪受他人控制和摆布。

【学习目标】

掌握情绪组成部分、类型、作用，了解大学生情绪的主要特点，学会管理情绪。

【关键概念】

心境，应激，激情，合理情绪疗法

第一节　情绪解析——七情六欲我知晓

一、情绪及其构成

任何文化中的人都有情绪，快乐、悲伤、厌恶、生气、惊讶、感兴趣和恐惧等都是人普遍的情绪。虽然这些情绪之间有着明显的不同，但它们也有一些共性。

情绪包含以下三个部分。

（1）生理唤醒，即身体的变化。每一种情绪都是由内部或外部事件引发的，然后将信号传送到大脑和中枢神经系统，由于这些传送到大脑的信号，人被唤醒了，其身体机能也会随着心理变化产生反应。心跳加快，手掌出汗，喉咙发干，这些都属于情绪的身体反应。情绪还会带来其他可观察的变化，比如面部表情、姿势、声音和身体动作等方面的变化。在不同的情绪状态下，人的血压、呼吸、心律以及内分泌、消化系统等都会发生不同的变化。

（2）主观认知。同样的事情却在不同人的心里引起了不同的情绪体验。综合所有因素，人们意识到自己正在一定程度的快乐、悲伤、愤怒或恐惧中，这被称为情绪的认知部分。

（3）外部表现。当我们开心时会开怀大笑；当我们难过时会号啕大哭；当我们生气时会义愤填膺，捶头顿足。这些都是情绪的外部表现。

虽然科学家们对于身体感知、所表现出的反应和认知出现的顺序有不同的看法，但他们都一致认为，情绪是由这三方面共同构成的。为了更好地理解它们之间是怎样相互作用的，让我们看看下面这个例子：老师要求李明朗读他写的报告时所发生的情况。

传达到李明大脑的信号：老师叫出李明的名字，其他的同学保持沉默，教室后面传出一阵吃吃的笑声。

身体反应：李明的嘴巴发干，心跳加快，胃有痉挛的感觉。

表现出的反应：李明面带愁容，双肩下垂。

认知反应：李明想到了自己以前在众人面前糟糕的表现，但同时他也非常渴望表现得好一点。

情绪：李明感到很紧张。

如果李明的认知反应能聚焦在过去在公开场合讲话成功的经验上，他就很可能认为自己此刻的情绪是兴奋，而不是紧张。无论是哪种情况，李明都会根据自己的感觉做出最终的判断。即使别人认为李明可以表现得很好，可如果他自己坚持认为当时的情形令他感到很害怕，他还是会紧张。这就是为什么面对同样的事情，两个人会因为认知反应的不同而产生完全不同的情绪反应。

二、情绪的类型

1. 情绪的基本形式

我国有"七情六欲"之说，"七情"即喜、怒、哀、惧、爱、恶、欲。现代心理学将情绪分为四种基本类型：①快乐，是指人们努力追求某一目标，随着目标实现、紧张状态的消除而出现的情绪；②悲哀，是人们失去追求目标或有价值的事物所产生的情绪；③恐惧，是人们企图回避某一事物但又无能为力时的情绪；④愤怒，是人们追求某一目标，屡遭挫折，紧张状态不断积累造成的一种情绪。

2. 情绪的形态

人的情绪除了四种基本类型之外，还有三种典型的情绪状态：心境、激情、应激。

（1）心境。心境是一种深入、持久又比较微弱的情绪状态，具渲染性和弥散性。如绵绵柔情、闷闷不乐、耿耿于怀等。

（2）激情。激情与心境相反，是一种强烈的、短暂的、迅速爆发的情绪状态。如狂喜、暴怒、绝望等。

（3）应激。应激又称应激状态，是指由于意料之外、紧急危险情境下所产生的情绪状态。如面对地震等突如其来的灾难，存活下来的人中很多都出现了典型的应激反应。他们害怕自己崩溃或无法控制自己；一直想着逝去的亲人，心里觉得很空虚，无法想别的事情；不断地期待奇迹出现，却一次一次失望；对于地震相关的声音、图像、气味等感觉过敏，反应过度；感觉没有安全感，焦虑、失眠、噩梦连连。

三、情绪的作用

（1）自我保护的功能。人们常认为愤怒、恐惧、焦虑等负性情绪是不好的，但其实很多负性情绪与正性情绪一样是生活中必不可少的，如亲人离去，伤心、难过、痛苦是处理与离去亲人关系的桥梁，通过这些负性情绪表达对离去的亲人没有完全表达的感情。

（2）人际沟通的功能。我们每个人内心都期待被他人接纳和认可，可是如何去判断自己是否被他人喜欢和尊重，我们会从他人的情绪表达中寻找蛛丝马迹。当我们出现时对方给予了我们微笑、轻松、热情、喜悦、善意，我们会回应相应的表情，而当对投向我们冷漠、猜疑、排斥、偏执、嫉妒、轻视时，我们可能会同样表达厌恶、讨厌等情绪。

（3）信息传递的功能。情绪是可以传递信息的。情人之间一个眼神、一个微笑就可互相传递爱意，知己之间一个表情就能使对方心领神会。

第二节　多彩情绪：摘掉情绪的有色眼镜

一、大学生情绪的特点

大学生正处于青年早期，具有青年人共有的情绪特征，丰富、深刻、不稳定、复杂。

大学生又有着与一般青年人不一样的特征，这也形成了他们特有的情绪和情感特点。

1. 两极性与不稳定性并存

大学生正处于青年成长的高峰期，一方面他们正处于花样年华，生命力和精力最旺盛的时候，有激情，有热情，充满朝气和活力，因而他们会表现出乐观、活泼、开朗等积极情绪体验。然而，在他们身体已经成熟的同时，未能成为一个完全独立的人，正处于心理的断乳期，这一特性给他们造成了众多的冲突与矛盾，使他们容易产生如焦虑、抑郁、自卑、愁闷等消极情绪。而且积极与消极情绪之间更迭较大。这种不稳定性还表现在情绪很容易从一个极端走向另一个极端，在被支持和鼓励时，热情振奋；在遇到挫折和打击时，万念俱灰。在情绪支配下他们很容易做出冲动的决定，给自己和他人带来无法弥补的伤害。

2. 深刻性与细腻性并存

情绪的产生与需要是否得到满足息息相关，当需要没有得到满足时，容易产生抑郁、沮丧、自卑、恐惧、浮躁等负面情绪。随着自我意识的不断发展，自我省视能力的提高，以及各种需要和兴趣的扩展，外界事物与心理需要的矛盾，大学生的情绪体验更加细腻、敏感、深刻。

3. 复杂性与内隐性

个体的情绪体验与外部行为表现是一致的，但是由于自控能力的提高及自我意识的成熟，基于很多个体内部自尊和自我需要，大学生情绪的体验与外部表现往往不一致，情绪具有复杂性和内隐性。

4. 差异性与阶段性

不同的大学生群体常常呈现出不同的情绪特点。例如，相比于男生，女生存在更多情绪问题，更易出现抑郁、焦虑、无助感等情绪。此外由于不同年级所面临的压力和应对的主要问题不同，所以情绪特点也不同。大一新生自信和自卑感混杂，轻松与压力感并存，情绪复杂且不稳定；大二学生则相比于大一时情绪更稳定，但随着大学生活的逐渐融入，没有找到目标的人容易迷茫困顿；到了大三、大四面临着未来去向的重大选择，是考研、考公务员、出国还是直接找工作，这个时期压力大，消极情绪较多。

二、大学生常见的情绪困扰

1. 自卑

每个人都有先天的生理或心理缺陷，这就决定了自卑情结可能存在于每个人身上，几乎所有的人都会产生自卑感，只是每个人表现的方式和程度不尽相同。自卑是一种自我的压抑，一种自尊心和虚荣心受到压抑，而又无法反抗，无能为力时所体验到的情绪。一个自卑的人往往会过低地评价自己，漠视自己的潜能，在现实生活中则可能表现为孤僻与自闭，敏感、不自信、寡言少语，常常只看到自己的短处、缺点和弱项。

2. 焦虑

焦虑是什么呢？美国精神病学教授 Jerome S. Blackman 在《心灵的面具 101 种心理防

御》一书中将焦虑定义为一种不愉快的感受加上对可怕事件的猜想构成。我们处于一个瞬息万变的时代，科技的进步让我们的生活日新月异，随时降临的变化使当下的人们普遍存在焦虑感。

焦虑在大学生中也普遍存在，哈佛大学一项调查发现，越来越多的学生面临心理健康危机。调查称：过去的一年中，有80%的哈佛学生，至少有过一次感到非常沮丧、焦虑。47%的学生，至少有过一次因为太焦虑而无法正常做事。如果你在遇到学习成绩不理想、失恋、生活受挫、家庭出现意外等刺激后，表现出丧失学习和工作的兴趣及动力，反应迟钝，无精打采，拒绝交际，回避朋友，并伴随着食欲减退、失眠等不良反应时，你可能正被焦虑侵袭。

从医学角度看，适度的焦虑不是坏事，它可以视同为一种忧患意识，能使人警醒，催人奋进，具有积极的意义。但过度、长期焦虑会危害人的心理健康，不仅会对人的生活造成影响，还可能会诱发多种身心疾病。因此，如果产生了焦虑情绪，应正视事实，不要回避，反思自己的生活方式与生活处境，并积极主动地寻求解决之道。

3. 抑郁

抑郁是什么呢？Jerome. S. Blackman 教授在《心灵的面具 101 种心理防御》里将抑郁定义为一种不愉快的感受加上对已经发生的可怕而糟糕的事件的看法构成。因而抑郁经常与丧失有关，如失去亲人、被降职、失恋、生病、学业失败等，这些负面生活事件都会引发抑郁情绪，这类抑郁是人们对负面生活事件的正常情绪反应，抑郁情绪与抑郁病本质有很大的不同。

因此，要学会正确区分正常的抑郁情绪和抑郁症，我们可从如下三方面进行区分。首先，是否与现实处境相对称。正常的抑郁情绪和境遇相称，如由不良的现实压力、挫折、困境等引发，它不是平白无故发生的，而抑郁症则与境遇不相称，如微弱刺激就可能引起过大的反应。其次，持续的时间。正常的抑郁情绪有时间限度，轻微的刺激情绪反应时间较短，严重刺激引起的抑郁情绪反应时间长，但是随着时间的推移会慢慢消失；而抑郁症的情绪反应则持续而长久。最后，社会功能受损程度。正常的抑郁情绪对社会功能的影响较轻，而抑郁症患者则很重，重度抑郁症患者甚至完全丧失社会功能，如无法出门，无法生活自理，更甚者还会出现妄想、幻觉等症状。

4. 孤独

美国精神分析学家埃里克森将人的一生分为八个阶段，每个阶段都由一对冲突或两极对立的性格特质组成，解决这对冲突（或称为危机）就成为这一阶段要完成的主要任务，如果成功地完成这一阶段的任务，则自我力量增强，同时人格也更加健全，而如果不能成功地解决这对冲突，人格发展会受到阻碍。18 岁到 25 岁这个阶段正是埃里克森划分的第六阶段成年早期，这一阶段的任务是建立亲密感以避免孤独感，体验爱情的实现。如果没有很好地完成这个任务，其后果就是孤独感会时时伴随。大学生正处于这一时期，然而由于他们还不能承担起对自己的责任，他们通过对异性的爱来获得亲密感的过程常常遭受着种种的困境与"水土不服"。

5. 无助感

美国心理学家马丁·塞利格曼用狗做了一项经典实验，他把狗关在笼子里，在笼子上装有一只蜂音器，只要蜂音器一响，就给予电击，狗关在笼子里逃避不了电击，多次实验后，蜂音器一响，在给电击前，先把笼门打开，此时狗不但不逃，而且不等电击出现就先倒在地开始呻吟和颤抖，本来可以主动地逃避，却绝望地等待痛苦的来临。这就是著名的习得性无助实验。随后的很多实验也证明了这种习得性无助在人身上也会发生。

大学生中很多人的无助感基本上是一种习得性无助，在经过多次打击和挫折后，在情感、认知和行为上表现出沮丧、不自信、怀疑、退缩、无希望感等消极反应。如有的学生在学习中屡受挫折，总是不及格，久而久之对学习就失去了信心，产生厌学情绪，甚至对力所能及的事情也往往不能做好。导致这种无助感的原因有很多，大致可分为三个原因：①学业不良状态的长期累积；②不恰当的自我评价；③不正确的归因。

如何冲破习得性无助感，首先要充分理解习得性无助本身，同时克服自身错误认知，进行正确的归因；从小事做起，告诉自己小即是美，慢慢积累成功的体验，从而克服因经常失败所带来的痛苦。

6. 虚荣

追求卓越和成功自古以来就是人类的目标，然而如果在追求卓越和成功的过程中不是建立在自尊和尊敬他人的基础之上，而只是追求表面上的光彩，那就变成了追求虚荣。一味追求虚荣，会使人形成盲目自大及虚伪的性格，会失去真实，失去尊重，失去实在的追求。有虚荣心的人是不能客观认识自己的，缺乏自知之明或过高估计自己的长处。有位哲学家说过："虚荣心很难说是一种恶行，然而一切恶行都围绕虚荣心产生，它们都不过是满足虚荣心的手段。"

7. 恐惧

恐惧是人类与生俱来的，远古时代人们就开始群居，以克服独自面对强大的野兽和不期而遇的自然灾难的恐惧，刚出生的小婴儿以啼哭来对抗脱离母体，面对一个陌生而未知世界的恐惧。恐惧本是人类最正常不过的情绪，它使人类更加小心谨慎，有意识地避开有害、危险的事物，以便更好地保护自己，避免挫折、失败和意外事故。恐惧的强度由轻到重可以分为轻度的担忧、忧虑、惧怕、恐慌、恐惧等五种。恐惧如果无限扩大，无疑会产生消极作用，恐惧的强度越大，产生的消极作用就越大。

但是一些大学生出现了这样的情况：一般人不怕的事物或情景，他怕；一般人稍微害怕的他特别怕。这种无缘无故的与事物或情景极不兼容的异常状态，就是恐惧情绪，它是一种不健康的心理，严重者可发展为恐惧症。大学生中最常见的是社交恐惧。社交恐惧主要特点是害怕被人注视，一旦发现别人注意自己就不自然，脸红，不敢抬头，不敢与人对视，甚至觉得无地自容，因而不愿社交，不敢在公共场合演讲，集会不敢坐在前面。

8. 嫉妒

嫉妒和恐惧一样，也是人类的一种普遍的情绪，嫉妒不仅给他人带来痛苦和伤害，也会对自己造成损害。古希腊有位哲人说过："嫉妒的人常自寻烦恼，它是自己的敌人。"

嫉妒心理是一种被扭曲的心态，妒火中烧，嫉恨难忍，本身就是一种强大的情绪动力，它在朝向他人时也对自己产生冲力，造成内分泌紊乱、消化功能下降、失眠、情绪低沉等，影响身心健康。他们在给自己制造"敌人"，用他人的优点和成就折磨自己，给自己的生活制造不平静。

我们每个人都可能会产生嫉妒的情绪，这并不可怕，但可怕的是它最不易被自我察觉，任由其发展才是可怕的。学会处理嫉妒情绪，关键是要懂得去"欣赏"别人的优点与成就，而不要总充满怨怼与不平衡。一个心中怀有嫉妒的人，不会快乐，也不会积极进取，只会变得偏激而一事无成，若能对别人的长处与成就抱持着一种欣赏、健康的心态，不但不会抑郁于心，还会自然而然地见贤思齐，补己之不足，让自己潜移默化地变成一个随和且求进步的人。

第三节　情绪调节——做自己情绪的主人

不良情绪会影响人的身心健康，如果不及时调整则可能会出现灾难性后果。学会自主调节自身的不良情绪是良好情商的表现，那如何来调节和管理自己的情绪呢？

一、合理情绪疗法

美国心理学家阿尔伯特·艾利斯认为，人在出生时就已经兼具了理性和非理性的思想，而人经常会被非理性的思想与行为困扰，而情绪是由人的思想所产生的，也就是说不良情绪并非由外部诱发事件本身所引起的，而是由于个体对这些事件的评价和解释造成的，这些评价和解释是由我们的信念即想法决定。所以要改善情绪，就要改变我们头脑中这些不合理的信念。

那么什么是不合理的信念？它有三个特点：绝对性的要求、过分概括化以及糟糕至极。绝对性的要求是指个体以自己的意愿为出发点，认为某一事物必定发生或不会发生的信念。如"我必须获得成功""别人必须友好地对待我"，持有这种信念的人的需要是根本无法满足的，而这会带来挫折感，消极情绪必然会时时跟随。过分概括化是一种以偏概全的不合理思维方式。最常见的情形是，一个面对失败的人常常认为自己一无是处，毫无价值。过分概括化的另一个方面是对他人的不合理评价，即别人稍有差错就认为他很坏、一无是处等，这会导致一味地责备他人，以致产生敌意和愤怒等情绪。按照艾利斯的观点来看，以一件事的成败来评价整个人，这无异于一种理智上的法西斯主义。因为在这个世界上，没有一个人可以达到完美无缺的境地，所以每个人都应接受自己和他人是有可能犯错误的。糟糕至极是一种对事物的可能后果常做灾难性预期的想法。糟糕至极常常是与人们对自己、对他人及对周围环境的绝对化要求相联系而出现的，即在人们的绝对化要求中认为的"必须"和"应该"的事情并非像他们所想的那样发生时，他们就会感到无法接受这种现实，因而就会走向极端，认为事情已经糟到了极点。

改变不合理信念可使用与不合理信念辩论的方法。

第一步，找出自己的思维方式、信念的不合理之处，如果这一步自己做起来很困难，建议找到心理咨询师，在心理咨询师的协同下一起来完成这一步，帮助自己弄清楚为什么会变成这样，怎么会发展到目前这样子，弄清楚自己不合理的信念与自己的情绪困扰之间的关系。

第二步，告诉自己，自己的情绪困扰之所以延续至今，不是由于早年生活的影响，而是由于现在自身存在的不合理信念所导致的，对于这一点，自己应当负责任。

第三步，通过与不合理信念辩论的方法，帮助自己认清其信念的不合理性，进而放弃这些不合理的信念，从而达到认知层面的改变，这是最重要的一环。一般情况建议找心理咨询师，在咨询师的协同下一起来完成这一步。辩驳中可运用"黄金规则"来驳斥对别人或自己的绝对化要求，黄金定律是指"像你希望别人如何对待你那样去对待别人"，如果希望"别人必须喜欢我、接受我"，设想自己"必须喜欢别人、接受别人"，发现自己信念的不合理之处。一般来讲，这些不合理信念不会被轻易放弃，要通过不断重复的辩论，使自己感到原有的信念已经变得没有生命力了，效果才会持续。

第四步，在现实中去体验与感受这辩论的结论，以达到真正的改变。

在合理情绪治疗的整个过程中，与不合理的信念辩论的方法是主要的方法。这几乎适用于每一个人，其次还可以使用合理的情绪想象技术。

第一步，在想象中进入产生过不适当的情绪或自感最受不了的情境之中，让自己体验在这种情境下的强烈情绪反应。

第二步，改变自己对情绪体验的不正确认识来改变不恰当的情绪体验。

第三步，停止想象，把自己情绪的变化、是如何变化的、改变了哪些观念、学到了哪些观点写下来。

经过反复练习并记录下变化过程，从而达到慢慢改变的效果。但合理想象技术一般需要他人的辅助才有明显的效果。

二、学会正确认识自我

大学生许多消极情绪的产生往往也是缘于不正确的自我认识。不能正确地了解自己，不接纳自己，过分苛求自己。他们在不能正确评价自己时，又总会不正确地批评和判断自己。挫折感、无能感、压力感、无力感等负面情绪就出现了。那如何去正确认识自我呢？

美国心理学家乔和哈里提出关于人类自我认识的窗口理论，被称为乔哈里窗口理论。他们认为人对自己的认识是一个不断探索的过程。因为每个人的自我都有四个部分：①公开的自我，也就是透明真实的自我，这部分自己很了解，别人也很了解；②盲目的自我，别人看得很清楚，自己却不了解；③私密的自我，是自己了解但别人不了解的部分；④未知的自我，是别人和自己都不了解的潜在部分，但是可以通过一些契机探索出来。个人要了解盲目的自我，扩展未知我，从而更客观地了解自己。同时通过与他人分享私密的自我，让他人能更好地了解自己，从而获得与他们的支持性关系。

1. 自我反省

大学生要经常反省自己在日常生活中的点滴表现，总结自己是一个什么样的人，找出自己的优点和缺点。自我反省是大学生自我教育、自我提高的重要途径。反省可从如下三方面入手。

（1）自己眼中的我。个人实际观察到客观的"我"，包括身体、容貌、性别、年龄、职业、性格、气质、能力等。

（2）别人眼中的我。与别人交往时，由别人对你的态度、情感反应而觉知到的"我"。不同关系的人对自己的反应和评价不同，它是个人从多数人对自己的反应中归纳出的统一的知觉。

（3）自己心中的我，也指自己对自己的期许，即理想我。

2. 与他人分享

我们的内心就像一个容器，我们经常会容不下心中所没有的东西，如出身富裕的学生和一个出身贫困的学生，他们对于"没钱""穷"等这样的字眼的感受是不一样的，前者内心因没有装载过因贫困而带来的辛酸，往往看不到后者内心对这些字眼的伤痛。因此与他人分享是认识自己的另一个有效途径，通过与他人的分享了解自己的盲目区域，从而与他人发展出具有建设性和支持性的关系。

3. 学会与潜意识对话

心理学家弗洛伊德把自我分为意识、前意识和潜意识，那些深埋在潜意识底下的那部分自我，我们可以通过与其对话来了解它们。

（1）梦的分析。弗洛伊德认为梦不是偶然形成的联系，而是被压抑的欲望伪装的、象征性的满足。梦分为"显梦"和"隐梦"，显梦是指人们真实体验到的梦，隐梦是指梦的真正含义，它表达的是被压抑的潜意识欲望。通过分析自己的这些梦可以达到认识未知的自己，从而避免情绪的暗礁。

（2）自由联想。即脑子里再现什么就说什么，不受意识的引导，不管如何荒唐、无意识都不要去评价，任由思绪流畅。这需要在专业心理咨询师的协作下完成。

（3）对日常生活的分析。弗洛伊德认为日常生活中大量的常见的遗忘、口误、笔误、疏忽等过失现象，往往有潜意识的欲望动机，是意识与潜意识矛盾斗争的结果，它们也是通往潜意识的重要途径。

三、培养优良的个性品格

1. 幽默

大学生在学习与生活中不可避免地会受到各种挫折和打击，情绪容易低落，当情绪染上抑郁、焦虑、恐惧等这些色彩时，需要阳光照进心里把它们扫出心灵的大门，幽默就是这把扫把，它能扫除人际关系的紧张，缓解学习的压力，调节紧绷的大脑，放松重负的身躯。

幽默能点亮我们的生活。一个刚毕业的大学生应聘一个炙手可热的职位，简历寄去后，对方将抱歉未能录用的电子邮件发给了他。可能是由于系统错误，对方发了两封抱歉信给他，他没有因为被拒绝而垂头丧气，相应地他回了一封邮件过去，用诙谐的语气回道："既然您对未能录用我如此遗憾，为什么不给我一次面试机会呢？"不知是不是这封信起的作用，后来他得到这个公司另一个更好职位的面试机会。幽默不仅能点亮我们的生活，用幽默去面对质疑和挑战我们的人，更能凸显我们的睿智。幽默在予人放松和谐趣的同时，也能予人某种教益，有两个观光团到日本伊豆半岛旅游，路况很坏，到处都是坑洞。其中一位导游连声抱歉，说路面简直像麻子一样。而另一个导游却诗意盎然地对游客说："诸位先生、女士，我们现在走的这条道路，正是赫赫有名的伊豆迷人酒窝大道。"虽是同样的情况，幽默让游客的心情却不一样。

2. 宽容

刚入校的大学生来自五湖四海，性格不同，成长环境不同，住在同一个寝室难免会发生各种纠纷和矛盾，要试着从对方的角度去理解、去宽容，烦恼就会少很多，负面的情绪也会少很多。

学会宽容，多一分宽容，宽容他人就等于宽容自己。宽容不仅是美德，更是能感化他人的武器。古希腊神话中有一位力大无穷的英雄叫海格力斯。有一天，海格力斯在山路上行走时，发现路中间有个袋子似的东西很碍脚，便踢了它一脚。谁知那东西不但没有被踢开反而膨胀起来。海格力斯有点生气，便狠狠踩了一脚想把它踩破，哪知那东西不但没踩破反而又膨胀了许多。海格力斯恼羞成怒，操起一根碗口粗的木棒狠砸起来，那东西竟然加倍地膨胀，最后大到把路堵死了。一位圣人路过，连忙对海格力斯说："朋友，快别动它，忽略它，离开它远去吧！它叫仇恨袋，你不犯它，它便小如当初，你的心里老记着它，侵犯它，它就会膨胀起来，挡住你前进的路，与你敌对到底！"

3. 乐观

乐观是一种积极的处世态度，是以接纳、豁达、愉悦和平常的心态去看待周边的现实世界。乐观的人能冷静、客观地面对挫折，从而不生无谓之气，不钻牛角尖。正像卡耐基所说："如果你的思想乐观，你的生活必然快乐；如果你心存悲观，你就会认为事事悲惨；如果你觉得恐惧，就会感到鬼魅在身旁窥伺；如果你老觉得身体不舒服，就会致病；如果你认为事情不能成功，则必定失败；如果你陷于自怜状态，必定会被亲友疏离。所以当我们被恶劣情绪缠绕的时候，我们不要怨天尤人，而是要尽快地调整我们的心态，调整我们的心灵镜头焦点。"

【心理测试】

情绪自测（大学生情绪稳定性自我测验量表）

指导语：情绪是身心健康的重要标志，一个人的情绪是否稳定反映了他的身心健康状况。请仔细阅读下面30道题，每道题都有三种不同答案，请你从中选择出与自己的实际情况最接近的一种答案，如有些题目确实与你不符可以不予选择。在作答过程中不得漏题，在同一题上不得斟酌太多时间，请根据看完题后的第一反应回答。

1. 看到自己最近一次拍摄的照片，你有何想法？

    A. 觉得不称心   B. 觉得很好   C. 觉得可以

2. 你是否想到若干年后会有什么使自己极为不安的事？

    A. 经常想到   B. 从来没有想过   C. 偶尔想到过

3. 你是否被朋友、同事、同学起过绰号、挖苦过？

    A. 这是常有的事   B. 从来没有   C. 偶尔有过

4. 你上床以后是否经常再起来一次，看看门窗是否关好？

    A. 经常如此   B. 从不如此   C. 偶尔如此

5. 你对与你关系最密切的人是否满意？

    A. 不满意   B. 非常满意   C. 基本满意

6. 在半夜的时候，你是否经常觉得有什么值得害怕的事？

    A. 经常有   B. 从来没有   C. 偶尔有

7. 你是否经常因梦见可怕的事而惊醒？

    A. 经常   B. 从来没有   C. 极少有

8. 你是否曾经有过多次做同一个梦的情况？

    A. 是   B. 否   C. 记不清

9. 是否有一种食物使你吃后呕吐？

    A. 是   B. 否   C. 记不清

10. 除去看见的世界外，你心里是否有另外一种世界？

    A. 是   B. 否   C. 偶尔是

11. 你心里是否时常觉得你不是现在的父母所生？

    A. 是   B. 否   C. 偶尔是

12. 你是否曾经觉得有一个人爱你或尊重你？

    A. 说不清   B. 否   C. 是

13. 你是否常常觉得你的家庭对你不好，但你又确知他们的确对你好？

    A. 是   B. 否   C. 偶尔是

14. 你是否觉得没有人十分了解你？

    A. 是   B. 否   C. 说不清

15. 在早晨起来的时候，你最经常的感觉是什么？

    A. 忧郁   B. 快乐   C. 讲不清楚

16. 每到秋天，你最经常的感觉是什么？

    A. 秋雨霏霏或枯叶遍地 B. 秋高气爽或艳阳天 C. 不清楚

17. 在高处的时候，你是否觉得站不稳？

    A. 是   B. 否   C. 偶尔是

18. 你平时是否觉得自己很强健？

A. 是　　　　　　　B. 否　　　　　　　C. 不清楚

19. 你是否一回家就立刻把房门关上？

　　A. 是　　　　　　　B. 否　　　　　　　C. 不清楚

20. 当你坐在房间里把门关上时，是否觉得心里不安？

　　A. 是　　　　　　　B. 否　　　　　　　C. 偶尔是

21. 当需要你对一件事做出决定时，你是否觉得很难？

　　A. 是　　　　　　　B. 否　　　　　　　C. 偶尔是

22. 你是否常常用抛硬币、玩纸牌、抽签之类的游戏来测凶吉？

　　A. 是　　　　　　　B. 否　　　　　　　C. 偶尔是

23. 你是否常常因为碰到东西而跌倒？

　　A. 是　　　　　　　B. 否　　　　　　　C. 偶尔是

24. 你是否需用一个多小时才能入睡，或醒得比你希望的早一个小时？

　　A. 经常这样　　　　B. 从不这样　　　　C. 偶尔这样

25. 你是否曾看到、听到或感觉到别人觉察不到的东西？

　　A. 经常这样　　　　B. 从不这样　　　　C. 偶尔这样

26. 你是否觉得自己有超越常人的能力？

　　A. 是　　　　　　　B. 否　　　　　　　C. 不清楚

27. 你是否曾经觉得因有人跟你走而心里不安？

　　A. 是　　　　　　　B. 否　　　　　　　C. 不清楚

28. 你是否觉得有人在注意你的言行？

　　A. 是　　　　　　　B. 否　　　　　　　C. 不清楚

29. 当你一个人走夜路时，是否觉得前面潜藏着危险？

　　A. 是　　　　　　　B. 否　　　　　　　C. 偶尔

30. 你对别人自杀有什么想法？

　　A. 可以理解　　　　B. 不可思议　　　　C. 不清楚

评分方法

以上各题的答案，凡选 A 得 2 分，选 B 得 0 分，选 C 得 1 分。请将你的得分统计一下，算出总分。

0～20 分：情绪稳定，自信心强；21～40 分：情绪基本稳定，但较为深沉、冷静；41 分以上：情绪极不稳定，日常烦恼太多。

【心理训练】

游戏一：镜子活动

活动程序

1. 学生两人一组，甲学生做出各种愉快或难过的表情，乙学生作为镜子模仿甲的各种表情。时间为 2 分钟左右。

2. 双方互换角色。

3. 学生围绕刚才的活动讨论分享。

（1）看到"镜子"的表情，你有什么感受？

（2）情绪可传染吗？

（3）在努力做各种愉快或难过的表情时，你的情绪有变化吗？

小结： 心理学研究表明，当我们装着有某种心情，模仿着某种心情，往往能帮助我们真的获得这种心情。因此，每天早上起床后我们对着镜子笑一笑，告诉自己"今天会有个好心情"，往往会为你带来一天的好心情。即使没有镜子的时候，也使自己脸上露出很开心的笑容来，挺起胸膛，深吸一口气，然后唱一段歌曲，或吹一小段口哨，或哼哼歌，记住自己快乐的表情。

游戏二：负面情绪转移

活动程序

1. 请回想最近一个月令自己不开心的事件，在笔记本上列出自己的"不快乐清单"，自己是如何对待或转移这些不快乐情绪的，效果如何。

2. 小组成员讨论：哪些转移方法是有效的，哪些是无效的或不可取的。结束后小组组长代表小组发言。

小结： 人的一生不可能时时精彩，烦恼就像一个影子，时常都会如影随形。但是我们不能任其滋长，当代心理学研究发现，当人情绪不好的时候，心跳会加速或变缓；当人生气时，血压就会上升，血管会收缩；当人感到困扰、迷失时，心脏就会虚弱。如何转移负面情绪，首先，要多行动，少思考。努力改变环境，调节心境。如外出旅游、参加娱乐活动等。其次，要充分发挥社会支持系统。培养更多的良好兴趣，调节大脑的兴奋和抑制神经；多和朋友交谈、交往，把负面情绪宣泄出去。

【学习反馈】

通过本章的学习，请你思考如下几个问题。

1. 你对你的情绪特点有什么了解呢？

2. 你经常有的情绪是什么？

3. 假如你也遭遇了案例中小娜的那种情境，你会怎么来应对和调节呢？

第八章　让心灵自由沟通

——大学生人际交往

人生最美好的东西，就是他同别人的友谊。

——林肯

【案例导读】

张兰，某学校大二女生，学习成绩优秀。学校评选"学校年度优秀学生"和"优秀学生干部"，张同学充满期待，因为刚过去的大一，她的表现非常好，一来学习成绩在班上名列前茅，二来担任了班上的学习委员，所以这次评优可谓稳操胜券，尤其是在核对学校的评优标准后，班上 40 名同学只有 5 名同学有资格参加评优，班上有 4 个名额，也就是说 5 个当中只有一名同学落选，张兰同学认为十拿九稳。可是，当评选结果出来后，她简直不敢相信，那个落选的居然是她，在 5 个人所得的选票当中，她获得的票数是最少的，她难以相信，难以接受，认为同学们有意整她，于是她走进了心理咨询室。咨询老师从她的口述中得知，她平时说话好用命令的口气，站在高人一等的角度布置班上的工作，很少有笑容，和同学们的心理距离很远，非常争强好胜，与同学关系不融洽，同寝室同学也不喜欢她，因为她总是嫌弃其他三个人不上进，喜欢窝在寝室不学习。后来经过咨询老师的辅导，她意识到了自己在人际交往方面的不足后，看了大量的人际交往的书籍，调整了心态，懂得了谦虚和卑微，并乐于助人，人际关系得到改善。

【心理分析】

案例中的张兰因为忽略大学生活中的人际关系，遇到大家的冷遇，这是我们大多数大学生易犯的错误，张兰同学可贵之处在于，发现了错误能够及时改正。这个案例给我们提出了一个普遍性的话题，那就是如何才能处理好大学里的人际关系。在大学校园里，同学之间生活上的相互照顾，学习上的相互帮助，活动中的相互支持，感情上的相互交流，师生间的教学相长，都需要有一个良好的思想、行为、情感的沟通。一个不善于交际、没有正常人际交往的人，就会在自己与社会、自己与他人之间筑起一道心理屏障，把自己与他人和集体分开，这就必然妨碍个人的全面发展，甚至影响自己的一生。交往能力是现代人必须具备的基本素质之一。大学生不论是在学校的学习，还是毕业后的职业生活，都不可能没有人际交往。

【学习目标】

1. 了解人际交往、人际关系的实质与内容。
2. 明确大学生人际交往的特点。
3. 了解大学生人际关系的常见问题。
4. 掌握人际关系的原则与方法。

【关键概念】

人际关系，人际交往，人际交往原则，人际交往障碍

第一节　走向成功的保证——人际交往与人际关系

心理学家认为，人类的心理适应，最主要的在于对人际关系的适应。大学生正处在学习知识、了解社会、探索人生的重要发展时期，主要活动都是在人际交往的过程中进行的。在人的一生中，没有哪个时期会像青年时期那样强烈地渴望被人理解与接受。良好的人际关系是维护身心健康的定心丸，是促成事业通畅的催化剂，也是大学生心理发展的重要基础。

一、人际交往的含义

交往指人们运用语言或非语言符号交换意见、传达思想、表达感情和需要等的交流过程，包括物质交往和精神交往。它是人类的特定社会现象，对于社会的发展和个性的成长有重要作用。交往是人类特有的需求，人只有在不断地与他人交往中才能促进个性发展。

人际交往发生在社会活动中，是人与人之间的一种关系，这种关系借助一定的语言符号或非语言符号系统，是以满足需要为动机的一切直接或间接的信息、物质、情感等交流过程和状态。

二、人际交往与人际关系

人际关系指人们在交往过程中结成的心理关系或心理距离。它表现为个体所形成的对其他个体的某种心理倾向（喜欢或厌恶）及其相应行为（靠近或远离）。其中包括认知成分——相互认识、了解；情感成分——积极或消极情绪，爱或恨，满意或不满意；行为成分——交往行为。其中情感成分是核心，如果双方都获得社会需要的满足（得到他人的接纳和认同），就会保持亲近、信赖、友好的关系。反之，关系终止，或疏远，或敌对。

关系在交往的基础上形成、发展，是交往的多次反复，并凝结成一定模式。而关系的性质和亲密程度既从交往中表现出来，也影响交往内容和频率。交往着重于人与人相互联系的过程、形式；关系反映交往联系后建立的心理状态和行为特征，交往是关系的前提。

三、人际交往能力

人际交往能力是指妥善处理组织内外关系的能力，包括与周围环境建立广泛联系和对外界信息的吸收、转化能力，以及正确处理上下左右关系的能力。它包括以下几种能力。

（1）表达理解能力。表达理解能力是指一个人是否能够将自己内心的真实想法表达出来，并且能让他人清楚地了解自己的想法，同时能够正确理解他人的表达。一个人的表达能力如何，往往代表着他的社会适应程度。

（2）人际融合能力。这表明了一个人是否能够体验到他人的可信以及可爱，它和人的个性特征（如内向、外向等）有密切的关系，但也不是完全由其决定，更多的是一种心理上的体验。

（3）解决问题的能力。目前大学生的成长经历及环境使得他们有很强的依赖性，独立解决问题的能力偏弱，再加上以往教育模式的制约，严重影响了学生参与实践和独立解决问题的能力。

作为一名大学生，要想拥有良好的人际关系，必须注重自己交往能力的培养，在大学校园里建立良好的人际关系，形成和发展健康的个性品质。

四、人际交往的功能

（1）获取信息资料。这是人际交往最基本的功能。从信息论的角度看人际交往的过程也是信息交流、信息增值的过程。在现代社会每个人都是一个信息源，交往越广泛，信息来源越多，内容就越丰富。英国作家萧伯纳讲过一段名言："假如你有一个苹果我有一个苹果，彼此交换每人只有一个苹果；如果你有一种思想我有一种思想，彼此交换，每个人就有两种思想，甚至多于两种思想。"人们在共同的交往活动中，彼此交流思想、知识、经验、情感等，这一切都是信息交流，人际交往就是一个不断输出信息和接受信息的过程。一个人直接从书本上获得的信息毕竟是有限的，但是，通过人际交往建立良好的人际关系后，人就能以各种方式迅速地获得信息，获得的信息内容也更为广泛。这种信息交流对个体的成长是至关重要的。

（2）促进社会化。个体社会化是指个体在与社会互动的过程中，个体接受其所属社会的文化和规范，从生物人转变为社会人，通过社会文化的内化和角色知识的学习，变成该社会的合格成员，并形成独特个性和人格的过程。人类是在社会实践活动中通过交往而由个体结成社会团体的，个体的社会化也必须在现实的各种社会关系体系中形成和发展，每个人的社会化进程都伴随着人际关系的逐步协调。如果没有交往，老死不相往来，个体就不能转变为社会主体并结成团体，较小的团体也不可能加入更大范围的社会组织。

（3）深化自我意识。自我意识是对自己的身心特点、社会角色、地位、作用的认识。人的自我意识并不是自然而然地成熟的，而是通过人际交往，在与他人的比较中逐步认识自己的。人际交往实际上是人与人之间知识、经验、思想、态度方面的相互交流的过程。在人际交往过程中，把他人作为坐标参照系，从交往对象处获取大量信息，学会评价自己与别人，从而确立自己在社会中的形象，才有可能对自我进行完善的认识。如果离开了交际对象或可供比较的对象，就失去了对照衡量自己的镜子，是不利于深化自我意识的。因此，人际交往是个体确立、深化自我意识的重要途径。

（4）有利于身心健康。情感是人的需要是否得到满足时产生的一种内心体验。情感不是人的行为的简单伴随物，而是对人的行为产生直接影响的心理因素。通过人际交往，结识朋友，寻找知己，诉说喜怒哀乐，会引起彼此间的情感共鸣，可以在心理上产生归属感、安全感、和睦感、亲密感、依恋感和幸福感等。人际交往对人的心理起到一种调节的作用，经常与人交往，就会丰富人的精神生活，满足心理的需求，感到愉快、欣慰，而失去与他人交往的机会，或者很少与人交往，就会产生空虚、失落感，有更多的烦恼与忧愁，就会出现心理障碍，有害于身体健康。生活中我们也不难发现，那些交际面广的人，往往心情舒畅，快乐愉悦，身心也更健康些；反之，那些孤僻、不合群的人，往往有更多的烦恼和难以排遣的忧愁，因而也会有更多的身心健康问题。而且人们在交往中还可以获得理解、激励和友谊，缩短彼此间的心理距离，缓解恶性刺激的不快、紧张或恐惧。

（5）协调社会行为。交往是人们在改造自然、认识自然中进行协作的产物。人们通过交往，相互之间进行联系，形成一定的社会关系，通过协作结成集体。所以任何一个团体为了能够协调共同活动的需要，使成员间有秩序地活动，保持较强的内聚力，避免各种矛盾和冲突，就必须树立正确的团体目标，形成团体的共同语言、共同态度，制定一系列的团体规范和行为准则，而这一切都离不开团体成员的人际交往。通过交往把信念传达给团体中的每个成员，促使团体成员的心理状态和行为倾向趋于一致，使之统一于团体的标准、规范。

第二节　色彩斑斓的蝴蝶——大学生人际关系特点

一、大学生人际交往的特点

大学生的文化层次较高，处于世界观、人生观和价值观的确立阶段，生理和心理日趋成熟，渴望得到他人的理解，比较重感情；同时又生活在相对封闭的大学校园里，因此大学生的人际交往具有自己的特点。

1. 交往需求迫切

大学生都有强烈的交往愿望，渴望友情的存在，渴望被人接近和理解。有些大学生的交往需要在日常的学习生活中得不到满足，会转向网络以摆脱日常生活中的孤独感，体验拥有朋友的快乐和满足。然而，仅仅是网络上的交往是不够的，人要回归到现实的生活中，把在网络上与人交往的技巧运用于现实中，让身边的同学、老师发现自己的闪光点，用积极的心态和行动去获得和发展所期待的友情。

2. 理想化的交往期待

大学生的人际交往具有浓厚的理想色彩，他们崇尚高雅、真诚、纯洁的友谊，强调平等，希望同学之间是相互合作、相互帮助、相互关心、共同进步的。一旦有不到位、不如意的地方，则认为不够朋友。过于理想化的人际交往期望，使现实中很多大学生无法接受人际关系的不和谐。

3. 注重交往的情感内涵

大学生的交往注重情感内涵，讲究志同道合。与世俗的以利益为基础而形成的人际关系不同，大学生更加注重人与人共同活动中形成的情感联系，男同学更强调交往兴趣的一致性，如男生中有球友、驴友（旅游中形成的朋友）等都是因为共同的爱好而形成了深厚的友情。女同学则更注重性情的相似性，个性相似的女生更容易建立起亲密的友谊。

4. 交往的范围和内容扩大

大学生交往范围较广。在校内，交往不会受到班级、年级、专业的约束，不仅有同性之间的交往，异性之间的交往也很频繁。而且随着实践活动的增多和现代化通信技术的发展，大学生已把交往领域扩大到校外乃至社会，可以说大学生的交往呈现出开放性的特点。

大学生人际交往的内容也极其广泛，几乎包括了大学生活的全部。例如，政治思想交往、情感交往、学习交往、娱乐交往等。

5. 注重横向交往，忽视纵向交往

横向交往是同辈群体之间的交往，纵向交往是与老师、家长等不同年龄阶层间的代际交往。对大学生来说，交往最频繁的往往是同龄朋友，也就是说比较注重横向的人际交往。因为同辈群体之间由于多方面的相似性，容易相互理解，交往的自由度和选择性大。大学生对纵向的人际关系相对疏远（有时甚至是故意的），不太注意与老师的交往，除有必要的接触外，一般敬而远之，故意回避。还有很多学生认为家长不能理解自己，干涉过多，思想上较难融合，存在代沟。

二、大学生人际关系的类型

（一）同学关系

同学是大学生人际交往的主要对象，同学关系是大学生人际关系的主要内容。大学校园里的同学关系总的说来是和谐、友好的，同学之间的关系有亲情化、家庭化的趋势，即在日常生活、学习中创造一种如同亲属一般和谐稳固的同学关系。

（1）同学关系亲情化。在大学校园里，常常可以看到三三两两的大学生结伴而行，有的女同学之间还手挽着手，显得十分亲热。几个同学会经常一起逛街、逛公园、吃饭、看电影、下棋打牌。大学生十分重视同学之间的情谊，希望感受彼此之间相互帮助、相互照顾、相互倾诉的学友情谊。即使有些同学之间出现了某种隔阂和矛盾，大家也会注意着眼长远，而有意识地去弥补。

（2）宿舍生活家庭化。很多大学生寝室都按年龄大小进行了排行，同寝室的几个同学就像一个家庭中的孩子，大哥、大姐、小弟、小妹，称呼十分亲昵，有利于促进同学之间的交流。

（3）称呼亲切化。大学同学之间的称呼亲切化倾向反映出大学生对良好人际交往的渴望，更侧重个人亲情性交往的倾向。例如，同学中几个关系亲近的可以用"哥们儿""姐们儿"相互称呼；在学生活动中，为了让大家多参与、多配合，组织者常用"兄弟们多帮忙"之类的话来调动大家的积极性，这时同学之间的互相配合不仅仅是"组织"层面的，更是个人感情层面的；同学之间遇到内部矛盾时，大家可以用"大家都是朋友"来化解。

（二）师生关系

教师与学生是大学校园里两大基本群体，师生关系也是学生人际关系的重要内容。师生间的主要人际交往集中在教与学这两个相互渗透又相互独立的过程中。目前，大学的师生之间交往、交流都不多，关系并不密切。学生只有遇到"功课问题""学业问题"，才会寻求教师的帮助，至于其他个人的心理、情绪、家庭、交友及恋爱问题等，则很少会去找教师帮助。

（三）大学校园里的学生交际圈

在大学校园里，大学生根据各自兴趣、爱好、性格等的不同，结成一个一个或松散或紧密的交际圈。在一个个或明或暗的交际圈中，有"亲疏"之分，有好朋友还是一般朋友之别。大致可以分为以下类型。

（1）学习圈。在这个圈子里的大学生，有一个共同的理想，就是学习。如考研、考托、考律师或者考其他某种证书，而形成的一个个学习圈。

（2）娱乐圈。在这个圈子里的大学生，都爱好某种娱乐活动，如体育运动、文艺活动、休闲娱乐等。学习之余经常在一起活动，力求把圈子的活动搞得丰富多彩。

（3）社团圈。学生社团是大学校园里一道亮丽的风景线，是校园文化的重要组成部分。许多大学生通过社团走出校园，将自己和社会融为一体，培养能力，增长才干，使得各项能力都有了很大的提高。

（四）网络人际关系

网络人际交往是人们在网络空间里进行的一种新型人际互动方式。大学生作为易感人群，网络人际交往给他们的生活方式、价值观念带来的挑战和改变是前所未有的。网络人际交往的主要特点有以下几个方面。

（1）交往角色的虚拟性。大学生以虚拟的身份在网络世界里进行人际交往。这种虚拟的角色使交往双方都没有任何心理负担，为学生提供了一个畅所欲言、宽松自由的空间。

（2）交往主体的平等性。网络是一个较为自由、平等的虚拟世界。无论你在现实生活中的身份是何等显赫，但到了网上，同其他任何人一样无任何特权，大家都是平等的。

（3）交往心理的隐秘性。网上人际交往虽然可以通过文字来传情达意，但这种文字交流大多是经过刻意加工的信息，交往的心理也是经过包装的，具有隐秘性。

（4）交往过程的弱社会性和弱规范性。在现实人际交往中十分看重的身份、职业、金钱、容貌、家世等交际主体的社会特征和社会地位，在网上的人际交往中可以全然不顾；在现实交往中要遵守的一些社会规范，在网络交往中也不必遵守，只要按照网络技术要求去操作，就可顺利完成网上人际交往。这种弱社会性、弱规范性的网络人际交往，容易使一些人暂时摆脱现实社会诸多人伦关系的束缚和行为的约束，甚至放纵自己无视道德行为规范，从而造成不良的后果。

（5）交往动机的多样性。异性间的情感交往是大学生网上交往的"主旋律"。异性效应在网上交往中不仅存在，而且表现得很明显。不少人上网聊天、浏览的潜在动机在于寻找异性，在追求休闲娱乐和心理享受的同时，也有很多人抱有伺机觅友和调情的不良目的。

三、影响大学生人际关系的因素

人际关系的重要基础是人际吸引。一个人如果毫无吸引力，就不能吸引别人的注意；如果两个人之间不能彼此吸引，也建立不起亲密的人际关系。所谓人际吸引，是指人与人之间彼此注意、欣赏、倾慕等心理上的好感，进而彼此接近以建立感情关系的心路历程。人与人之间的关系的密切程度是不同的，人际关系的建立受各种人际吸引因素的影响，主要有以下几种。

（1）仪表的魅力。爱美之心人皆有之，置身于美的环境总会令人赏心悦目，身心愉悦。因此，人的仪表魅力也是增进人际吸引的因素之一。但在人际交往中，随着交往的深入，往往是外表相差不太大的人对自己有较大的吸引力。

（2）人际距离。俗话说"远亲不如近邻"，这种由空间上的邻近而影响人际吸引的现象称为人际距离。距离越近，越容易发生人际关系。例如，同一个专业、同一个班级、同一个寝室等。彼此因接近而相识，因相识而吸引，进而建立友谊，甚至相爱。邻近的人最容易成为朋友，彼此相知，甚至成为意趣相投的莫逆之交。

（3）相似或互补。人们彼此之间的某些相似或一致的特征，如态度、信仰、爱好、兴趣等，能够促进人们的相互喜欢。物以类聚，人以群分，人们通常欢迎与自己存在某种相似性的人，其中态度、价值观的相似尤为重要。从需要和能力看，人们往往与不同的人在一起，即与一些有着不同人格特征的个人相处，并建立起协调的人际关系。在某些领域明显地存在着互补现象。也就是说，人们往往选择那些与自己性格不相同的人做朋友。例如，支配型的人往往和服从型的人和睦相处。兴趣、爱好相似的人容易形成密切的人际关系。

（4）互惠和互利。人们之间的喜欢往往是互相的，也就是说，我们喜欢的是那些喜欢我们的人。人们不可能毫无目的地与人交往，人际关系的形成，源于内心深处交往的渴望，这是人的一种需求——交往需求。

（5）性格特征。个性特征与能力表现不凡的人容易与人交往。虽然人们十分重视外表形象，但其他个人素质，诸如个性特征、能力等往往比外表魅力更重要。人际交往中，诚恳、坦率、幽默、可信赖、明智、善良等都是人们欣赏的个性特征。而人们也比较喜欢诚实、有才干、有见识和有能力的人。特别是在其他条件都相等时，一个人越有能力，人们就越喜爱他。但是，生活中人们都有一种倾向，即人们不太喜欢那些能力超群、竞争力太强的人。虽然我们喜欢周围都是很有能力的人，但是，某人能力非凡就会使我们感到不安，因为这种人看上去是不可接近、远离我们的超人，似乎会对我们造成威胁。

第三节　讲究原则及技巧——提升人际交往能力

人际交往能力是一种重要的素质，是能否适应社会的重要标志之一。大学生应了解人际交往的基本原则，建立健康的人际交往模式，掌握人际交往的基本技巧，努力提高自己的人际交往能力。

一、人际交往的心理效应

1. 首因效应

首因效应又称第一印象，是指初次对人产生的知觉印象往往最为鲜明和深刻，所以会对以后的认知产生很大的影响。初次见面时，对方的仪态、表情、着装、谈吐等形成我们对对方的第一印象。第一印象一旦形成，要改变它就不那么容易了，即使后来的印象与最初的印象有差别，很多时候我们还会自然地服从于最初的印象。只有反对信息足够强大时，才可能使原有印象改变。

正是因为首因效应是一种直观的感觉，所以形成的第一印象往往不太可靠。如果只因第一印象不佳就不屑与人交往，就会陷入人际交往的误区。但首因效应是一种客观存在的心理现象，是不可避免的，它对人的印象的形成起着决定性的作用。并且在很大程度上决定交往是否继续，并会对以后的交往质量和交往结果产生影响。所以我们要重视人际交往中的首因效应，在交友、招聘、求职等社交活动中，注意仪表，衣着整洁、得体，同时应注意自己的言谈举止，提高自己的交谈技巧，掌握恰当的社交礼仪。尽量给别人留下良好的第一印象，为日后的交流打下好的基础。

2. 近因效应

所谓近因效应，是指在多种刺激相继出现的时候，印象的形成主要取决于后来出现的刺激，即在交往过程中，我们对他人最近、最新的认识占据了主导地位，掩盖了以往形成的对他人的评价，主要产生于熟人之间，因此，也称为"新颖效应"。第一印象产生的首因效应，一般在交往初期，即双方还彼此生疏的阶段，特别重要，而在交往后期，双方已经十分熟悉的情况下，近因效应开始发挥作用。也就是说在与陌生人交往时，首因效应起的作用较大，而与熟人交往时，近因效应的作用则较为明显。如平时两个人关系很好，因为一件小事就反目成仇，觉得对方一无是处，平时积累下来的深厚友谊早已被抛到九霄云外。而多年不见的朋友，在自己的脑海中印象最深的，往往是临别时的情景。

近因效应提示我们，在人际交往过程中，要认真对待每一次交往，重视好的结尾，否则再好的第一印象也会功亏一篑。我们还可以用近因效应扭转、提升自身形象。例如，分手的时候，主动向曾有矛盾的对方表示歉意，在与朋友分别时，给他留下良好的印象和美好的祝福。这都有利于人际关系的缓和和进一步加深。

3. 晕轮效应

所谓晕轮效应是指我们在对别人做评价的时候，常喜欢从或好或坏的局部印象出发，扩散出全部好全部坏的整体印象，就像月晕（或光环）一样，从一个中心点逐渐向外扩散成为一个越来越大的圆圈，所以有时也称为月晕效应或光环效应。像"情人眼里出西施""一俊遮百丑"，就是典型的晕轮效应。

在人际交往中我们可以利用晕轮效应，给对方留下好的印象，有利于人际关系的建立和发展。在多数情况下，晕轮效应常使人出现以偏概全的错误，导致不正确的评价。所谓"当局者迷，旁观者清"，所以要学会倾听和接受他人的意见，尽量避免感情用事，以貌取人，学会理性地和人交往。

4. 刻板效应

刻板效应是指在人际交往中，人们往往习惯于依据经验机械地将交往对象归于某一类群体中，不管他是否表现出该类群体特征，都把对该类群体的评价强加于他，从而影响正常的认知。刻板效应在人际交往中既有积极作用，又有消极作用，积极作用在于它简化了我们的认知过程，因为当我们知道某类人的特征时，常根据该人所属的人群特征来推测他所有的其他典型特征。但刻板效应更多地带来的是消极作用。它常使人以点带面，容易产生判断上的偏差和认识上的错觉，像"无商不奸"等。所以在与人交往过程中不应以对方的性格、地位等为出发点，不要戴着有色眼镜去看人。

5. 定式效应

定式效应也称心理定式效应，是指人们在认知活动中用"老眼光"——已有的知识经验来看待当前事物的一种心理倾向。

在人际交往中，定式效应常使我们对他人的认知固定化。例如，对老年人，我们会认为他们守旧、僵化、落伍；对年轻人，又会认为他们不够成熟老练。心理定式效应带来的偏见和成见，会阻碍我们正确地认识和评价他人。了解了定式效应的负面影响，我们就不应一味地用老眼光来看人处事，而应学会以"士别三日，当刮目相看"的心态来对待他人。

6. 投射效应

投射效应也叫自我投射效应。自我投射指内在心理的外在化，即以己度人，把自己的情感、意志特征投射到他人身上，强加于人，认为他人也应如此，结果往往对他人的情感、意向做出错误判断和评价，歪曲他人意图，造成人际交往障碍。

简单地说，投射效应就是"以己论人"。以为别人与自己具有相同的爱好、个性等，常常以为别人应该知道自己的真实想法。"以小人之心度君子之腹"就是一种典型的投射效应。当别人的言行与我们不同时，我们习惯用自己的标准去衡量别人，认为别人的行为违反常规。就像喜欢嫉妒的人常常将别人行为的动机归纳为嫉妒；对别人有成见的人，总以为别人对他怀有敌意；自己感兴趣的东西，认为别人同样感兴趣；喜欢议论别人的人，总认为别人也在背后议论他等。

投射效应有时虽有利于人们相互理解，但在人际交往中更多的是主观猜测造成误会和矛盾。所以在交往中要顾及他人的感受，应学会辩证地、理性地分析问题，一分为二地看待自己和他人，尽量避免以自己的标准去判断他人。

二、人际交往的原则

1. 平等原则

平等原则是建立良好人际关系的前提，也是人际交往的第一原则。平等包括机会面前人人平等，法律面前人人平等，真理面前人人平等，金钱面前人人平等，人格面前人人平等。这里最为重要的是人格的平等，人格的平等指尊重他人的自尊心和感情，不干涉他人的私生活，不践踏他人的人身权利。

2. 真诚原则

真诚是最受人喜爱的品质之一，是良好人际关系最重要的特点。人们最喜欢与真诚的人交往，因为真诚会让人觉得安全，不必费神地琢磨对方的意图。真诚是打开人心灵大门的一把神奇的钥匙，也就是人们常说的"精诚所至，金石为开"。

3. 热情原则

心理学家发现，热情是最能打动人、对人最具吸引力的特质之一。一个充满热情的人很容易把自己的良性情绪传染给别人。卡耐基论述"使人喜欢你的六种方法"时，提出的第一种方法就是要求我们要"献出真心"，对别人表现出热情的态度。

4. 宽容原则

在处理人际关系时，对于非原则性的事情，能忍让就忍让，得饶人处且饶人，不要斤斤计较。容纳各种不同特点的人。宋人袁平说："人之性行，虽有所长，必有所短。与人交流，若常见其短而不见其长，则时日不可同处，若常念其所长而不顾其短，虽终身与之交流，可也。"容人之言，尤其是要能容与己意见相左的人。容人之过，能够容许别人犯错误，容许别人改正错误。容人之才，不嫉贤妒能。

5. 守信原则

守信是切实履行约定和实现诺言，从而取得他人的信任。简单地说就是说到做到。孔子把诚信视为做人的根本。他提出，朋友之间要言而有信，还说"人而无信，不知其可也"。意思是说，人如果不讲信用，那他就不知道该怎样立身处世。

6. 互利原则

人们在交往中互相考虑对方的价值和利益，满足对方的需要，使彼此都能从交往中得到精神的满足和相互的帮助。从心理学的角度来看，交往行为的发生总是源于一定的动机，这个内在动机就是期望通过交往获得他人的支持。既然每个人在交往的过程中都期待着获得他人的支持，那就必定要从我做起去支持别人，因此，互助是人际交往的必然要求。人际交往是一种双向行为。只有单方获得好处的人际交往是不能长久的。所以要双方都受益，不仅是物质的，还有精神的，所以交往双方都要付出和奉献。

7. 换位思考原则

人和人之间的心灵沟通在人际交往中十分重要。生活中常常由于种种原因而导致不能很好地理解别人。但当你站在别人的位置看问题时，就会了解别人的所言所行，便会觉得心理上的距离缩短了。一般而言，善于交往的人，往往善于发现他人的价值，懂得尊重他人，愿意信任他人，对人宽容，能容忍他人有不同的观点和行为，不斤斤计较他人的过失，在可能的范围内帮助他人而不是指责他人。他懂得"你要别人怎样对待你，你就得怎样对待别人"，懂得"己所不欲，勿施于人"，懂得"得到朋友的最好办法是使自己成为别人的朋友"，所以，在交往中，要善于从对方的角度认知对方的思想观念和处事方式，设身处地地体会对方的情感和发现对方处理问题的独特个性与方式，就会有新的见解，就能跳出个人的小圈子，不囿于自我偏颇的认识，从而真正理解对方，找到最恰当的沟通方法。这对建立良好的人际关系很重要。

8. 适度原则

首先，交往的时间要适度。学习是大学生的主要任务，要防止把过多的精力投入交往中而荒废了学业。其次，交往的距离要适度。朋友之间保持一定的距离是很有必要的，保持距离感绝不是设置心灵上的屏障或戒备防线，而是留给他人一些自由的心灵空间，距离产生美感，就像刺猬彼此相抱着取暖，既能感受到对方的温暖又免于相互之间的伤害，适度的距离反而有利于关系的维系。最后，交往的频度要适度。有的大学生，关系好时，形影不离，一朝反目，即老死不相往来，这对双方的心理健康和人际关系发展都不利。所以在人际交往过程中应做到疏密有度。

9. 开放内心原则

每个人所隐藏的内心世界，正是别人希望发现的奥秘，一般来说，只有真诚开放了自己的内心，才能走进别人的心灵世界。当你对别人做出一个友好的行动来表示支持或接纳他时，他的心里就会产生一种压力，为保持自己的心理平衡，他便会对你报以相应的友好行为。善于与人交谈和一起娱乐，能恰当分配时间与人交往，参加集体活动等往往会取得思想上的沟通、感情上的融洽以及人际关系的稳固。

10. 合作协助原则

大学生的生活环境，使彼此间的合作不可避免。鹤立鸡群的人往往会被看成"怪物"，所以在做自己的事情时要考虑他人的感受，注意自己的行为是否影响了他人的正常作息。如在别人午睡时，尽量放轻动作；别人看书时，自己戴上耳塞听音乐；别人身体不适时，不要大声喧哗；有同宿舍朋友、亲友来访，热情接待等。当你设身处地地为别人着想时，彼此合作的契机便已来临。大学生在与他人的竞争中，也应提倡"既竞争又以诚相助，既竞争又相互合作"。在友好和谐的氛围中大家共同进步，才有利于身心的健康。

三、掌握人际交往的基本技巧

大学生在交往中，除了掌握基本的交往原则，培养基本的交往素质外，还应讲究与人交往的方式方法。交际方法并不神秘，它仅仅是一种行为习惯。运用好的交际方法，往往会使你收到事半功倍的效果。

1. 重视交往的第一印象

社会心理学家十分重视人际交往的最初阶段，并提出了第一印象的概念，强调在与陌生人交往中最初印象的重要性。所谓第一印象就是人们初次相识时彼此给对方留下的特定印象，它对人们以后的交往有着重要的影响。

在初次见面前，应检查自己的外表，如头发是否整齐，服饰是否得体等。在交往中，要运用好体态语言，注意行为举止。握手轻飘无力，目光偏高，听人说话时注意力分散等，都会影响别人对你的第一印象。在与人初次见面时，除了应该注意外表和服饰外，还应表现出热情、友好，对别人感兴趣。一般来说，人们喜欢那些喜欢自己的人。表现出自信也很重要，自信给人以力量感，但是自信不是自负，不能狂妄自大。另外，应懂得理解、体谅别人，明白每个人都有自己的需要、忧愁和希望。

2. 学会倾听他人讲话

一位作家说：很少有人能够经得起别人专心听讲所给予的暗示性赞美。

倾听不是被动的接收，而是有反馈的引导和鼓励。通过言语和表情告诉对方你能理解对方的描述和感受，可以使对方受到鼓舞。阐释，即把对方表达的含义用你自己的语言复述一下，常常是有效的鼓励技巧之一。有意识地强化某一谈话主题可以引导谈话方向，使之更符合你的需要。鼓励他人谈论他们自己、他们的感受、他们的成就，能更好地赢得友谊。

3. 真诚地赞赏他人

心理学的研究发现，人们总是倾向于喜欢那些在心理上能给自己带来快乐的人。我们要得到他人的认同，首先必须喜爱他人，赞赏他人。

赞扬别人往往可以奇迹般地改变一个人。心理学家做过这样一个实验：从某学校找出一个既笨又丑的姑娘，她对自己完全失去了信心，因此，在生活中她显得毫无光彩。结果不到一年，这个姑娘发生了巨大的变化，变得充满自信、高贵文雅了。可见，适当地给别人以赞扬，对于帮助人们树立自信心，改善其精神面貌是何等的重要。

赞扬的前提是能看到别人的长处。有些同学抱怨与人交往的困难，其实，你只要仔细观察就不难发现别人的特长、爱好，对此加以肯定和赞誉，就会缩短你与对方的距离，从而结识到朋友。当然，赞扬必须发自内心。虚情假意，溜须拍马，只会令人反感，遭到厌弃。

4. 多谈别人感兴趣的话题

在交往中，双方的信念、价值观、态度、兴趣、爱好及背景越相似，就越能相互吸引。因为两人之间相似，会缩短彼此间的心理距离，易于产生感情上的共鸣，有一种平衡感、和谐感，在这种心理气氛中会有说不完的话题。

在人际交往中，要注意找到双方共同感兴趣的话题。激发对方的热情，增加对方对你的接纳和喜爱程度。如果你的谈话内容对方一无所知或不感兴趣，他就会感到厌倦、无聊，双方就很难继续交往下去。为了结交更多的朋友，我们有必要扩大自己的知识面，培养自己多方面的兴趣、爱好。

5. 学会变换自己的角色和换位思考

每个人一生都扮演着各种各样的角色。善于变换角色、扮演好自己的每一个角色是适应社会的基本要求，也是建立良好人际关系的必备条件。变换角色就是自觉地适应环境，明白在各种具体场合下别人期望自己做什么，并努力按要求去做好。这样，不仅能带来和谐的人际关系，也能使自己减少许多烦恼和痛苦，保持乐观、平静的心境，活得更潇洒、更自在。

所谓"换位思考"，通俗说就是"己所不欲，勿施于人""将心比心"；就是每次对人言行前，都要设身处地想到对方的感受和难处，进而提前对自己的言行方案做适当的修改；就是要考虑到别人可能的反应和意见，预先调控自己的言行。

6. 学会调控情绪

不良的情绪是人际关系的污染源。生理学认为，人脑的左半球负责理性思维，右半球负责情绪反应。当消极的情况发生时，右半球的生理效应就会干扰左半球的生理效应；左右半球处于不协调状态，思维的正常工作就要遭到破坏。因此，成功的交际者必须学会控制、调节自己的情绪，保持良好的、健康的情绪常态。

7. 讲究语言艺术

俗话说："良言一句三冬暖，恶语伤人六月寒。"社会中的用语是否得当，是否合乎礼仪，对人际交往、人际关系会产生迥然不同的效果。交往中的语言艺术包括以下方面：语言要简洁、幽默；谈话的态度要友好、诚实、热情和大方；谈话的音量要根据不同语境的要求有所变化；出言欠缺时及时补救、道歉；必要时，含蓄委婉地拒绝别人。

【延伸阅读】

大学生交往行为技能自助训练

1. 与陌生人的交往训练

目的：学习初次交谈的经验，包括语言和非语言的经验，具体体验人际交往中的愉悦与问题。

在社交场合，遇到陌生人时你可以用下列方法结交新朋友。

（1）主动打招呼，介绍自己。

（2）坦白地说出自己的感受。"我很怕难为情""这里许多人我都不认识"，这比拘谨、冷漠好得多。

（3）从周围环境中找到与人交谈的话题。如谈当时的情景或活动。

（4）友好地以对方为话题，奉上几句赞美。如"哇，你的发型很漂亮"。

（5）提出问题。许多难忘的谈话都是从一个难忘的问题开始的。

（6）留心倾听。不倾听就不能真正地交谈。

（7）向对方正在做的事表示兴趣。如邻座正在看书，你可以说："我听朋友说起过这本书，到底怎么样？"

（8）给对方一些东西。如在旅游车上借报纸、杂志给邻座。

2. 交往形象训练

目的：通过训练提高自己对人际交往的认识，从不同的方面去揭示人生的由来，看到人性的本质特征，从而认识人际交往的复杂性，并不断提高人际交往的能力。

具体操作如下。

（1）每人若干张白纸，相熟的人分成4～5人的小组。

（2）每人先用一些时间思考自己的人际交往的心理特点，写在第一张纸上。如善解人意等。

（3）请思考同学眼中的你，他们会选用人际交往的哪些词来形容你，写在第二张纸上。

（4）再思考师长眼中的你，他们会选用哪些词来描述你与人相处的特点，写在第三张纸上。

（5）在小组讨论中，可把大家的描述放在一起（不写自己的姓名），每人轮流抽出一张来读，请大家猜猜写的是谁，像不像？像在什么地方？哪里不像？

（6）对自己不满意的人际交往形象，请组员帮助看看如何克服。对写得较准确的人，组员认同率高的，如三张纸上的内容，组员都猜中是谁的，要给予鼓励。并请他谈谈自己此时此刻的感受。

3. 说服训练、角色扮演

目的：一个人的成长与事业的成功都是从沟通开始的。通过沟通中的语言、非语言训练增进友谊，把握交往中恰当的语词、语气、语调及行为表现，使对方理解你的心情和用意，达到互相沟通。

具体操作（说服训练）：

准备：请同学们分组就某一劝说的情景进行讨论，然后分组轮流扮演角色，各组同学观摩后点评。

情景1：

某大学生为一服装公司进行"大学生校园服饰调查"做调查员，采用即答即收式问卷方法。因此，调查员要到校园里说服正在上自习的同学协助自己完成任务。填写调查表是义务的，而调查的时间正值大学里四级外语考试的前夕，调查员应该用怎样真诚、得体的语言和非语言动作来表达自己的情感，说服对方帮助自己填写调查表。

情景2：

假如你是一个学生社团的负责人，你的一个非常得力的助手，给你的支持很大，但因他的人际关系不太好，与其他同学闹了一些矛盾，为此他郑重地提出了辞职的请求，你怎样说服他不走呢？要求在角色扮演中，作为被劝说者，不被真情打动，不要轻易允诺。每组分别准备，分别表演，指导者组织大家观摩后点评。

具体操作（角色扮演）：

（1）宣布确定的四对语词。

甲：你好。

乙：你好。

甲：今天天气真好啊！

乙：嗯，不错。

甲：你今天有空吗？

乙：有什么事？

甲：我想……

乙：……

（2）宣布要求。参加者必须是一男一女组成一组；参加者用必要的语气和体态重复表达这四对语词对话。每一组要用四种身份来表演：一种是正常的朋友；一种是想确定恋爱关系的朋友；一种是有成见、见面就讨厌的人；一种是公安人员与小偷。

（3）组成评分小组，宣布评分标准。

（4）表演特殊要求。组织者可以按本章第三节介绍的指定做法，如对话是委婉、含蓄、诙谐、蛮横、训斥等各种语气，动作又要不同人有不同的身段、动作、姿态等。

（5）操作：找到配合对手，组成小组（每两人一组）；各组练习；准备好的小组先上场表演，其余人围圈观看；每小组表演四种不同的人物；裁判宣布评分结果，选出最佳表演者；大家谈表演的感受与体会。

第四节　破茧成蝶天地宽——突破人际交往障碍

人际交往问题是大学生最为常见的心理问题，也是影响大学生心理健康的主要因素之一。一项对北京、山东等地1000多名大学生孤独心理及其影响因素的调查表明，有41%的同学对"你认为自己是个孤独的人"表示认同，当被问到"你当前存在的主要的心理问题是什么"时，学生选择最多的就是人际关系苦恼，其次才是学习上的焦虑、情绪情感及其他问题。当问及大学生渴望的是什么时，大多数回答是"友谊"和"成功"。由此可见，大学生有很强的交往需求，渴望交往成功，渴望被人接受与理解，渴望爱与被爱。大学生常见的人际交往问题主要有以下表现。

一、以自我为中心

人际交往的目的在于满足交往双方的需要，是在互谅互让、互相尊重、以诚相见的基础上得以实现的，可是有的大学生在人际交往中往往无视他人的存在，以自我为中心，处处为自己着想，固执己见，唯我独尊，只关心自己的需要和切身的利益，强调自己的感受，漠视他人的内心想法和利益。表现为在与他人相处时，不看场合，不管他人的想法和情绪，高兴时高谈阔论，滔滔不绝，不高兴时唉声叹气，或乱发脾气，不顾他人的处境和感受。这种人往往缺乏对自己的正确认识，因此永远不会与人建立深厚的、良好的人际关系。

大学生要学会与人平等相处，不去苛责别人，不要瞧不起别人，也不要冷眼看人。剔除心中莫名的优越感，多看到别人身上的闪光点，学会去体察他人的情感和心绪。在与人交往过程中注意自我的"淡化"，不要事事以"我"为出发点，尽量放眼于外部的世界，心目中自我的地位放低了，也就不会过多地去计较他人的言行，慢慢地就会接受他人的意见和建议。学会心平气和地接受他人的批评、意见和建议，只有勇于承认自己的错误，接受他人正确的意见，才能够正视自己的不足和缺点，充分认识到人无完人的道理，公正地评价自己，才有可能改掉唯我独尊的毛病。加强自身的学识和修养，走出狭隘的自我，使自己的心胸慢慢变得宽广，不为一点小事斤斤计较，从而得到他人的认可和接纳。

二、冲动及爱面子心理

大学生处于特定的心理发展期，自制能力相对较弱，遇到事情容易冲动，感情用事。大学生的许多人际冲突，都是发生在没有什么原则问题的小事情上，很难断定谁是谁非，只要双方谦让一下就相安无事了。即使自己有理，如果能忍让一点，冷静处理，也能相安无事。然而大学生往往意气用事，一时冲动，出言不逊，结果争吵起来。甚至出现流血事件，事后后悔不已。双方都在用不适当的方法维护自尊，冲动使事情向着严重的甚至是无法收场的方向发展，于人于己都造成不好的影响，破坏了自己的人格魅力。

过分顾及面子而冲动易怒，往往是因为局限于自我意识之中不能突破，只看到眼前的状况或利益，或急于证明自己而使情绪失控。多站在对方的立场上考虑问题，或学会冷处理，事后再去分辨是非，有利于事情向好的方向发展，有利于建立和维护良好的人际关系。

三、自我封闭心理

有些大学生在与别人交往时，不愿意向别人说出自己的真实思想和情感，在他们看来，一切都不可信，一切都那么无聊，无意义；这些人往往持一种孤傲处世的态度，过多注重自己的内心体验，表现出来的古怪行为和习惯往往令人难以理解。因为他们在心理上建立了一道屏障，把自我封闭起来，使他人无从了解，因此无法与别人沟通，从而使自己处于孤立无援的状态之中。

自我封闭型的人有时虽也愿意与他人交往，但由于个性原因无法让别人了解自己。所以要想打开人际关系，首先应学会自我开放。心理学上称此种对人开放自我的心理历程为"自我表露"，而表露的程度决定了人际关系的深度，因此这样的大学生应学会尽量把眼光多放在外部世界，尽快适应环境，学习交往技巧，加强实践锻炼，学会表达自己的思想和想法，才有利于良好人际关系的形成。

四、猜疑心理

猜疑作为一种不良心理品质，一经产生，必然带来许多危害。有些大学生以一种假想目标为出发点进行封闭性思考，并且很容易接受暗示，总觉得别人在背后算计自己，议论自己。对人缺乏信任，胡乱猜忌。这样的人往往心胸狭窄，爱计较，严重的还会导致心理疾病的产生。

改变猜疑心理应改变自己的处事原则，培养豁达开阔的心胸。不斤斤计较，不拘泥于小事，能够以诚待人。学会辩证地看待问题。提高自己的认识水平，扩大知识面，开阔视野，学会冷静地看待问题，通过调查、了解找到真实的证据，辩证地分析判断，消除猜疑心理。要建立和谐的人际环境。相信自己，相信他人，是人际关系中消除猜疑心理的一个重要因素，也只有相互信任才能建立和谐健康的人际关系。

五、妒忌心理

妒忌是一种扭曲了的不健康的心理状态，这种人在不自觉地与周围人进行多方面的比较时，当自觉不如人时，就会产生羞愧、怨恨、愤怒等情绪相混合的复杂心理——妒忌心理。妒忌心理有两个特性：一个是指向性，妒忌的对象往往只局限于自己周围圈子里的那些比自己"能干"和"幸运"的人，表现为对他人的长处、成绩心怀不满，甚至心怀嫉恨；一个是发泄性，除了轻微的妒忌表现为内心的怨恨外，绝大多数的妒忌都要经历从心境妒忌向行为妒忌的转变，而且只有有了发泄性行为的出现，才能使妒忌者求得某种心理平衡，如言语的讥讽、恶意的诽谤，喜欢在他人面前说别人的坏话，不能与别人友好相处。有的表现为攻击和损害，导致人际冲突和交往障碍。妒忌心理往往在竞争或比较受挫后产生，而虚荣心和不自信是产生嫉妒的温床。

有妒忌心理的大学生要纠正自己的认知偏差，认识到别人的成功是自身努力的结果，而不是对自己利益的侵占，学会以宽广的胸怀包容别人。尺有所短，寸有所长，不能因为自己有所"短"，就要割别人之所"长"。以正常的心态评价他人的是非功过。把不服气的心理引导到积极的方面，通过自身的不断努力，缩小与成功者之间的差距，从而达到心态的平衡。学会欣赏别人的优点和长处，不要用显微镜看自己的优点，看别人的缺点。学会悦纳他人，才会被他人接纳。不断丰富自己的知识，扩大自己的视野，充实自己的生活。当注意力转移之后，就不再有时间去妒忌别人，有时也要学会充分认可自己的优点，常看到自身的优点，会使原先失衡的心理获得新的平衡，让自己精神愉悦，妒忌心理自然就会消失。

六、自卑心理

自卑是一种因过多地自我否定而产生的自惭形秽的情绪体验，是一种过低的自我评价，自卑的浅层感受是别人看不起自己，而深层的体验是自己看不起自己。有自卑心理的大学生在交往中常常表现出缺乏自信，对自己的能力、品质等自身因素评价过低，畏首畏尾，心理承受能力脆弱，遇到一点挫折，便怨天尤人。实际上，自卑并不一定是能力低下，主要是对自己缺乏全方位的了解，没有发现自己的优点和长处，或者总拿别人的长处和自己的短处相比，而感觉自不如人。有时是对自己期望值过高，在交往中总想把自己的形象理想化。害怕丢丑，害怕被他人拒绝与耻笑。因此自卑者在交往中常感到不安，并会因此把交往圈子限制在狭小的范围内，导致人际交往障碍。

自卑是心理暂时失去平衡的一种心理状态，因此可通过补偿的方法加以调适。重要的是要增强信心，正确对待失败。对过去的成绩做公正的分析，给自己正确的评价，逐渐树立信心。因为只有自己相信自己，乐观向上，并积极进取，才是消除自卑、促进成功的最有效的方法。同时要修正理想自我，面对现实，改变不合理观念。要正确认识自己。"金无足赤，人无完人"，每个人都有长处与短处，学会自我鼓励与肯定，给自己积极的心理暗示，看到自身的价值，使自身的优势得以发挥，当认识到自身的价值后，也就容易找到心理上的平衡点了。学习各方面知识和沟通技巧，形成个人独到的见解，使沟通变得更加自然、轻松，从而慢慢消除自卑心理。要勇于实践，勇于表达自己的观点。每个人都有自我保护的本能，都希望获得成功，但也不能因为害怕失败而畏缩不前，必须学会勇敢地去表达自己内心的想法，并且学会勇敢地去面对结果。

七、害羞心理

在大学生人际交往中常常表现出腼腆、动作忸怩、脸色绯红等，会带来很大的心理压力，并因此限制自己的言行，严重者独来独往，怯于交往，对交往采取回避的态度，无法充分表达自己的愿望和情感，也无法与他人产生良好的沟通，容易造成交往双方的误解，不利于良好人际关系的建立。

调适害羞心理，要树立信心，要深信"天生我材必有用"，并勇于实践，多参加集体活动。学会客观地评价自己，不要拿自己的不足和别人的长处做比较，看到人家谈笑自如，觉得不如他人，就把自己贬得一无是处。要相信自己的才能，经常想到自己的长处，学会用积极的心态看待自己的不足，不害怕别人的议论，因为被他人评论是正常的事，不必过分看重。如果能把别人的否定评价看作激励自己前进的动力，则更有利于羞怯心理的克服。学习交往的方法和技巧，注意扩大知识面，这样在与人交往时，就不会因知识面过窄而觉得无话可说。在与人交往或谈话时，尽量把注意力放在自身之外的事物或谈话的内容上，而不是一心想着自身的所谓"完美表现"，注意力一旦转移，不再对自身过多关注，就不会再有莫须有的担心。

八、社交恐惧

社交恐惧心理是人在社交活动中产生的一种有恐惧色彩的情感反应。在某些特定场合或者情境莫名地紧张、害怕。不敢见人，与人交往时说话紧张，面红耳赤，神经处于一种非常紧张的状态，严重者拒绝与任何人发生社交联系，自我孤立，往往抑郁消沉。

有社交恐惧的大学生不要否定自己，不要苛求自己，只要尽己所能，能做到什么地步就做到什么地步。找到在过去交往中令自己恐惧的真正原因，遇到类似的人或场景时提前做好相应准备；或写下自己惧怕的一些场景，鼓励自己去面对；或故意到人多的地方去，对来往的人流报以微笑；或找个可信赖的人说出自己的烦恼和恐惧，发泄一下不良情绪，这些都有助于恐惧情绪的减轻和消除。如果自己实在无力解决，并影响了正常生活，就要寻求专业人士的帮助。

第五节　团结友爱一家人——宿舍人际关系

一、大学生宿舍人际关系的类型

宿舍人际关系是大学生在校期间与室友们在宿舍互动中形成的心理关系。大学校园的宿舍人际关系可以分为四类：学习竞争型、玩伴型、小群体型、对立关系型。

1. 学习竞争型

这种类型是指宿舍内全体成员认真学习、相互鼓励和合作。在宿舍中，多数成员之间的关系融洽，能经常相互沟通与合作。但也有少数成员间存在沟通与合作不多，或没有直接沟通与合作的现象。甚至还有极个别成员产生分歧。另外还有一种现象就是，宿舍成员之间在表面上尚能和睦相处，在理想、信仰、世界观、人生观、价值观等方面却彼此封闭，这类人在一起不交流思想，生怕别人发现自己学习的秘密。学习竞争型的宿舍人际关系在大学里是主要的，尤其在大学女生中更为普遍。

2. 玩伴型

这种类型是指宿舍内全体成员之间关系较为融洽，经常相互结伴搞一些集体活动，以增强每位同学的责任感和荣誉感。这类学生基本上能做到相互沟通、相互合作，都有把宿舍整体和成员之间的关系搞好的愿望。他们珍视友谊，同甘共苦，气氛融洽。在此种宿舍的人际关系中，其学习成绩虽不如学习竞争型宿舍的成员，但宿舍成员间的认识和情感方面没有明显的对立冲突，宿舍气氛是轻松而愉快的。这种宿舍的人际关系在男生宿舍中比较常见。

3. 小群体型

这种类型是指宿舍内存在一个或一个以上的小群体，小群体成员之间相互关系与"玩伴型"基本相同，与宿舍其他成员的关系则同"学习竞争型"大体相似，彼此交往只局限在生活、学习等一些表面问题上，而不去触及思想情感和灵魂意志的深处。

4. 对立关系型

这种类型是指同一个宿舍里个别同学之间处于对立的状态。存在较多这种对立关系型成员的宿舍时常笼罩在一种灰色的气氛里。宿舍成员间缺少必要的沟通和交流，经常为小事争得面红耳赤。存在对立关系型人际关系的宿舍虽然不在多数，但是影响却不可忽视。

二、大学生宿舍人际关系的特点

1. 时空充分接近，矛盾相对集中

在时空充分接近的宿舍，个体的一切都会显现出来，从而使宿舍成员之间不可避免地产生矛盾和紧张。例如，迟睡或早起的学生与入睡困难的学生之间，乱放杂物的学生与很爱干净的学生之间，要午休和不午休的学生之间，住上铺和住下铺的同学之间等。宿舍成员由于时空的接近和思想的暴露，自觉或不自觉地显露出自己真实的思想和个性。

2. 小群体约定俗成的规范不易保持

正如有的同学说，自己在宿舍中经常打开水、扫地，而其他同学很少做，自己做了以后别人也没有任何表示，好像是应该做的；有的同学喜欢不打招呼就用别人的东西；还有些同学喜欢开着灯睡觉。诸如此类，虽然是小事，但日积月累就会产生矛盾和冲突。

3. 宿舍成员有极强的归属感

大多数学生会把宿舍比作"家"，进入大学远离了能给予他们情感满足的父母、亲戚，都希望"新家"如自己的家一样安宁、温馨，希望能得到尊重、理解和支持，能如兄弟姐妹一样互相照顾。但因为个性和阅历的差异，生活习惯和行为方式的不同，再加上缺乏社会经验，不太懂为人处世，矛盾在所难免。

三、宿舍人际关系对大学心理健康的积极作用

宿舍是大学生的第一社会、第二家庭、第三课堂。它是一个小型社会，是大学生的新家，又是一个无形的课堂，教给大学生书中没有却对身心健康至关重要的知识。

1. "家"的功能

大学生从中学跨入大学，远离了父母、兄弟、姐妹，宿舍在一定的程度上代替了以前的家。大学生希望在宿舍里能够得到像在家中的那种安宁与温馨。当心情烦闷或需要帮助时，能够得到舍友们像兄弟姐妹般的照顾与帮助，而且可以在宿舍的空间里展示真实的自我，因为宿舍有着像家一样的安全感。宿舍里，由于时空上的临近性，成员之间最容易熟悉和接近，也相对更容易建立友谊，所以能够比其他人际关系有一种先天的优势，容易形成"家"的认同感、归属感。这种感觉能够起到补偿精神上的空虚、孤独与寂寞的作用，能够在很大程度上满足成员的归属感与情感需要。

2. 学习促进的作用

大学生在和谐的宿舍人际关系中得到了像兄弟姐妹之间的关爱、尊重和理解，彼此之间的相互照应和鼓励使宿舍成员在学习、思想品德和身心健康诸方面都得到进步和发展。大家共同探讨专业学习上的难点，总结学习规律，分享学习心得。同时，热爱学习的同学对一些不专心的室友能够起到潜移默化的作用，带领他们一起学习。在高校往往存在这样的宿舍，全体成员每年都能获得奖学金，或全体都能考上研究生，或全体在毕业之际都能找到理想的工作。和谐的宿舍人际关系能塑造出学习的榜样，榜样的力量能使全体宿舍成员勇往直前，克服学习中的困难，并容易引导大家形成正确的世界观、人生观、价值观。

3. 社会化的作用

很多学生上大学前很少住校，与其他人紧密相处的经验较少。但是在大学宿舍中，人与人之间的接触非常紧密，然而大家来自不同的地方，生活方式上的不同，习惯的不同，性格的不同，都很容易让大学生之间产生一些冲突和矛盾。所以，这些矛盾就需要宿舍成

员慢慢学习、慢慢磨合来解决，这种磨合与相互适应的过程是学生迈向社会的重要一步。如果人际关系和谐，这种冲突与矛盾给宿舍成员提供了一个掌握社交的绝好机会。宿舍成员在学习生活中会学到各自不同的东西，互相分享，就能起到事半功倍的效果，宿舍成员更快地学会融入社会和适应社会等。

4. 促进心理成熟

大学生正处于由一个依赖父母向独立转变的过程，也就是由"未成年人"向成年人过渡的一个转型。不管是在学习方式、生活方式，还是感情生活上都与以前不同，面对的是自己生活尤其是心理上的独立。而在宿舍里，如果人际关系和谐，当某个成员感到困惑时，宿舍中的和谐气氛会支持着他，让他有足够的安全感和精神支柱去完成自然调适的过程。由原先的对父母、老师的依赖转向独立、成熟，心理功能也能得以健康发展。

总而言之，大学生宿舍人际关系是大学生感情的归属地、学习上的加油站、人性社会化的催化剂、心理成熟过程的摇篮。

四、当前大学生宿舍人际关系中存在的问题及原因

虽然宿舍对大学生的心理健康成长有着非常重要的作用，但是宿舍人际关系问题却是困扰大学生健康成长的一个主要原因之一。这些问题有很多种，如打扰了别人睡眠，打扰了别人学习，怀疑别人拿了自己东西，被人排挤等。这些人际关系问题对大学生产生的影响是非常消极的。有的大学生不愿回宿舍，有些心情由此抑郁，有些表现出强烈的攻击性，最糟的甚至可能走向轻生或者发生恶性报复事件等。究其原因，这些问题主要源于以下几个方面。

1. 自我中心思想的存在

现在大多数学生是独生子女，家庭结构单一，多数人上了中学后又没有住校，没有与很多人共居一室的经验。而这种非常紧密的接触显然就会引发一些冲突。但是，面对这些冲突，许多学生都会用一种以自我为中心的思想看待或者处理。如果以自我为中心的思想比较严重的话，就会出现问题。要求别人都要依着你、顺着你，显然不现实，这种以自我为中心的思想是宿舍关系恶化的重要原因。

2. 自卑与自傲心理的影响

现在的学生进入高校前存在许多的差异，如家庭背景、原先的学习成绩、交际组织能力等的差异，这些差异本可以让学生相互沟通、相互学习，从而相互得到促进和提高。但是如果把握不当，这种多文化、多差异的接触碰撞，往往也会导致学生出现一些负面心理问题，这其中主要的问题就是自卑和自傲心理，影响宿舍人际关系。

3. 处理人际关系技巧的缺乏

大学生刚刚由一个依赖父母、老师的中学生变为一个比较独立的大学生，会在处事方面缺乏一些基本技巧。他们更多时候是凭自己的感觉，遇到冲突矛盾时不能合理解决。例如，很多同学感觉到"很想和舍友交流，但是我不知道该说什么""当舍友对我有误会，我不知道怎么处理"等，都反映了大学生在处理人际关系方面和在宿舍发生矛盾的时候

感到心有余而力不足，想改变现状，促进宿舍关系融洽，却不知道从哪里着手，最后使一些完全可以避免的矛盾和冲突变得更加恶化。

五、改善宿舍人际关系的技巧

1. 统一作息，起居生活相互包容和理解

一个宿舍有三四个或五六个甚至更多的人在一起生活，宜用统一的作息时间加以调整。只有大家协调一致、共同遵守，才可以减少争执，消除摩擦，维持正常的生活秩序。如果你是"夜猫子"，晚上睡得很晚，待宿舍成员都睡了，才洗漱睡觉，这样就容易惊醒其他人，影响别人休息。久而久之，你就会引起舍友们的反感。因此，宿舍的全体成员应当尽量统一起居时间，减小作息差距。倘若实在有事，早起或者晚睡的成员也应尽量减少声响和灯光对舍友们的影响。

2. 不搞"小团体"

在宿舍，应当以平等的态度对待每一个人，不要厚此薄彼，和一部分人打得火热，而对另一部分人疏远不理。有些人喜欢同宿舍之中的某一个人十分亲近，平时老是同这一个人说悄悄话，无论干什么事，进进出出都和这一个人在一起。这样就容易引起宿舍其他成员的不悦，认为你是不屑与之交往。结果，你俩的关系也许搞好了，但却疏远了别人。这就不利于建立和谐的宿舍关系，是得不偿失的。我们不反对同某一个人建立有深度的友谊，但绝不能以友谊的宽度和广度为代价。

3. 不触犯舍友的隐私

每个人都有自己的秘密，也有足够的好奇心。对于舍友的隐私，任何人都不要想方设法去探求。对方把一个领域化为隐私，对这个领域就有了特殊的敏感，任何试图闯入这个领域的话题都是不受欢迎的。尤其应该注意的是，未经舍友同意，切不可擅自乱翻其衣物。大家要格外注意这个问题，千万不要随随便便，以为是熟人就忽略了细节。另外，同住一个宿舍，有时难免知道舍友的某些隐私，大家也要守口如瓶，告诉他人不仅是对舍友的不尊重，也是不道德的。

4. 积极参加集体活动

宿舍的活动不单纯是活动，更是舍友之间联络感情的重要形式，应该参与配合。千万不要幼稚地把集体活动当作纯粹费财费力的无聊之举，表现出一副不屑为伍的样子。舍友们决定一起去干什么，大家要尊重相互的选择。确实不能参加，可以把自己的想法和意见提出来，勉强参与反倒让舍友觉得你在应付了事，更不要一口回绝而伤了舍友们的兴致。可以说，集体活动的有无和多少，也从侧面反映了这个宿舍的团结程度。倘若这样的活动你总是不参加，多多少少会显得你不合群。

5. 别人有难要帮，自己有事要求助

良好的人际关系是以互相帮助为前提的。在集体宿舍中要有良好的合作意识，因为任何时候人都难以凭借自己的力量生活。哪怕只是些小事，相互关心帮助也可以加深友谊。平时生活学习中给予舍友关心和帮助，当舍友遇到困难，我们应当主动伸出援助之手。

那么当我们有事时，是否适宜向舍友求救呢？答案是肯定的。因为有时求救反而能表明你对别人的信任，能够融洽关系，加深感情。如果你有事需请人帮忙，若你弃舍友而远求他人，舍友得知后反而觉得你不信任他们。其实，求助舍友，只要讲究分寸，不使他人为难，是完全可以的。

6. 不逞一时口快

"卧谈会"是宿舍的一个重要活动项目。舍友们互说见闻，发表意见，本来是件很愉快的事，但也往往因小事而发生争执，"卧谈会"变成了"口舌大战"。有些人喜欢说别人笑话，占别人便宜，哪怕玩笑也不肯以自己吃亏而告终；有些人喜欢争辩，试图通过说服对方显示自己的能耐，让舍友"尊重"自己；有些人害怕被看不起，就故意在"卧谈会"中唱反调，甚至揭人之短，对他人进行人身攻击。这种喜欢逞一时口快，在嘴巴上占便宜的人实际上非常愚蠢，给人感觉太好胜，难以合作。你不尊重别人，别人也不会尊重你。你夸夸其谈，想处处表现得比别人聪明，最后也只会引起别人的反感。

7. 尽到该尽的宿舍义务

宿舍每位成员该尽的义务，不仅指做好自己一个人的事，也包括做好集体的事。有些人在家懒惰成性，所有的事都指望家人打理，住集体宿舍难免恶习毕露：衣物不注重整理，乱扔一气；宿舍的公共卫生更是不闻不问，扫地、擦门窗等事都指望舍友来完成……没有哪一个集体会欢迎一个自私、懒惰和邋遢的人。因此，你必须尽力做好属于自己的那份义务，不要指望别人来"帮助"你，凡事要养成亲力亲为的好习惯。集体的事，要靠大家来完成，不能不做或马虎了事。

【心理测试】

人际关系综合诊断量表

这是一份人际关系行为困扰的诊断量表，共28个问题，在每个问题上，选"是"的打"√"，选"否"的打"×"。请你认真完成，然后看后面的评分计分办法和对测验结果做出的解释。

1. 关于自己的烦恼有口难言。

2. 和陌生人见面感觉不自然。

3. 过分地羡慕和妒忌别人。

4. 与异性交往太少。

5. 对连续不断的会谈感到困难。

6. 在社交场合感到紧张。

7. 时常伤害别人。

8. 与异性来往感觉不自然。

9. 与一大群朋友在一起，常感到孤寂或失落。

10. 极易受窘。

11. 与别人不能和睦相处。

12. 不知道与异性相处如何适可而止。

13. 当不熟悉的人对自己倾诉他的生平遭遇以求同情时，自己常感到不自在。

14. 担心别人对自己有什么坏印象。

15. 总是尽力使别人赏识自己。

16. 暗自思慕异性。

17. 时常避免表达自己的感受。

18. 对自己的仪表（容貌）缺乏信心。

19. 讨厌某人或被某人讨厌。

20. 瞧不起异性。

21. 不能专注地倾听。

22. 自己的烦恼无人可倾诉。

23. 受别人排斥与冷漠对待。

24. 被异性瞧不起。

25. 不能广泛地听取各种意见、看法。

26. 自己常因受伤害而暗自伤心。

27. 常被别人谈论、愚弄。

28. 与异性交往不知如何更好地相处。

评分标准

打"√"的给1分，打"×"的给0分。

测查结果的解释与辅导

如果你得到的总分是在0~8分，那么说明你在与朋友相处上的困扰较少。你不存在或较少存在交友方面的困扰，你善于与朋友相处，人缘很好，获得许多人的好感与赞同。

如果你得到的总分是在9~14分，那么，你与朋友相处存在一定程度的困扰。你的人缘很一般，换句话说，你和朋友的关系并不牢固，时好时坏，经常处在一种起伏波动的状态之中。

如果你得到的总分是在15~28分，那就表明你在同朋友相处上的行为困扰较严重；分数超过20分，则表明你的人际关系的行为困扰程度很严重，而且在心理上出现较为明显的障碍。你可能不善于交谈，也可能是一个性格孤僻的人，不开朗，或者有明显的自高自大、讨人嫌的行为。

【心理训练】

绘制自己的人际财富图

给每个成员分发一张白纸，一支笔。然后请成员跟着指导语和示范，绘制自己的人际财富图。

（1）首先在白纸的中央画一个实心圆点代表自己。

（2）然后以这个实心圆点为中心，画三个半径不等的同心圆，代表三种人际财富或者人际圈。同心圆内任意一点到中心的距离表示心理距离。将亲朋好友的名字写在图上，名字越靠近中心圆点，表明他与你的关系越亲密。

（3）写在最小同心圆内的属于你的"一级人际财富"。你们彼此相爱。你愿意让对方走进自己心灵的最深处，分享你内心的秘密、痛苦和快乐。这样的人际财富不多，却是你最大的心灵慰藉，也是你生命中最重要的成长力量。

（4）写在第二大同心圆内的是你的"二级人际财富"。你们彼此关心，时常聚在一起聊天、戏耍，一起分享快乐，一起努力奋斗。虽然你们之间有些秘密是无法分享的，但这类朋友让你时常感到人生的温馨。

（5）写在最大一个同心圆内的属于你的"三级人际财富"。这些朋友可以是平时见面打个招呼，但是需要帮助时也愿意尽力帮忙的朋友；可以是曾经比较亲密但渐渐疏远，却仍然在你心中占有一席之地的朋友；也可以是平时难得见面，却不会忘记在逢年过节问候一声的朋友。

（6）同心圆外的空白处代表你的"潜在人际财富"。尽量搜索你的记忆系统，把那些虽然比较疏远但仍属于你的人际财富的人的名字写下来。

一般而言，一个成年人需要与大约120人维持不同程度的人际关系，其中包括2～50个心理关系比较密切的人。如果人际关系过疏或过密，都容易引发个体的心理问题，试着整理自己的人际财富，反思自己在人际交往中所体现出来的性格特点，找出自己需要继续发扬和改进的地方。

心理美文

人际交往中的"三杯水"

大飞的工作能力很强，每个月的销售业绩也都排在前几名。但是，他始终得不到升迁。对此，所有人都感到费解。

后来，大家终于发现问题所在。比如，每月月初经理让大家做月度计划时，他总是夸大其词地声称自己可以签到几十个单子。虽然到月底大飞的签单量名列前茅，但是他仍然因为没有完成"计划"而遭到批评。他错就错在之前给了领导过高的预期，完不成自然受批评，就算完成了，也是理所应当的，同样得不到表扬。

无独有偶。我见过一个与之相反的人。一位年轻的公关组长代表公司来宣传产品，在座的都是一些行业里的翘楚，还有著名专家学者。她一上台就说："无论是头脑学识，还是见识经历，我都比不上在座的各位前辈。所以，我的演讲中难免有浅薄可笑的地方，还请多多包容，不吝指正赐教！"短短几句话就把大家的期望值降到了最低。

其实这个道理非常简单，我们可以通过一个实验来说明：给你三杯水，一杯冷水，一杯热水，还有一杯温水。当你先将手放在冷水中，再放到温水中去时，会感到温水很热；而当你先把手放在热水中，再放到温水中去的时候，你却会感到温水很凉。同一杯温水，却让人产生了两种不同的感觉，这就是冷热水效应。而在人际交往中，这种冷热水效应往往起着关键的作用。

每个人在人际交往中都会面临不同的处境，也可以巧妙运用冷热水效应。当事业上滑坡的时候，不妨预先把最糟糕的事态委婉地告诉别人，这样即使没有做好也不会招致厌恶；当要指出别人问题的时候，不妨事先做个铺垫，让对方有个心理准备，这样就不会引起强烈的反感，使他人体会到你的用心良苦。

总而言之，如果你不能送上一盆"热水"，那么不妨先用"凉水"打头阵，然后送上"温水"，同样能起到良好的作用。

【心理视窗】

关于人际交往的名言警句

为别人尽最大的力量，最后就是为自己尽最大的力量。——［英］罗斯金

人好刚，我以柔胜之；人用术，我以诚感之；人使气，我以理屈之。——清·金缨

美好的东西时常是由于它是真诚的。——［法］罗兰

己所不欲，勿施于人——《论语》

人必其自爱也，然后人爱诸；人必其自敬也，然后人敬诸。——汉·扬雄《法言·君子》

不自重者致辱，不自畏者招祸。——清·申涵煜《省心短语》

是不必己，非不必人。——明·张居正《少师存斋徐相公七十寿序》

二人同心，其利断金。——《周易·系辞上》

亲仁善邻，国之宝也。——《左传·隐公六年》

礼之用，和为贵。——《论语·学而》

君子和而不同，小人同而不和。——《论语·子路》（君子与人和谐相处，却有自己的主见）

君子和而不流。（流：盲从）——《礼记·中庸》

乐民之乐者，民亦乐其乐；忧民之忧者，民亦忧其忧。——《孟子·梁惠王下》

天时不如地利，地利不如人和。——《孟子·公孙丑下》

千人同心，则得千人力；万人异心，则无一人之用。——《淮南子·兵略训》

单者易折，众则难摧。——崔鸿《三十国春秋·西秦录》

和以处众，宽以接下，恕以待人，君子人也。——林逋《省心录》

有朋自远方来，不亦乐乎？——《论语·学而》

君子成人之美，不成人之恶。——《论语·颜渊》

君子之交淡若水，小人之交甘若醴。君子淡以亲，小人甘以绝。——《庄子·山木》

冤家宜结不宜解。——清·钱彩《说岳全传》

相逢一笑泯恩仇。——鲁迅《题三义塔》

精诚所至，金石为开。——汉·王充《论衡·感虚篇》

第九章　绽放青春的玫瑰
——大学生性心理及恋爱心理

爱是恒久忍耐，又有恩慈；爱是不嫉妒，爱是不自夸；爱是不张狂，不做害羞的事，不求自己益处，不轻易发怒，不计算别人的恶，不喜欢不义，只喜欢真理，凡事包容，凡事相信，凡事盼望，凡事忍耐。

——《圣经》

【案例导读】

我的男友是个让人又爱又恨的人，我知道坚持下去是个错误，可我却无法舍弃。他是我的师兄，他是一个帅气有个性的男孩。幽默的谈吐总会吸引周遭人的注意力，我对他的第一印象很好。渐渐地，爱上了他。两个月后的一天，我跟他过上了两人世界。可是，在一起的日子久了，他不再温柔体贴，他变得脾气暴躁。也许恋爱就是这样，可我真的不懂他。因为和他发生了关系，所以我认为我就是他的人。后来，我的家人终于知道了这件事，为了阻止我与他见面，妈妈用尽了所有办法，哀求、暴力、劝解……看着妈妈痛苦的表情，我也会心碎，我是他们唯一的女儿，唯一的希望……是爱，是恨，还是别的什么？为何我无法离开他这样一个人？

【心理分析】

心理学认为，女孩一旦在性迷失之后，往往感情跟着迷失。一旦发生了亲密接触，女性对男性会产生高度依赖与顺服的心理，甚至会让女性完全丧失判断能力，有时情愿牺牲自己。而男孩在得到一个女孩之后，就不会再有以前那么强烈的欲望了。如果说，丧失理智的痴情是痛苦的根源，而先做后爱则是许多悲剧的源头，许多女孩不仅会为此倍受折磨，分手也是最自然的事。

【学习目标】

1. 了解爱情的实质和内涵。
2. 掌握大学生恋爱的心理特点。
3. 理解大学生的性心理发展特征和偏差。

4. 学会正确的恋爱心理和性观念。

【关键概念】

爱情，恋爱，性心理

第一节　认识爱情：爱情不是浪漫雨

一个人步入青春期后，性的发育开始成熟。随着性发育日趋成熟，青年男女的性欲意识越来越强烈，开始恋爱现象这是可以理解的。但是大学生的社会心理并没完全成熟。他们的社会责任感、道德观念、恋爱态度，他们对恋爱与学习关系的处理等都是不成熟的。因此，了解爱情的本质与种类，了解性的本质与恋爱的关系，是每一个进入恋爱期的大学生都应该学习的必修课。

一、爱情的含义

心理学家阿德勒认为："爱情，以及其结果的婚姻，都是对异性伴侣最亲密的奉献，它表现在心心相印、身体的吸引，以及生儿育女的共同愿望中。我们很容易看出：爱情和婚姻都是合作的一面——这种合作不仅是为了两个人的幸福，而且是为了人类的利益。"

人本主义心理学家罗杰斯认为："爱是深深的理解和接受。"马斯洛认为："爱的需要涉及给予和接受爱，我们必须懂得爱，必须能教会爱、创造爱、预测爱。"

什么是爱情？综合社会学和心理学角度，爱情是青年男女基于一定的社会关系和共同的生活理想，在各自内心形成的对对方最真挚的倾慕，并渴望对方成为自己终身伴侣的最强烈的感情，是两颗心相互向往吸引并达到精神升华的产物，是人类特有的一种高尚的精神生活，是人际吸引最强烈的形式，是身心成熟到一定程度的个体对异性个体产生的有浪漫色彩的高级情感。其特点如下。

①成熟性。爱情是个体身心发展到相对成熟阶段时产生的情感体验，幼儿没有爱情体验。

②高级性。爱情是一种高级情感，不是低级情绪。

③生理性。爱情有生理基础，包括性爱因素，不是纯粹的精神上的依恋。

④利他性。爱情的基本倾向是奉献。衡量一个人对异性有无爱情，强度如何，可以通过"是否发自内心，帮助所爱的人做其期待的所有事情"这个指标来衡量。

二、爱情与喜欢的区别

社会心理学家鲁宾对爱情与喜爱的联系与区别进行了系统研究。他认为，爱情不是喜欢的一种特殊形式，喜欢与爱情是两种既相互关联但又各不相同的情感。的确，生活中"我喜欢他（她），但不爱他（她）"的现象经常发生。

喜欢包含两个最主要因素：一是人际吸引的双方有共同的理解；二是喜欢的主体对所

喜欢的对象有积极的评价和尊重。而爱情有如下三个最重要因素。一是依恋，卷入爱情旋涡的恋人在感到孤独时，会高度地去寻求恋人的陪伴和宽慰；而别人不会有同样慰藉的作用。二是关怀与奉献，恋人之间会彼此高度关怀对方的情感状态，感到使对方快乐和幸福是自己的责任，并对对方的不足表现出高度宽容。在爱情关系没有受到他人威胁时，表现关怀与奉献的一方对自己的行为往往有纯粹无私的崇高感。三是亲密，被爱情裹挟的恋人，不仅有着对对方的高度信赖，并且有特殊的身体接触的需要，恋爱之初，这种身体接触需要是泛化的高度依恋需要的反映，在一定意义上，它很像高度依恋母亲的幼儿对母亲爱抚的需要。

通常情况下，一个成熟的青年人可以明确区别自己对别人的喜欢与爱情之间的区别，但对于刚刚进入青春萌动时期的少年男女，不能很好区分依赖、尊重、喜欢与爱情，因而常常会把对自己偶像的崇敬、尊重，对长者的依赖与喜欢的情感与爱情混淆在一起。

三、爱情的生理、心理基础

生理成熟为大学生恋爱提供了生物学基础，但心理与社会性成熟是恋爱的一个必要准备。

1. 爱情产生的生理基础

爱情产生的生物学基础是生理的成熟。青年期始于青春期，个体在此期间达到性成熟并具备了生殖能力。青年期的第一性征是为生殖所必需的器官，这些器官的不断发育导致了性成熟。第二性征是和性器官无直接关系的性成熟征兆。包括生理变化、皮肤变化、声音等的变化。生理的成熟个体差异较大，大学生整体上性器官与性功能完全成熟。

2. 爱情产生的心理基础

大学生的自我意识进一步加强。恋爱是大学生强烈自我意识的重要表现途径，爱情是成长中重要的自我证实与自我实现。在恋爱这个特殊时期，恋人眼中的评价占有绝对优势。在大学生自我意识逐步形成与完善的时期，个体在恋人眼中成为最重要的"镜中我"，这将影响着自我意识的完善与发展。一般而言，自我意识发展水平较高的学生，有着正确的自我评价，在爱情中能够把握自己，了解自己，也容易把握爱情；而自我意识发展水平较低的学生，自我、自尊与自信的建立相当程度上依赖于恋人的评价，当拥有爱情时认为自己是世界上最幸福的人，而当爱情远去时，容易自我怀疑、自我否定甚至自我抛弃。

大学生的性意识进一步强化。与中学时代的朦胧相比，大学生对异性的好感变得清晰而直接，他们会使用多种策略与异性相处，特别是对于自己钟情的异性，大学生会大胆而有策略地表达自己的爱情。在中国传统文化中，性意识的表达不被积极倡导，性的冲动与对异性渴慕的冲突不被重视。性意识的发展带来性驱力的增强，合理的抑制与适当的满足是个体心理发展的重要前提。值得重视的是，与大学生性意识的发展相伴随，受不良社会文化的影响，大学生在性上采取的宽容甚至情感消费主义对大学生日后的婚姻爱情生活带来消极影响。

大学生的自我控制力加强。自我控制能力是心理发展的重要指标。大学生抽象思维能力的空前发展与自我控制能力的提高，使他们在爱情面前能够克制自己的欲望和感情。

四、恋爱对大学生心理发展的利与弊

恋爱作为大学生情感发展历程中的重要体验会对大学生产生积极或消极的影响。一方面，它能帮助大学生的心理发展走向成熟；另一方面，它又会带给大学生各种心理问题。也可以说，从心理的角度看，恋爱对大学生是一把双刃剑，既有有利于心理成熟健全的一面，又有危害大学生心理健康的另一面。

1. 恋爱有利于大学生的心理成熟

（1）从性心理发展的角度看，性冲动必须得到合理的控制和宣泄，才有利于身心健康。恋爱是青年释放日益强烈的性冲动的重要途径。通过恋爱，接触异性，可以使青年不再感到性压抑的紧张，从而合理地释放性冲动，获得身心愉悦感。

（2）从性意识发展的角度看，性意识的发展必须经过恋爱阶段才能逐步完善。只有在与异性的深层接触中，才能使青年真正认识到男性与女性的气质和含义，从而在性角色上把自己与他人区别开来。

（3）从自我意识建立的角度看，恋爱可以使青年逐步建立完整的自我意识。因为恋爱时两人人格深层接触，在此过程中，对方像一面镜子刻画着自己的自我形象，并鞭策自己不断完善自我。青年的自我概念会因受到对方的影响而发展，自我意识也将在此过程中不断完善。

（4）从人际交往能力发展的角度看，恋爱中两人的深层交往，必然遇到人际交往过程中所遇到的一般问题，深层交往中还需处理情感纠葛中的一系列问题，这将大大提高青年的交往能力，为日后适应人际交往打下良好的基础。

2. 恋爱危害大学生的心理健康

（1）恋爱需要时间和精力，若处理不好恋爱与学业的关系，则会影响、耽误学业，增加大学生的心理负担。

（2）恋爱具有排他性，若处理不好恋爱与友谊的关系，将带来人际关系的烦恼，影响情绪，以致影响生活。

（3）初恋、热恋在心理紧张量表上是分值很高的事件。过度兴奋将加剧心理紧张。处在恋爱中的大学生会为一些小事而极度兴奋或极度烦恼，这都会带来心理紧张，持续的心理高度紧张对心理健康是不利的。

（4）恋爱的进一步发展还可能带来一些其他问题。如婚前性行为的增加将造成大学生心理失调或心理负担过重。失恋将给人带来极大的痛苦，使大学生身心受到沉重的打击。

鉴于恋爱对青年心理发展的双重影响，大学生在谈恋爱前就必须根据自己的心理发展和心理素质特点权衡利弊，慎重地进行。

五、爱情的成分与种类

美国社会学家斯腾伯格认为，爱情由三个成分构成：激情、亲密和承诺。

"激情"指情绪上的着迷，魅力与性吸引力。包括强烈的情感表现，由于他人的强有力的吸引，对他人产生强烈的、着迷的想法。许多人感到有与对方形影不离、朝夕相处、谈话和做爱的持续的欲望，在激情关系中的人们常常全身心地投入，有时导致不计后果的行为。

"亲密"指心理上的喜欢的感觉，重视彼此的喜欢、理解与期待。亲密之爱包括一种真正喜欢对方和渴望一道建立更有凝聚力的和谐关系，包括把自己的生活以坦诚、不设防的方式与对方共享，信任、耐心和容忍是重要的特性。一对伴侣真诚地喜欢发展他们自己的沟通风格，熟悉彼此不完美的、特别的性格，这些在初期强烈的激情之爱的吸引下很少被注意到。他们互相关心，善待对方，满足彼此的需要和欲望，尊重在真正亲密关系中是重要的。亲密没有激情强烈，但能促进人们相互的亲近，让人们产生人际的温暖，它使爱情得以天长地久。

"承诺"指心里或口头的预期，决定发展稳定的关系。承诺与时间直接有关，包括做出爱一个人的决定，并伴有强烈的维持长期爱情的愿望，感人的爱情不能缺少内心的表白和海誓山盟。在爱情关系中双方生活在相对稳定、持续和确定的情感气氛中，努力巩固他们的联盟，他们是伴侣。他们互相尊重彼此的隐私，让伴侣融入自己的社会关系。在这种承诺关系中信任和奉献常常藏在心中，他们从不利用他人的弱点，他们了解在日常生活中冲突在所难免，但并不觉得这会伤害他们的尊重，遇到分歧他们互相信任，通过协商解决他们的分歧。

爱情中这三种成分的不同关系构成了七种爱情形式。

喜欢式爱情：主要是亲密，没有激情和承诺，如友谊般的关系。

迷恋式爱情：主要是激情，没有亲密和承诺，如初恋。

空洞式爱情：以承诺为主，缺乏亲密和激情，纯粹为了结婚的爱情，如政治联姻。

浪漫式爱情：有激情和亲密，没有承诺。

伴侣式爱情：有亲密和承诺，没有激情，多数成年婚后伴侣常见。

愚蠢式爱情：有激情和承诺，没有亲密，如一见钟情。

完美式爱情：激情、承诺和亲密俱有。这是一种非常完美的爱情形式。

斯腾伯格认为真正的爱情是一个等边三角形，是激情、亲密和承诺三者的完美组合。然而，完美式爱情是一种理想，在现实中的情感历程很难都是完美的，而且有一些还是有缺陷的。斯腾伯格的爱情三角形理论对于我们的启示是告诉人们什么是理想的爱情，更大的意义在于让那些陷入情感困惑的人们去判别自己的情感生活，为情感生活提供一种理智的参照。

罗伯特·J. 斯腾伯格的爱情三格模型

第二节 爱情分析——大学生恋爱特点及能力提升

一、大学生恋爱的特点

不同年龄、不同群体的恋爱都有其自身的一些特点，大学生群体也不例外。

1. 恋爱的普遍性

大学生年龄多数在18岁至23岁之间，生理发育已基本成熟，虽然身高、体重、内分泌等尚在不断变化中，但要求接近异性、拥有意中人却是一种普遍现象。这一时期容易产生情窦初开的恋爱心理。在大学这个对恋爱限制相对较宽松、学业负担轻松的环境中，大学生很容易被有好感的异性吸引，建立恋爱关系。

2. 恋爱的浪漫色彩浓厚

大学生的恋爱，对爱慕之情、人生看法谈得较多，很少或者根本不讨论结婚、建立家庭、举办婚礼、生儿育女等具体问题。这是由大学生的客观条件限制所决定的，在上学期间，他们的工作岗位尚未确定，经济上还没有独立能力，要依靠国家、父母或者其他亲人的资助，才能维持学业和生计，就是说他们还没有完全地成为社会上定义的成人的社会角色。这和已经走上工作岗位的青年的恋爱不同，他们的恋爱是选择配偶的过程，恋爱——婚姻——家庭是个整体，他们在明确了恋人关系之后，过不多久就会开始商量确定结婚日期、筹办婚礼等具体事项，双方的矛盾往往是在这些实质性的问题上暴露出来。而大学生谈恋爱一般接触不到也考虑不到这些实质性的问题。大学生恋爱的这种浪漫色彩掩盖了实际存在着的矛盾，因此，大学生的恋爱基础不够坚实，一旦遇到问题，如毕业在不在一地工作等，恋爱关系就容易破裂，这是大学生恋爱成功率较低的重要原因之一。

3. 恋爱的自主性较强

在大学里，男女大学生的平等权利与平等价值观特别突出，反映在恋爱问题上，一般都是自己做主，个性特点强，不信奉什么统一的模式。走上工作岗位的青年明确恋人关系前一般要征求成人或同事的意见；明确恋人关系后，双方家长来往密切。大学生则不大相同，由于异地求学、在学校住宿等客观原因和认为自己已经成人、不需要家长参考等主观原因，自己看准了就去追求，甚至确定关系后家长都不知道，而且不少是瞒着家长进行的。

4. 恋爱的盲目性较大

注意恋爱过程，轻视恋爱结果。有些大学生把在校期间谈恋爱作为一种取得生活经验的实践活动；也有的学生对异性有神秘好奇之心，不懂究竟爱什么，为什么爱，把恋爱当作一种情感体验，借此寻求刺激，满足精神享受；一些大学生为了充实课余生活，排除寂寞，填补空虚，把恋爱当作一种消遣文化。

5. 恋爱的公开性强

随着西方文化和生活方式的冲击，传统观念覆盖下的两性关系的帷幕被撩开。过去许多高校明文规定禁止大学生谈恋爱，而且大学生谈恋爱也很讲究东方民族的含蓄和深沉，因而谈恋爱属于"地下活动"，恋爱双方既不愿让其他同学知道，更不希望让老师知道。现在，校方虽没有明确赞同，但态度较过去有所宽松，大学生的恋爱活动便由地下转为公开。不仅不怕别人知道，而且有故意让人知道的心态。

6. 恋爱的情感随意性强

现代大学生谈恋爱一扫传统的以含蓄、内在、深沉为美的形式。与之相反的是在公开场合下，手拉手，肩并肩，整日形影不离，招摇过市。有的大学生甚至对婚前性行为持认可或宽容态度，由此还造成了某些严重后果。这些恋爱中随意的行为不仅造成很坏的影响，而且还影响了大学生的正常学习和身心健康。

7. 恋爱受挫折能力较弱

大学生由于受个性不成熟、生活经验不足、考虑问题过于单纯等诸多因素的制约，在追求爱情的过程中遇到各种波折是在所难免的。其中失恋是一种较为严重的挫折，大学生心理承受能力较弱，失恋后往往会产生一些不正常的现象。感情遭遇挫折后出现一个时期的心理阴暗期是正常的，绝大多数大学生通过找朋友倾诉或理性思考，对自己和对方采取宽容的态度，尊重对方的选择。但仍有一部分学生摆脱不了"情感危机"，有的失去信心，放弃对爱情的追求；有的一蹶不振，沉沦自弃，认为一切都失去了意义，以致悲观厌世；有的视对方如仇人，肆意诽谤，甚至做出极端行为伤害对方。因失恋而失志、失德者，虽属少数，但影响很大。

二、大学生恋爱的心理原因

大学生生理上已经进入性成熟期，心理上也进入恋爱阶段，必然会逐渐萌发出爱情意识，并在其整个精神世界中占据主要而突出的地位。

1. 情感需求

大学生自我形象逐渐清晰，自我意识日益增强，并且与异性交往会产生愉悦感，大学生渴望情感需要，而恋爱则是其情感满足的一种重要方式，因此恋爱的欲望非常强烈。另外，大学生远离父母和家园，孤独在外地求学，时常会感到空虚寂寞。于是，寻觅恋爱对象来抚慰心灵，寄托感情，排遣寂寞，填补内心空白，便成了恋爱心理形成的典型因素。

2. 从众心理

一些男女大学生虽暂时没有谈恋爱的需求，但因同宿舍和同班的同学谈恋爱，看到人家亲亲热热，自然会激发起恋爱意识和行为。如果找不到合适的对象，或没有人向其求爱，孤独感、危机感、失落感就会涌现，造成心理压力。

3. 攀比心理

相对于社会来说，大学校园生活着特殊的群体，其主体是年龄、经历和文化等大体相当的大学生，他们在生活中的许多方面是相似的，并且由于大学生心理发展还不成熟，在决定做事之前往往不经过慎重考虑，常常为了攀比，满足虚荣心而行动。有些大学生认为谈恋爱是能力和魅力的象征，为了证明自己的魅力而去恋爱，"有人爱"似乎是证明自己价值的标准，在大学里找不到恋人的话，就会被瞧不起，或被认为是无能者，这导致他们会积极寻找恋爱机会和恋爱对象。同时，也互相攀比，却没有考虑双方的志趣、性格是否相投。

4. 好奇心理

未知的事物总是神秘的。大学生对爱情好奇，对异性心理尤其是对其生理好奇。对未经历爱情的大学生来说，恋爱是刺激的，充满着极强的诱惑力。大学生正处在修正自我和发现自我的年龄阶段，好奇心会促使其去寻找恋爱机会，尝试恋爱。

5. 赌徒心理

明知道爱情无果，还是愿意豪赌一把，对爱情的"一厢情愿"让他们无视现实的残酷，过分相信"真爱无敌"，故称为"赌徒心理"。很多人说，大学爱情是"柏拉图式"的爱情，纯洁而没有半点杂质，将爱情的力量看得过于伟大。不少大学情侣对爱情的执着都令人"称奇"，对爱情的期望值也颇高——永不分离、终成眷属等。大学生年轻的冲动和对未来的憧憬，让他们有时候更加忽略现实，热烈地投入到爱情中去。

6. 玩耍心理

有些大学生谈恋爱只是玩玩而已，图个开心，没有抱希望，没有任何幻想，因此即便分手也不会太伤心。看似比较明智，实则愚昧。真心谈恋爱者投入很多，毕竟收获了真正的爱情，而抱着这种玩玩心理的人，只是收获了暂时的满足而已。这种心理的人恋爱不是为了得到爱，而是想要性或者虚荣的满足，甚至为此不择手段。

7. 逃避心理

有些大学生为了逃避残酷的现实而滋生恋爱的想法。现在的很多大学生深知社会竞争的残酷，寄情于网络游戏、爱情中，逃避现实，以此满足自己的自豪感、荣誉感，将其从困顿、乏味的现实生活中解脱出来。

三、大学生恋爱的类型

从大学生恋爱的心态上来分，大学生恋爱有以下几种类型。

1. 比翼双飞型

这类恋爱关系中的大学生基本上具备成熟的人格，有正确的恋爱观，能够以理性引导爱情，正确处理恋爱与学习、感情与爱情、情爱与性爱的关系。双方有共同的理想和生活信念，互敬互爱，心灵相通，并有心理协调能力和必要的处理爱情与事业关系的自觉性。恋爱动机正确，感情纯挚。双方相互帮助，互相鞭策，比翼齐飞。恋爱双方不仅把爱情视为人生最美好的感情，而且把幸福的爱情转化为促进学习和工作的动力。在恋爱中，能够理智地控制爱情的发展，互相关心，共同体会彼此奉献和给予的快乐，内心充实。双方都有较强的进取心和自控能力，有共同的理想抱负、价值观念，把事业的成功作为爱情持久的目标，不仅仅把恋爱看成人生的快乐，而且能把幸福的爱情转化为学习和工作的动力。他们有一定的责任心，认为恋爱应该以真情实感为基础，并常常是对一份感情真诚付出，善始善终，因而这种爱情也是比较稳固、持续而又真实的。

2. 生活实惠型

进入大学后，毕业去向是大学生最为关注的问题。恋爱无可非议地揉进了毕业动向的条件，同时家庭条件和对方的发展前途也是各自关注的必不可少的条件。一些大学生彼此间的爱慕与向往也许并不强烈，但是有明确的生活目标。他们的爱情是有为未来生活打算的，是为了未来的婚姻和生活做准备的。大三是这类学生谈恋爱的高潮期。他们认为这时处朋友，谈恋爱、相互了解，信任程度高。这种爱情是理智的、现实的，确定恋爱关系引起的争议也比较少。

3. 寻求功利型

此类型恋爱是把爱情建立在对方家庭的社会地位、经济条件上或以自己父母的社会地位和家庭的优越条件为资本，待价而沽；或是基于就业、出国或追求物质利益的目的，为自己搭一个桥，对对方有所需求。不惜以谈恋爱为代价，借爱情的外壳从对方那里得到好处，爱情的目标不是对象本人，功利色彩浓重，这种所谓的爱情是绝对经不起考验并且常常是难有好结果的。

4. 情感需要型

恋爱只为了交异性朋友，寻求解脱和慰藉，把恋爱作为一种感情上的补充。这类恋爱往往是毫无真情基础可言的，而纯粹是为排遣自身寂寞感和填补内心空虚，利用与异性接近的感官刺激，达到自己身有伴侣，不再孤独的目的。这种类型的恋爱观是极自私的，具有自欺欺人的色彩，到头来只会伤人伤己。

5. 空虚无聊型

这类学生和情感需要型的学生相似，但有些许不同，情感需要型的学生多数是大一新生，他们是对适应大学生活感到茫然，需要爱情来帮忙适应，而这种类型的学生则多是大二以上的学生，他们已经适应了大学生活，但是仍然感觉空虚。他们在精神上不太充实，同性朋友较少，时常感到孤独、烦闷，为了弥补精神上的空虚，急欲与异性朋友交往，"恋爱"成为一种近景性的精神需求。双方为填补内心的心理空白，没有明确的目的，好谈好散，情感淡漠。在一段时间里，异性的神秘和初恋的芬芳或多或少地可以搪塞内心的空虚，能获得一丝安慰，时间一长，感觉依旧空虚。

6. 虚荣从众型

在一些高校，恋爱成为一种时尚。交朋友不是为了谈恋爱，实际上是为了满足个人的虚荣心。另外一些大学生由于受到身边已恋爱同学的影响，于是就匆匆加快了求爱的脚步。作为一种目的性的恋爱，由于缺乏认真的态度，常常是跟着感觉走，把谈恋爱看作一种精神上的补偿，这种恋爱带有很大的随意性。这种类型的恋爱观也暴露了自私性和幼稚性，他们仅仅是为了跟随大众的波流，把爱情错误地当成炫耀的资本，这种爱情只能说是"滥情"。

7. 追求浪漫型

一些大学生情感比较丰富，罗曼蒂克的爱情对他们有着强烈的吸引力，恋爱的美好让人无不向往，对爱情浪漫色彩的追逐和窥探心理日趋强烈。他们并非不尊重爱情，而是觉得出没于花前月下的刺激比爱情的责任和义务更富有色彩和韵味。与这种色彩和韵味相比较，人物自身的品质被淡化。他们追求和接受爱情时，对爱情的缠绵悱恻有较深的体验并乐在其中，时时沉浸在两人的世界里，忘却了集体，甚至忘却了学业。此类恋爱有较简单的行为动机，但缺乏一定的恋爱心理准备。

8. 盲目被动型

有些大学生并没有充分的恋爱心理准备，虽然有对恋爱的幻想，但由于学业等顾忌比较保守和控制，对异性有爱意也从不表露出来。然而一旦有人对这类人发动攻击，他们便往往被动地接受突来的恋爱。他们不清楚自己是否真正需要爱情，夹在往常的保守原则与恋爱的时段性快乐的矛盾中盲目地被人牵着走。这样爱情显得意义不大，充其量只能算是人的感情不自觉表现出的需要被满足的状态而已。

四、大学生恋爱的心理困扰及其调适

在寻求爱情的茫茫道路上，既充满了期待，也会遇到不同坎坷，爱情困扰是大学生常见的现象。

1. 暗恋

暗恋是一种单相思，是心理失去控制的情感表现，青春期男女在相遇时由于对方的容貌、才华、品德、行为、经济社会条件等而产生爱慕，于是单方面点燃爱情之火。单相思还会使人产生爱情错觉，错误地认为对方对自己有意，或者把双方正常的交往和友谊认为是爱情来临。因此，陷入单相思的人，常常想入非非，自作多情，把对方的言行举止误解为向自己示爱的信号。一旦发现对方并无此情，便蒙受失恋的痛苦，昼思夜想，影响健康，甚至导致精神疾病。

单相思最大的心理误区是把暗恋对象过于美化，看成十全十美的。这种暗恋心理是认知和情感的失误，如果处理不当，对自己今后的爱恋和婚姻生活都有消极的影响。因此，陷入单相思的大学生要及早止步，另作选择。要想克服单相思的爱情错觉，重要的是正确理解爱情的深刻含义，同时用理智驾驭情感，尊重对方的选择，不可感情用事。

（1）客观评价对方。客观评价对方可以起到熄灭单相思之火的作用。客观评价对方，摘掉对方头上的光环，寻找对方的缺点；客观评价自己，暗示自己："我比她（他）有优势，她（他）不一定是最好的。"相信自己的能力，提高自信心。

（2）勇敢地表达爱慕。找适合的机会将爱慕表达出来，如果遭到拒绝可以进行积极自我暗示："我虽然遭到拒绝，并不能证明我不行，是她（他）没有眼光，没有发现我的优点，我的勇气可嘉，肯定有更好的知己等着我。"

（3）放弃虚幻的爱情，爱与被爱的双方都有选择的权利，尊重对方的选择，长痛不如短痛，不要穷追不舍。

（4）广交朋友。广泛与同学进行交往，在友谊中寻找感情满足。

（5）转移注意力。用取代转移法把注意力转移到其他的兴趣爱好方面，如画画、打球、唱歌等。

2. 遭拒

求爱遭到拒绝的烦恼是大学生恋爱心理常见的问题之一。尤其是初恋，开始的感觉是这样美好而单纯，往往是迫不及待、无比强烈地开始，但当这种爱表达给对方后，不一定得到对方认可和接受，这可能使你感到失落，第一次尝到"爱"被拒绝的滋味。这种失落来自对方对自己的不认可，自信心可能受到打击。当爱遭到拒绝时，可以采取以下方法进行心理调适。

（1）校正认知偏差。首先要确认"爱情是相互的，每个人都有爱与不爱的自由；未能得到一个人的爱，不等于得不到其他异性的爱"。其次要确信，作为年轻人，完全有权利向自己所爱的人表露自己的感情。这一行为是正当的、正常的，没有人会因此而歧视自己。遭到拒绝不是一件丢人的事。再次要正确评价自己。每个人的形象，绝不可能由某一个人来认定。只要你有自信，对生活学习不懈怠，愿意与更多的同学交往，自会有人欣赏你。最后要冷静地思考一下，自己到底喜欢他（她）什么，其中是否出现了"晕轮效应"，将他的优点扩大化了。

（2）心理换位。运用换位思考，假想遭拒的是别人，我们应该怎样去安慰他。然后试着说服自己。一个快乐的人首要的一点就是自信。自信不是天生的，而是在我们的生活经验中逐步培养起来的。

（3）合理宣泄。可以运用情感倾诉的方法，适当宣泄沉积在心中的郁闷。如果实在难受，可到一个空旷的地方大声吼出自己的痛苦；寂寞时，和好朋友们聊天，倾吐心中的不快。

（4）转移注意。全身心地投入学习，积极参加运动和娱乐活动，尽量让自己生活在集体之中，扩大与同学交往的范围，淡化对方在自己心目中的地位。这样可以逐渐发散掉不良情绪，重新认识自我价值。

（5）调整心态。可以与对方做一般朋友式的来往，保持友谊关系，避免尴尬相处。可以给自己拟订一个与对方接触的计划，从不敢面对到有一些主动的问候，到最后从容大方地共处。

3. 失恋

失恋是指一方否认或中止恋爱关系。恋爱失败和失恋是两个不同的概念。前者指恋爱关系的否定，它表现为两种形式，一是恋爱双方都不满意，彼此同意分手；二是恋爱的一方已无情意而提出与对方分手，而另一方却仍情意绵绵，沉湎于对恋情的怀念之中。失恋就是指恋爱失败的第二种。从心理角度来看，失恋可以说是大学生最严重的情感挫折之一，会引起一系列不良的心理反应。有一些失恋者不能及时排解这种强烈的不良情绪，导致性格反常、忧郁、自卑，严重者甚至采取报复乃至自杀等方式来排解心中的郁结。失恋后的心理调整在于对自我现状的认知和对自我情感的认知，主要心理调适方法有以下几种。

（1）矫正认知偏差。首先要认识到每一个未婚青年都有追求爱情的权利，也有接受爱情和拒绝爱情的权利。异性之间恋爱受挫是常有的事，失恋不能失志，失恋不能失德。其次要认识到恋爱是双方的，绝不能强求。最后要认识到一个人的价值是多方面的，要善于升华，以事业成功体现生命价值，多找自己的优势和长处，增强自信心，相信会找到更好的意中人，最终肯定能获得真正的爱情。

（2）逆向思考。恋爱取得成功，除了社会公认的品质、观念以外，还有许多特殊的心理要求，如性格和谐、志趣相同、价值观一致、生理特征相配等。如果因为这些方面发生矛盾，使恋爱不能进行下去，倒不必过于痛苦。不妨反过来思考一下，如果勉强凑合下去，造成以后感情不和，爱情又有什么幸福可言？失恋固然不是幸事，然而没有志同道合、个性契合，及早分手也并非坏事，塞翁失马，焉知非福。

（3）情感调节。运用情感升华、感情宣泄和情感转移来进行情感调节。情感升华是把一些自己若直接表现出来会受到处罚或产生不良后果的行为和欲望，导向比较积极的方向，并使之有利于社会和本人。

（4）丢弃自卑。失恋并非羞耻之事。但有些失恋者却认为失恋是耻辱的，是被对方"涮"了，从而感到脸上无光，产生强烈的自卑感，甚至因此离群索居。其实任何事情的发展都面临两种前途，恋爱也是一样。恋爱一次成功固然可喜，但这毕竟是可能性，不是必然性。所以在你准备谈恋爱那天起，就要做好谈不成的心理准备，失恋也在情理之中，是无可非议的。

（5）自我安慰。失恋后，有时可以适当运用挫折合理化心理做感情转移。一是"酸葡萄"心理，即缩小或否定他人的优点，而强调其各种缺点。就像狐狸吃不到葡萄而说葡萄酸一样。通过找出对方的一些缺点，来打破理想化倾向以修补心灵上的创伤。二是"甜柠檬"心理，罗列自己的优点以恢复自信，减轻痛苦。当然，自我安慰是消极的方法，如果失恋后听任这两种心理支配，不能接受现实，那就还没有从根本上解决问题。

4. 恋爱纠葛

大学生在恋爱过程中会碰到很多麻烦，如自己并不爱对方，对方却拼命纠缠；双方很谈得来，但又常常发生争吵；自己喜欢的异性却喜欢别人等。恋人之间的矛盾和猜疑、三角恋、父母的反对或周围人的非议等都是引发恋爱纠葛的因素。如何处理爱情纠葛呢？

（1）学会拒绝。在恋爱过程中，当需要拒绝时，要考虑以下两方面。

①态度明确。当对方追求你，你却觉得对方并非你所爱的人时，要理智地拒绝。这时对方的爱恋或追求才开始，感情并没有深入发展，你必须态度明确、果断，不要含糊，不要使对方产生爱情错觉，以便使对方彻底死心。但也应该注意拒绝的艺术，做到既拒绝又不至于伤害对方，保护对方的自尊。

②时机和方式恰当。当恋爱进入心理碰撞阶段后，发现对方并不是你心目中的他（她），也需理智地拒绝。但此时的分手是痛苦的，容易造成不良后果，因此，拒绝时更应慎重考虑，注意选择合适的时机和方式。拒绝的态度需要明确，不能留有余地，不要给对方以幻想。要清醒地分析对方可能会出现的情绪和行为，并做好应对准备。拒绝会使对方激动、气愤、发怒，都是可以理解的，你应保持冷静，避免激烈交锋，更不要轻视他（她）、刺激他（她），还可请要好的同学和朋友帮助做工作，以免他（她）产生报复或自毁行为。

（2）学会争吵。没有人真正喜欢和恋人吵架，争吵既无助于矛盾的消除，又会伤感情。激烈的争吵所导致的负面情绪，还会危害人的身体健康。但恋人之间的争吵是不可避免的，需要妥善处理。处理不好，伤害彼此的感情；处理得好，可以增进相互了解，增进感情。争吵也是恋爱的艺术，但需要注意以下三点。

①理智沟通。恋爱双方要从内心确立这样的观念：人与人之间的矛盾、冲突可以依靠理智加以调和、消除，不是无法解决的。因此，当恋人之间发生矛盾时，要尽量限制在以理智为主导的争论范围内，避免演化成以情绪为主导的争吵。如果你能够冷静地倾听对方，让对方充分地表达，并且能设身处地地理解对方的动机、想法和情绪，那么你就掌握了主动。在争吵中，你可以坚定自己正确的方面，又承认自己确实存在的局限及谬误之处。在言语上尽量准确、具体地描述自己的见解、动机和情感体验，批评对方时有理有据，对事不对人，语言委婉。这样才能创造出一种平等的、互相尊重的、不为争面子而为了真正解决问题的氛围，双方才能尽快地沟通、和解。

②主动妥协。双方在经过一番争论之后，要提出可行的解决办法。这个办法应当最大限度地有利于双方，被双方接纳。双方的所有要求与愿望并不能总是全部得到满足，在得到一些的同时不得不放下另一些。恋人之间要学会放弃，本着务实的态度容忍小部分利益或优势的丧失，保证大部分的利益在新的关系中得以保存。这种相互间的妥协非常必要。而且恋人之间的争吵，主动妥协往往会使对方心软，争吵可能很快就平息了。

③注意保密。既然两人相爱，争吵又是在"两人世界"中进行的，争吵后就应注意保密。切忌向同学和朋友炫耀以满足自己的虚荣，这样容易引发对方的不满。

（3）处理"多角恋爱"。多角恋爱是同时与数个异性建立恋爱关系，企图同时占有数个异性的感情而玩爱情游戏。多角恋爱历来被认为是典型的爱情不专一，朝三暮四，视爱情为游戏，把自己的幸福建立在牺牲他人的感情的基础之上。不管从哪个角度来讲，多角恋爱都为社会和道德所不容许，且可能产生种种不良后果。那么，多角恋爱的当事人应当如何正确对待这个问题呢？

从被恋角色看，被恋者正处于多角恋的旋涡正中，他（她）是否具备良好的心理品质和行为方式是至关重要的，有两个或两个以上的异性同时爱着自己，或先后向自己求爱，说明你是一个幸福者，有选择爱情的神圣权利，应当从多方面对这些追求者进行了解、比较，并尽快地予以抉择。在抉择之前，对多个异性要保持不超过友谊的关系。如果与一个异性相处已有一段时间，彼此已有了一定的了解，建立了一定感情，此时在你的生活中又出现另一个人，对比之下，你才明白与前者之间有的不是爱情只有友谊。那么这时候用不着被"喜新厌旧"的说法束缚，不要犹豫徘徊，你有权利做出选择。这时候，良心自责、感情内疚也无济于事。长痛不如短痛，应尽快做出抉择。问题的关键是要了却与其中一个的关系，待到他（她）感情的波澜较为平静之后，再与另一个发展恋爱关系。

从竞争者角色看，当发现自己站在了危险的"多角区"的角上时，要宽容地理解：一个好姑娘、一个棒小伙有几个异性追求者，不足为怪，他（她）难以取舍，不易定夺，自己则应当抓住机遇去"自由竞争"，去表现自己的思想、才能、气质、风度、自信和宽容大度，以争取她（他）下决心选择自己。如果竞争"赢"了要特别小心地对待"失败者"，要予以同情和理解，甚至可以高姿态地向"失败者"表示歉意，一定不要加剧别人的心灵创伤。如果是竞争的"输家"，你要正视现实：自己与对方没有缘分，就不要再强求。应当尊重所钟爱的人的选择，尽快从竞争中撤退。

5. 网恋

互联网是当今世界最快捷便利、省时省钱的交流与沟通手段，使人们可以随时随地跨越时空进行倾诉和交往。网络的主体性、虚拟性、隐蔽性及便利性使一些大学生钟爱网络交流。许多远隔天涯的男女在一定空间通过指尖点击相识相知，倾心交流，心心相印。但是由于网络的虚拟性和欺骗性大，网恋也存在着许多问题，许多人被骗财骗色，甚至丢掉性命。

（1）网恋具有虚幻性。网恋与现实生活中的恋爱相比，有许多不同之处。网上交友这种方式具有虚拟性和与现实的隔膜性，常常会导致"见光死"的结局。网恋毕竟不同于通过见面、书信、电话等交流方式进行的现实恋爱，后者尽管不如前者有更多的想象空间和对异性产生的神秘感，但它却是令人感到踏实的。

（2）网恋具有游戏性。网恋的成功率很低。双方交朋友只是通过对方的语言、自己的直觉和想象而产生信任感，而这种信任感往往是靠不住的。网恋语言时常成为独自狂欢的游戏语言，对今后的现实恋爱生活极为有害。

大学生网恋的任何一种类型，几乎都具有一个共同点：抛弃了"恋爱是为了缔结婚姻"的观念，把网恋视为一种游戏和在网上进行情感交流的一种方式。心理学家指出，大学生网恋一般很容易上瘾，而一旦上瘾就会沉湎于网上不能自拔，把网上爱情视为生活的唯一追求。网恋会严重影响学习，而且容易使他们减少与老师、同学之间的交流。不愿意参加集体活动，性格变得孤僻，甚至造成人格分裂。

【扩展阅读】

玫瑰花枯萎了，蜜蜂仍拼命吮吸，因为它以前从这朵花上吮吸过甜蜜。但是，现在在这朵花上，蜜蜂吮吸的是毒汁。

蜜蜂知道这一点，因为毒汁苦涩，与以前的味道是天壤之别。于是，蜜蜂愤不过，它吸一口就抬起头来向整个世界抱怨，为什么味道变了?! 终于有一天，不知道是什么原因，蜜蜂振动翅膀，飞高了一点。这时，它发现，枯萎的玫瑰花周围，处处是鲜花。

心理点评：

这是关于爱情的寓言，是一位年轻的语文老师的真实感悟。

有一段时间，她失恋了，很痛苦，一直想约我聊聊，希望我的心理学知识能给她一些帮助。我们一直约时间，但快两个月过去了，两人的时间总不能碰巧凑在一起。最后一次约她，她说："谢谢! 不用了，我想明白了。"

原来，她刚从九寨沟回来。失恋的痛苦仍在纠缠她，让她神情恍惚，不能享受九寨沟的美丽。不经意的时候，她留意到一只小蜜蜂正在一朵鲜花上采蜜。那一刹那，她脑子里电闪雷鸣般地出现了一句话："枯萎的鲜花上，蜜蜂只能吮吸到毒汁。"

当然，大自然中的小蜜蜂不会这么做，只有人类才这么傻，她这句话里的蜜蜂当然指她自己。这一刹那，她顿悟出了放弃的道理。以前，她想让我帮她走出来，但翅膀其实就长在她自己身上，她想飞就能飞。

放弃并不容易，爱情中的放弃尤其令人痛苦。因为，爱情是对我们幼小时候的亲子关系的复制。幼小的孩子，无论从哪个方面看，都离不开爸爸妈妈。如果爸爸妈妈完全否定他，那对他来说就意味着死亡，这是终极的伤害和恐惧。我们多多少少都曾体验过被爸爸妈妈否定的痛苦和恐惧，所以，当爱情这个亲子关系的复制品再一次让我们体验这种痛苦和恐惧时，我们的情绪很容易变得非常糟糕。

不过，爱情和亲子关系相比，有一个巨大的差别：小时候，我们无能为力，一切都是父母说了算；但现在，我们长大了，我们有力量自己去选择自己的命运。可以说，童年时，我们是没有翅膀的小蜜蜂，但现在，我们有了一双强有力的翅膀了。

但是，当深深地陷入爱情时，我们会回归童年，我们会忘记自己有一双可以飞翔的翅膀。等我们自己悟出这一点后，爱情就不再会是对亲子关系的自动复制，我们的爱情就获得了自由，就有了放弃的力量。

切记：

爱情是两个人的事情，两个完全平等的、有独立人格的人的事情。你可以努力，但不是说，你努力了就一定会有效果，因为另一个人，你并不能左右。

所以，无论你多么在乎一次爱情，如果另一个人坚决要离开你，请尊重他的选择。

并且，还要记得，你不再是童年，只能听凭痛苦的折磨。你已成人，你有一双强有力的翅膀，你完全可以飞出一种已经变成毒药的关系。

第三节 性情发展——大学生性心理及其困扰

大学生正处于性生理基本发育成熟，性心理也渐趋成熟的时期。在这一时期，自身性生理反应的体验、大众媒介有关性爱方面内容的渲染，加上多种因素的影响和制约，大学生中出现了较多的与性有关的问题，产生了各种与之相关的心理困扰或心理障碍。这对大学生的心理健康，对大学生学习和生活带来了消极的影响。大学生应对此有正确的认识和了解，积极进行心理调适，使身心健康发展。

一、性心理及其发展阶段

性心理是与情感心理和道德心理相关联的一种心理，是在性生理的基础上，与性特征、性欲望、性态度、性行为等有关的心理状况和心理过程，是一个人正常心理的重要组成部分。它包括认识自己的性别角色、与异性交往的态度、性观念等方面。性心理的发展通常划分为三个阶段。

1. 异性疏远期

这一时期也称为性发育早期、"性紧张期"。随着第二性征的出现，少男少女对自身生理所发生的变化感到茫然，对两性关系似懂非懂，对性知识、性行为一知半解。在与异性的交往中羞涩、忸怩和不自然，所以常常会选择避开与异性交往，本能地对异性暂时疏远，甚至对异性反感，尤其以女生表现得最为明显。

2. 异性接近期

在完全进入青春期后，随着性生理的发育加上生活阅历的增加，个体对异性有了进一步的了解和认识，对性意识的情感体验也开始有了新的变化。他们渴望了解异性，渴望接近异性，希望与异性交往。喜欢幻想，喜欢看爱情小说，喜欢与异性在一起活动，喜欢在异性面前表现自己，力求成为异性眼中有吸引力的人。此时，两性之间的畏惧感、陌生感消失，有着强烈的相互吸引和接近愿望。但由于缺乏接近异性的经验，不知如何表现自己，往往会通过狂热追星以释放出自己内心对异性的渴慕之情。

3. 异性恋爱期

这一时期也称为性发育晚期、"两性恋爱期"。进入青春后期后，由于性生理发育完全成熟，性心理在逐渐成熟，自我意识、思维和人格都在积极发展。两性逐渐把对异性的情感纳入恋爱的轨道，对恋爱的理解和认识更加深刻，对恋人的寻觅更加迫切，对异性的态度也逐渐客观。此时，两性尽量在异性面前展示自己的长处与才华，把对异性的泛化爱慕和好感集中到某一个特定的异性身上，开始更多地与自己喜欢的异性单独在一起。但由于受社会文化的影响，男性在恋爱的表达方面更加主动、大胆、直率，而且热情奔放；女性更加含蓄、深沉、妩媚，略带羞涩和矜持。

二、大学生性心理的发展特点

大学生性生理发育基本成熟，但是由于他们涉世未深，社会知识经验较少，自我意识的发展还不完善等，他们在性心理发展上存在非均衡性、矛盾性及男女性意识和性审美上的差异性。

1. 性心理的本能性和神秘性

大学生的性心理基本上还是一种生理急剧变化的本能表现，缺乏深刻的社会内容。相当一部分大学生，尤其是低年级大学生的性心理，对异性产生的兴趣、好感、爱慕还是基于异性的吸引，而缺少责任、安全等社会内容。其性心理主要还是生理发育成熟带来的本能反应。随着社会观念的多元化发展，传统的性道德观念受到了强烈的冲击，再加上影视、报刊、网络等传播媒体对性的大肆渲染，大学生对性不再感到陌生，但是仍然缺少正确和科学的认识，性在一定程度上还是具有神秘感和朦胧感。大学生由于性生理和性心理日趋成熟，希望与异性交往，他们喜欢探索异性的心理秘密。正是在此基础上，在朦胧纷乱的心理变化中，大学生的性意识逐渐强烈和成熟起来。

2. 性意识的强烈性和表现上的文饰性

大学生在性意识上对异性有强烈的兴趣，他们十分重视自己在异性心目中的形象，十分看重来自异性的评价，并常按照异性的要求和希望来进行自我评价和塑造自己的形象。但表面上又表现出拘谨、羞涩、冷漠等态度；心里对某一异性很感兴趣，表面上却表现出无动于衷。这种矛盾的心理使他们产生种种冲突与困惑。同时，尽管大学生心理上对性问题和异性都很关注、很敏感，但在行为上却表现得拘谨、羞涩和冷漠，具有明显的文饰性。

3. 性冲动与性压抑并存

大学生正处在青年期的鼎盛时期，是人一生中性能量最旺盛的时期，他们渴望与异性交往，但是由于性心理的不成熟，尚未形成正确的性爱观和性道德观，自控力较弱，因而他们的性心理容易受到外界的不良影响而动荡不安，形成错误的性认知和性爱观，有的会发生性过失行为或性犯罪行为。与此相反，一些大学生由于性能量得不到合理的疏导、升华导致过分性压抑而产生各种各样的性心理障碍，如过度手淫、性强迫症、偷窥、恋物癖等。

【心理案例】

偷的是那份快感

某院校的一男学生，自幼丧母，父亲性格古怪，缺少责任感，家庭生活缺少温暖。此人性格不开朗，经常自己单独一处，没有要好的同性朋友，不与人交往。他经常溜进附近一中专学校的女生宿舍去偷内裤和胸罩，被人发现后给以批评教育，但时间不长，便又旧病复发。

【案例简要分析】关于本病的发生原因，至今仍是一个谜。据心理专家的观察，可能与来访者自幼较受溺爱，遭受过某些心理创伤，个性孤僻，胆小，拘谨，在性心理发展过程中缺乏正确的引导等有关。因此，从幼儿期起，注意各方面的教育和环境影响，根据年龄的特征给予适当的性教育和良好的个性培养，对预防恋物癖等性心理病态是有积极意义的。

4. 男女大学生性心理的差异性

大学生的性心理由于不同性别而存在性心理的差异，在对异性的感情上男大学生一般表现为外显和热烈，女大学生往往表现得含蓄而内敛；在内心体验上，男生更多的是新奇、喜悦和神秘，而女生常常表现出惊慌、羞涩和不知所措；在表达方式上男生通常比较主动，而女生则表现得较为被动。此外，在对待性冲动方面，男生的性冲动易被性视觉刺激唤起，而女生则易在听觉、触觉刺激下引起性兴奋。不过，这种差异近年来有缩小的趋势。如在表达方式上，女生变得较为主动的情况也是越来越常见。

中国是一个传统伦理观念占主导的国家，一个人从出生开始就接受来自家庭、学校、社会的道德教育，形成了有中国传统的性道德观和价值观，大学生的性心理发展主流上是正常的、健康的。大多数的大学生能较好地调节性欲望和性冲动，表现出符合社会规范的性行为，能较好地对待两性交往。但是，较之其他方面的心理发展，大学生在性心理发展过程中还存在较多的问题，由此引发诸多的困惑、烦恼和适应不良等。

大学生性心理健康问题集中表现在对性缺乏科学的、健康的认识态度，性价值观模糊，对自身的性生理、性心理感到困惑、不适应，对自身的性本能、性冲动存有不安和压抑等。

【心理测试】

性的自律

亲爱的读者，你怎样看待"性"？请你认真阅读下面每道题，并做出你自己的选择。

1. 适当自慰对身体无害	符合	不符合
2. 只要自己快乐就好，社会怎么看，我不在乎	符合	不符合
3. 学习性知识是结婚以后的事，现在难于启齿	符合	不符合
4. 我与对方发生性关系，并不一定得爱对方	符合	不符合
5. 我常有性幻想和性冲动，这真可耻	符合	不符合
6. 采取避孕措施会影响性爱质量，所以我选择不使用	符合	不符合
7. 只要对方自愿和我发生性关系，我就可以不承担责任	符合	不符合
8. 对于性，不愿意的时候应该坚决说不	符合	不符合
9. 用性来证明自己的成熟和魅力是不明智的	符合	不符合
10. 有性的爱情才保险	符合	不符合
11. 我觉得自己的生殖器不理想，为此感到自卑	符合	不符合
12. 偶尔一次流产，应该对身体没有什么影响	符合	不符合

【评分与评价】

1、8、9 题选"符合"得 1 分，选"不符合"等 0 分；其他题选"符合"得 0 分，选"不符合"得 1 分，最后将得分相加，得分越高，对性的认识越正确。

三、大学生常见的性心理困扰

1. 性体相的困扰

已经进入青春期的大学生，男女生的体相发生了很大的变化。几乎所有的男生都希望自己身材高大，体魄健壮，音调浑厚，拥有男性磁力，以吸引女性的注意；而女性也几乎都希望自己容貌美丽，身材完美，音调柔和，来显示女性魅力，以吸引男性的关注。然而，这些希望只是我们心目中的理想情况，绝大部分同学都不会拥有这样一副近乎完美的体相。因此，有些同学为自己的身材太矮或太胖而自卑，也有些同学觉得自己的阴茎或乳房太小而感到焦虑。甚至还有些同学为自己的声音不符合心意而出现烦恼。

2. 遗精恐惧和月经焦虑

遗精是指男性在无性交状态下的射精现象，是青春期男子常见的正常生理现象。"精满则自溢"，是性成熟的标志。由于受传统观念的影响，不少人认为遗精会失去身体的精华、伤元气，肾亏。因而一有遗精，有些男生便感到焦虑不安，惊恐失措。这种不良心态和情绪，严重影响大学生的正常学习、生活和身体健康，容易产生不良后果。

月经来潮是女性进入青春期的标志，是正常的生理现象。尽管正常，但女性的月经期及来月经的前几天是女性生理曲线的低潮期，身体的耐受性、灵活力下降，易疲劳、感冒。同时，有些女性容易产生情绪波动；如果遭遇较大的压力，甚至会引起痛经、闭经。因此，女大学生经期的生理和心理卫生是一个不容忽视的问题。

3. 性幻想与性梦

性幻想是指在某种特定因素诱导下，自编、自导、自演与性行为的内容有关的心理活动过程。这是青春期常见的一种自慰行为，是一种正常的普遍的心理反应。当大学生与异性交往强烈的渴求不能径直实现时，性幻想就有可能发生。性幻想又叫性的白日梦。这种白日梦可以导致生理上的性兴奋，偶尔也会出现性高潮，这在一定程度上可以缓解人们的性需求。国外有关研究发现，到青春期从来不做性幻想的，在调查的男性中只占 1%，女性只占 2%；另有学者调查发现，70% 的男女大学生都曾有过性幻想。但是，性幻想不能过头，如果成天沉溺其中，甚至把幻想当成现实，那就会成为病态，就会有碍于青年的健康成长。

性梦是指在睡眠状态中所做的以性内容为主的梦。性梦的内容十分广泛，甚至包括清醒时做不出来的性行为。产生原因是青春期开始前后，人体内的性激素迅速增加，大脑中调节性活动的神经中枢日渐成熟，性梦就是伴随着此时性心理活动的增多而产生的。处于青春期的男女，做性梦是很正常的，人们通过梦的方式部分获得自己白天被社会规范限制的性冲动的满足，从而缓解性紧张。

调查显示：有85%的男生和51%的女生做过性梦，这是正常的生理、心理现象，大部分人都有过类似的经历。

4. 性自慰

性自慰是指用手或工具刺激生殖器而获得性快感、获得性满足的行为。自慰在青春期男女中为普遍的现象。自慰是一种性冲动的发泄方式，一种性的补偿行为。但大学生中有许多人对自慰持有不正确的认识。一般来说，适度自慰不影响性功能，也不影响未来的生育功能。自慰的危害不在于自慰本身，而在于对自慰的担忧、恐惧、羞愧和罪恶感。但是，自慰无罪无害，并不意味着自慰必需，更不是说自慰可无度。"纵欲伤身"，过度自慰对身体也会造成一些不良影响。如对生殖器的过度刺激可能会习惯性地形成局部的感觉麻痹，使少数人性唤起难度增大。此外，有的大学生自慰时不注意卫生、方法，还容易导致性器官感染或受损，给未来正常性生活埋下隐患。

5. 婚前性行为的烦恼

爱情是情爱和性爱所构成的复杂综合体。大学生的爱情中，既然有性爱的成分，有了亲昵的举动可以理解，而性欲冲动往往就是在这种肌肤之亲的行为中爆发的。如果不善于控制自己的性欲冲动，就会酿成婚前偷吃禁果的性行为。因此，大学生的恋爱，重要的一环便是对亲昵行为的适可而止。大学生彼此之间完全可以开诚布公地讨论婚前性行为的危害，本着尊重对方、尊重自己的态度，解决好独处时过分亲昵这一问题，从而避免难堪的局面发生。

大学生恋爱中的性行为，无论对男女双方都可能带来危害，并不利于身心发展。为了对恋人、家庭、社会和后代的健康负责，热恋中的大学生一定要自尊、自重、自爱，理智地对待婚前性行为。

6. 同性恋

不同的时代、不同的文化背景对同性恋的认识是不同的。当今许多学科对同性恋的研究日益广泛和深入，并以更加科学和文明的态度来对待同性恋者，社会对同性恋者也采取一种越来越宽容的态度。许多国家已立法允许同性恋入伍、结社，社会不能对这一群体有任何歧视。美国精神疾病学会已将同性恋这一诊断从精神疾病的分类中删除，现在普遍认为同性恋并不是病，只是性取向的不同，已不赞成治疗同性恋。其他国家也有学者认为同性恋是与生俱来的性取向问题，而不是一种疾病。不同民族，不同文化背景下，人们对同性恋的某些行为或心理健康与否在认识上存在着巨大差异。

第四节　健康爱恋——培养健康恋爱行为及性心理

一、培养健康的恋爱心理与行为

1. 树立正确的恋爱观

（1）提倡志同道合的爱情。在恋人的选择上最重要的条件应该是志同道合，思想品德、事业理想和生活情趣等大体一致。应该是理想、道德、义务、事业和性爱的有机结合。一般情况下，异性感情的发展是沿着熟人—朋友—好朋友—知己—恋人这一线索发展的，当一个被确定的意中人成为自己心中任何人都不能代替的角色时，爱情就可能降临。在分享快乐和痛苦、共同成长的过程中，爱情就会产生和发展。

（2）摆正爱情与学业的关系。大学生应该把事业放在首位，摆正爱情与学业的关系，不能把宝贵的时间都用于谈情说爱而放松了学习。因为学业是大学生价值感的主要支柱。当大学生把爱情视为生命的唯一时，爱情就是一株温室中的花朵，娇弱美丽却经不起任何的打击。当爱情成为个人唯一的存在价值时，他（她）本人就会失去人格的独立和魅力，也很容易失去被爱的理由。

（3）懂得爱情是相互理解、相互信任，是责任和奉献。理解对方是为个人和对方营造一种轻松和快乐的氛围，没有人追逐爱情只是为了被约束；相互信任是自信的表现，自己都不相信自己值得别人去爱的人，别人会全心全意爱他吗？责任和奉献则意味着个人道德的修养，它是获得崇高的爱情的基础。

2. 发展健康的恋爱行为

（1）恋爱言谈要文雅，讲究语言美。交谈中要诚恳、坦率、自然，不要为了显示自己而装腔作势，矫揉造作；不能出言不逊，污言秽语，举止粗鲁；相互了解，不要无休止地盘问对方，使对方自尊心受损。否则只会使之厌恶，伤害感情。

（2）恋爱行为要大方。一般来说，男女双方初次恋爱，在开始时常感到羞涩与紧张，随着交往的增加会逐渐自然与大方。这个时期要注意行为举止的检点。有的人感情冲动，过早地做出亲昵动作，使对方反感，影响感情的正常发展。

（3）恋爱过程中要平等相待，互相尊重。不要拿自身的优点去比较对方的不足，以此炫耀和抬高自己，戏弄贬低对方。也不宜想方设法考验对方或摆架子，这些都可能挫伤对方的自尊心，影响双方的感情。

（4）善于控制感情，理智行事。对于恋爱中的性冲动，一方面要注意克制和调节，另一方面要注意转移和升华，参加各种文娱活动，把恋爱行为限制在社会规范内，不致越轨，要使爱情沿着健康的道路发展。

3. 培养爱的能力与责任

（1）迎接爱的能力。迎接爱的能力包括施爱的能力和接受爱的能力。一个人心中有了爱，在理智分析之后，要敢于表达、善于表达，这是一种爱的能力。一个人面对别人的施爱，能及时准确地对爱做出判断，并做出接受、谢绝或再观察的选择，这也是一种爱的能力。缺乏这种能力的人，或是匆忙行事，或是无从把握。大学生要具有迎接爱的能力，应懂得爱是什么，有健康的恋爱价值观，知道自己喜欢什么，需要什么，适合什么；就应对自己、对他人、对万事保持敏感和热情；应主动关心他人，热爱他人。

（2）拒绝爱的能力。对于自己不愿或不值得接受的爱应有勇气加以拒绝。拒绝爱要注意两个方面。一是在并不希望得到的爱情到来时，要果断、勇敢地说"不"，因为爱情来不得半点勉强和将就。如果优柔寡断或屈服于对方的穷追不舍，发展下去对双方都是不利的。二是要掌握恰当的拒绝方式，虽然每个人都有拒绝爱的权利，但是珍重每一份真挚的感情是对他人的尊重，也是一种自尊，同时是对一个人道德情操的检验。不顾情面，处理方法简单轻率，甚至恶语相加，结果使对方的感情和自尊心受到伤害，这些做法是很不妥当的。

4. 发展爱的能力，培养爱的责任

马卡连柯说："爱的力量只能在人类非性欲的爱情素养中存在。他的非性欲的爱情范围愈广，他的性爱也就愈为高尚。"发展爱的能力，并不是非要具体到对某一异性的爱，可以是更广泛意义上的爱。我们的亲人、同学、朋友、祖国和人民，都值得我们去热爱。发展爱的能力，就是要培养无私的品格和奉献精神，要培养善于处理矛盾的能力，有效地化解消除恋爱和家庭生活中的矛盾纠纷，为恋人负责，为社会负责，才能创造出幸福美满的婚恋。

5. 提高恋爱挫折承受能力

大学生的恋爱受多种因素的制约，因而在追求爱情的过程中遇到各种波折是在所难免的。前面所提到的单相思、爱情错觉、失恋等恋爱心理挫折对大学生的心理承受能力就是一种考验。如果承受能力较强，就能较好地应对挫折，否则就有可能造成不良后果。因此，提高恋爱挫折承受能力对大学生的心理健康是非常重要的。当爱情受挫后，要用理智来驾驭感情，通过增强理智感，分析原因，总结经验教训，寻找解决问题的方法和途径，在新的追求中确认和实现自己的价值，从而提高自己的心理承受能力和思想水平。

二、正确确定选择伴侣的标准

1. 生物因素

生物因素包括年龄、身体健康状况、身高和外貌等。年龄不宜相差过大，年龄相差过大会带来性爱不和谐、低质量的生命生产和心理上的冲突，使婚姻之树难以常青。要没有妨碍对方和可能遗传的疾病，要有双方都能认可的身高、外貌等。

2. 经济因素

经济因素包括生活应该有起码的保障，两人对钱财的态度和收支的方式应该一致或相近。考虑到经济因素，不是指谁有钱就与谁交往。

3. 社会因素

社会因素包括双方的家庭情况，父母的婚姻是否幸福，是不是有道德的人，对方的童年是否幸福，是否受过正常的教育，双方的生活经历是否相似等。因为与一个人结婚，就要接受这个人的背景和周围的人。婚姻不仅是两个人的结合，更是两种生活的融合。

4. 心理因素

心理因素包括双方的德才、性格、情感、兴趣、习惯、业余爱好等是否相似、一致或互补。人们都爱各方面能与自己相似的人，包括容貌相近的人。相似表明两个人有更多的一致性，容易形成统一的结合点或轴心，以及相互肯定和支持。互补也很好，如果彼此能互相满足需要和补偿自己的不足，双方都感到从对方那里得到的收益大于从其他异性那里取得的,那么就奠定了爱情和婚姻关系得以长久维持下去的基础。在心理因素方面,特别应注意:考察对方有无同情心和自尊心,性格是否健全。

5. 价值观因素

人与人相处最核心的问题是价值观念是否一致,有无难以消除的原则性意见分歧,解决问题的原则和方法是否相同。

有人追求精神上的满足,希望对方有强烈的事业心,两人有共同的理想和信仰。有人追求感官上的刺激,希望对方长得漂亮、美丽。有人追求实惠,希望对方有地位,经济条件好,能够帮助自己解决困难,承担家务。有人追求个性完美,希望对方正直、诚实、勤劳和善良。

总之,人们所说的缘分,无非是上述这五个方面的社会总量相等。两个人主观上互相爱慕,客观上又互相适合,使爱情能够得到继续补充的能量,又不断更新、开拓爱情的新内容,就能使婚姻美满幸福。

但是,社会总量相等的观点只能用于最初的选择之中,不能贯穿于婚姻生活的全过程,不可随时随地永久地制约着两个人之间的感情,婚后不要讨论彼此职务高低、成就大小、能力强弱、收入多少。否则会使婚姻生活充满紧张不安。

三、培养健康的性心理

1. 掌握科学的性知识

大学生应该对"性"有一个科学的认识。性是一门综合性的科学。它包括性生理学、性心理学、性社会学、性伦理学、性美学等。大学生应当努力学习和掌握性科学知识,避免性无知,消除把性仅看作是生物本能的片面认识。

"性是人格的完成。"性,不仅仅决定于生物本能,而且一个人对待性的态度还反映了一个人人格的成熟。人自身的尊严感和对他人是否尊重,都会在两性关系中充分体现出来。

(1)要自爱自信。大学生要认同自己的性别角色。性别角色意识是一个人社会化成熟与否的重要体现,是心理健康的重要标志。世界是两性的和谐统一。男性和女性在生理和心理上各有自己的特点,各有自己的性别魅力。现代社会的大学生应当在生物生理、社会心理和文化、经济、社会参与以及政治上,进行合乎科学、合乎道德、合乎时代要求的全面角色认同,发展出适应时代要求的优秀个性特点。

(2)要对性行为负有社会责任感。如果性行为涉及另一个人,那么便涉及许多社会责任。性行为可以给另一方造成心理和肉体上的伤害,可以产生第三个生命。这将意味着影响另一个人的生活,也将影响你自己的生活。每一个成熟的大学生都应当了解个人性行为给他人、自我和社会带来的后果。尊重他人,尊重自我,对自我的行为负起责任。大学生要增强自己的性道德和性法律意识,用道德和法律规范自己的性行为。

(3)要培养良好的意志品质。大学生自我控制性心理能力的大小,在一定意义上是由个人意志品质的强弱决定的。意志作为达到既定目的而自觉努力的一种心理状态,具有发动和抑制行为的作用。有的青年人有很强的性冲动，在外界性刺激的情况下，会急于寻求性的满足。但是，人不同于动物，人有意志力，人可以抑制和调整自我的冲动。那些放纵自己的人往往缺乏坚强的意志品质。为了自己长远的幸福和个人成功的发展，应当努力培养自己良好的意志品质。

2. 进行自我调节

每一个大学生都应该懂得：每个人都应该尊重任何一个他人的存在价值；每个人都应该以希望他人对待自己的方式去对待他人；每个人发展自尊与自重都应该建立在良好的人格标准基础上，即责任心、诚实、善良，并对自己的道德能力有信心。性欲是正常的和健康的，而且，性欲是可以控制的。

悦纳自己的性体相。①积极改善可塑造的部分。例如男生的可塑部分为体形、吸引力，要想体形健美，可长时间坚持锻炼；增强吸引力，从完善内在入手，宽容、大度、智慧、幽默等。②乐观悦纳不可塑造的部分。人的一些生理特征受先天遗传影响很大，很难改变。对此要乐观悦纳。

【学习反馈】

1. 爱情和喜欢有什么区别？
2. 爱情产生的基础是什么？
3. 斯滕伯格的爱情三角理论的主要观点是什么？你如何看待这个理论？
4. 谈谈正确的恋爱观。
5. 如何培养爱的能力？

【心理测试1】

大学生恋爱观心理自测表

指导语：每一个问题的下面，都有四种不同的选择，请你在符合自己想法的那一字母上打上"√"，每题只选一个。

1. 你想象中的爱情是

A. 具有令人神往的浪漫色彩   B. 能满足自己的情欲

C. 使人振奋向上   D. 没想过

2. 你希望同你恋人的结识是这样开始的

A. 在学习和工作中逐渐产生爱情   B. 青梅竹马

C. 一见钟情也未尝不可   D. 随便

3. 你对未来妻子的主要要求是

A. 别人都称赞她的容貌   B. 善于理家

C. 顺从你的意见   D. 能在多方面帮助自己

4. 你对未来丈夫的主要要求是

A. 有钱或有地位　　　　　　　B. 为人正直有事业心

C. 不嗜烟酒，体贴自己　　　　D. 英俊有风度

5. 你认为完美的结合应是

A. 门当户对　　　　　　　　　B. 郎才女貌

C. 心心相印　　　　　　　　　D. 情趣相投

6. 你认为巩固爱情的最好途径是

A. 满足对方物质要求　　　　　B. 柔情蜜意

C. 对爱人言听计从　　　　　　D. 完美自己

7. 在下列格言中，你最喜欢的是

A. 生命诚可贵，爱情价更高　　B. 爱情的意义在于帮助对方，同时也提高自己

C. 有福同享，有难同当　　　　D. 为了爱，我什么都愿干

8. 你希望恋人同你在兴趣爱好上

A. 完全一致　　　　　　　　　B. 虽不一致，但能互相照应

C. 服从自己的兴趣　　　　　　D. 互不干涉

9. 当你发现恋人的缺点时，你的态度

A. 无所谓　　　　　　　　　　B. 嫌弃对方

C. 内心十分痛苦　　　　　　　D. 帮他（她）改进

10. 你对恋爱中的曲折怎么看

A. 最好不要出现　　　　　　　B. 自认倒霉

C. 想办法分手　　　　　　　　D. 把它作为对爱情的考验

11. 你对家庭的向往是

A. 能同爱人天天在一起　　　　B. 人生归宿

C. 能享天伦之乐　　　　　　　D. 激励对生活的新追求

12. 自己有一位异性朋友时，你将

A. 告诉恋人，在其同意下继续交往　　B. 让恋人知道，不能干涉

C. 不告诉　　　　　　　　　　D. 告诉与否看恋人的气量而定

13. 另一位异性比恋人条件更好，且对自己有好感

A. 讨好对方，想法接近　　　　B. 保持友谊，说明情况

C. 持冷淡态度　　　　　　　　D. 听之任之

14. 当你迟迟找不到理想的恋人时

A. 反省自己的择偶标准是否实际　　B. 一如既往

C. 心灰意冷，甚至绝望　　　　D. 随便找一个

15. 当你所爱的人不爱你时

A. 愉快地同他（她）分手　　　B. 毁坏对方名誉

C. 千方百计缠住对方　　　　　D. 不知所措

16. 你的恋人以不道德的理由变心时，你会

A. 报复　　　　　　　　　　　B. 散布对方的缺点

C. 只当自己没看准　　　　　　D. 吸取教训

17. 当发现恋人另有所爱时

A. 更加热烈地求爱　　　　　　B. 想法拆散他们

C. 若他(她)们尚未确定关系就竞争　D. 主动退出

计分方法与解释

题号	A	B	C	D
1	2	1	3	0
2	3	2	1	1
3	1	2	1	3
4	0	3	2	1
5	1	1	3	2
6	1	0	2	3
7	2	3	2	1
8	1	2	0	3
9	1	0	2	3
10	1	2	0	3
11	2	1	1	3
12	3	2	1	1
13	0	3	2	1
14	3	1	0	1
15	3	0	1	1
16	0	1	2	3
17	1	0	3	2

总分在46分以上，说明恋爱观正确；42~46分，基本正确；42分以下，说明恋爱观需要调整。

【心理测试2】

区别友谊与爱情

下面的测试可以了解自己到底是喜欢还是爱。

【测试1】

下面有 13 个句子，在符合你的句子前打"√"。

1. 当我和他（她）在一起时，我发觉好像两人都有相同的心情。

2. 我认为他（她）非常好。

3. 我愿意推荐他（她）去做为人尊敬的事。

4. 依我看来，他（她）特别成熟。

5. 我对他（她）有高度的信心。

6. 我觉得大部分人和他（她）相处，都会对他（她）有很好的印象。

7. 我觉得和他（她）很相似。

8. 我愿意在班上或团体中，做什么事都投他（她）一票。

9. 我觉得他（她）是许多人中，容易让别人尊敬的一个。

10. 我认为他（她）是十二万分聪明的。

11. 我觉得他（她）是我认识的所有人中，非常讨人喜欢的。

12. 他（她）是我很想学的那种人。

13. 我觉得他（她）非常容易赢得别人的好感。

【测试 2】

下面有 13 个句子，在符合你的句子前打"√"。

1. 他（她）觉得情绪很低落的时候，我觉得很重要的职责就是使他（她）快乐起来。

2. 在所有的事件上，我都可以信赖他（她）。

3. 我觉得要忽略他（她）的过失是一件容易的事情。

4. 我愿意为他（她）做所有的事。

5. 对他（她）我有一种想占为己有的想法。

6. 若我不能和他（她）在一起，我会觉得非常不幸。

7. 假使我孤寂，首先想到的就是要去找他（她）。

8. 在世界上也许我关心很多事，但最重要的事就是他（她）幸福不幸福。

9. 他（她）不管做什么，我都愿意宽恕他。

10. 我觉得他（她）的幸福是我的责任。

11. 当我和他（她）在一起时，我发现自己什么事都不想做，只想用眼睛看着他（她）。

12. 若我也能让他（她）百分之百信赖我，我觉得十分快乐。

13. 没有他（她），我觉得难以生活下去。

测试 1 和测试 2 中符合你的情况的句子分别有多少？如果测试 1 中符合你的句子多于测试 2，那么你对对方喜欢的成分多于爱，你们之间是友谊而非爱情；反之则是爱情而非友谊。

心理美文

不要为失去而烦恼

一个人坐在轮船的甲板上看报纸。突然一阵大风把他新买的帽子刮落大海中，只见他用手摸了一下头，看看正在飘落的帽子，又继续看起报纸来。另一个人大惑不解，说："先生，你的帽子被刮入大海了。""知道了，谢谢！"他仍继续读报。"可那帽子值几十美元呢！""是的，我正在考虑怎样省钱再买一顶呢！帽子丢了，我很心疼，可它还能回来吗？"说完那人又继续看起报纸来。

的确，失去的已经失去，何必为之大惊小怪或耿耿于怀呢？

许多人都有过丢失某种重要或心爱之物的经历，如不小心丢失了刚发的工资，最喜爱的自行车被盗了，相处了好几年的恋人拂袖而去了等。这些大都会在我们心理上投下阴影，有时甚至因此而备受折磨。究其原因，就是我们没有调整心态去面对失去，没有从心理上承认失去，只沉湎于已不存在的东西，而没有想到去创造新的东西。人们安慰丢东西的人时常会说："旧的不去新的不来。"事实正是如此，与其为失去的帽子懊悔，不如考虑怎样才能再买一顶新帽子，与其对恋人向你"拜拜"而痛不欲生，不如振作起来，重新开始，去赢得新的爱情。

第十章　风雨之后是彩虹

——大学生压力管理与挫折应对

【案例导读】

生命的精彩之处就在于它的不可预知性，命运的手会给我们安排许多风风雨雨，既然无可避免地被淋湿，还不如坦然地领略雨天的另一番美景！

尼克·胡哲一生下来就没有双臂和双腿，只在左侧臀部以下的位置有一个带着两个脚趾头的小"脚"，他妹妹戏称为"小鸡腿"，尼克家的宠物狗曾经误以为那个是鸡腿，想要吃掉它。他的母亲无法接受这一残酷的事实，直到尼克·胡哲4个月大才敢抱他。但是，尼克·胡哲的双亲并没有放弃对儿子的培养，而是希望他能像普通人一样生活和学习。他的父亲在他18个月大时就把他放到水里，让他有勇气学习游泳。在他6岁时，他父亲教他用两个脚指头打字。没有父母陪在身边，他难免受到同学欺凌。他回忆说："8岁时，我非常消沉，我冲妈妈大喊，告诉她我想死。"10岁时的一天，他试图把自己溺死在浴缸里，但是没能成功。在这期间双亲一直鼓励他学会战胜困难，他也逐渐交到了朋友。

经过长期训练，残缺的左"脚"成了尼克的好帮手，它不仅帮助他保持身体平衡，还可以帮助他踢球、打字。他要写字或取物时，也是用两个脚趾头夹着笔或其他物体。游泳并不是尼克唯一的体育运动，他对滑板、足球也很在行，他还能打高尔夫球。

尼克·胡哲在他13岁那年看到一篇刊登在报纸上的文章，介绍一名残疾人自强不息，给自己设定一系列伟大目标并完成的故事。他受到启发，决定把帮助他人作为人生目标。

尼克·胡哲从17岁起开始做演讲，向人们介绍自己不屈服于命运的经历。随着演讲邀请信纷至沓来，尼克·胡哲开始到世界各地演讲，迄今已到过35个国家和地区。他还创办了"没有四肢的生命"组织，帮助有类似经历的人们走出阴影。他说："我告诉人们跌倒了要学会爬起来，并开始关爱自己。"

【案例分析】

同样是挫折给的磨难，有人在磨难中越挫越勇，成就了美好的人生，也有人被苦难折服，最后自暴自弃、沉沦。

我们在面对压力和挫折时如果能勇敢面对和积极应对，冷静下来，客观分析，设法排除障碍，克服困难，坚持不懈，朝着既定目标矢志不渝地迈进。以积极、乐观的心态去面对磨难，心怀希望而不是绝望，那压力和挫折就能帮助我们成就一生。

【学习目标】

了解什么是压力源，常见的压力反应以及如何管理和疏导压力。

【关键概念】

压力源，压力反应，心境，应激，激情，合理情绪疗法

第一节　慧眼识压力——无处不在的压力

一、压力

什么是压力，压力下会出现什么压力反应？压力反应会给我们带来什么？

想象下如下的情境：深夜你一个人独自走在黑暗的小巷里，在巷子的中间，你发现一个高大魁梧的身影，手里提着一根大棒拦住你的去路，而你又没有退路可走。除了想到"我真倒霉"之外，在你的身体内部发生了什么？

你的心脏剧烈跳动，心跳开始加速；呼吸加快，似乎不能自控；开始出汗；肌肉紧张……一系列的变化在你体内发生。沃尔特·坎农将这些压力反应定义为战或逃反应。当遭遇威胁的时候，或就地参加战斗或逃跑，你的身体都会为之做好充分的准备。在巷子里，你要为进一步的行动将身体动员起来，所以这些反应都是必需的；然而你很快会发现，当持续地面临这样的反应时，我们的健康将会受到威胁。

汉斯·薛利在对压力研究的实验中给予老鼠压力源，这些实验中的老鼠纷纷出现了胃黏膜和十二指肠严重溃疡。哈罗德·沃尔夫博士也发现在第二次世界大战期间德国营地的战俘只有1%在释放前死亡；而日本营地的战俘则有33%死于释放前。通过把营养条件和在押时间控制为常量，发现日本营地战俘的情绪压力明显强于德国营地的战俘，这就是导致区别的重要原因。

现在我们对压力源及压力反应有了些了解，我们就可以给出压力的定义了。

（1）压力是一种反应。这是给压力反应的定义，压力下我们会出现各类的反应，具体如下。

①压力的心理反应。压力的心理反应涉及知、情、意、个性各方面，如应激的情绪反应：焦虑、恐惧、抑郁、愤怒等；应激的认知反应：认知能力和自我意识变狭窄，注意力不集中，判断力下降等。

②压力的行为反应。个体在面对压力时较易出现的行为反应有逃避与回避、退化与依赖、敌对与攻击（伤人和自伤、失助与自怜、物质滥用）等。

③压力的心理行为综合反应。压力的心理行为综合反应会经历从弱到强阶梯发展的三个阶段：亚健康，又称第三健康状态，表现为慢性疲劳和精力低下等系列综合症状；崩溃，是由强烈心理应激而带来的一种无助、绝望的情感体验；延缓应激反应，又称创伤后应激障碍，是指在应激事件后一段时间才严重影响患者的心理和社会功能。

④压力的躯体反应。压力的躯体反应以神经解剖学为基础，最终可涉及全身各个系统和器官。这涉及神经、内分泌和免疫三条中介途径。

此外，汉斯·薛利将压力反应分为三个阶段：警戒反应阶段，抗拒阶段，衰竭阶段。在警戒反应阶段个体发现了事件并引起警觉，同时准备战斗；在抗拒阶段个体全力投入对事件的应对，或消除压力，或适应压力；而在最后的衰竭阶段，个体消耗大量生理心理资源，最后筋疲力尽。

（2）压力是一种刺激。这是给压力源的定义，即将压力看作引发的对象或外界对自己提出的要求，前者如"我的老板就是压力"，将压力指向外部刺激，后者如"压力就是有太多事情要干，但是时间太少"。

压力的来源大体可以有如下几类。

①生物性压力源：躯体创伤或疾病、饥饿、性剥夺、睡眠剥夺、噪音、气温变化。

②精神性压力源：错误的认知结构、个体不良经验、道德冲突、不良个性心理特点。

③社会环境性压力源：纯社会的，由自身状况造成的人际适应问题。

（3）压力是一种交互过程。压力是刺激、对刺激的感知以及所引起的反应之间的交互作用，如"压力是想到要在全班发言时身上的肌肉紧张"。这个过程包括将刺激感知为威胁，以及随后激活的适应性的压力反应。

（4）压力是一种整体现象。压力是个体生理、社会、精神、情绪、智力满足感的一部分，如"压力是当学生在控制自己的生活时感到无助"。这一观点的研究者所持的其实是一种整体健康观，将压力看作一种整体现象，从生理、社会、智力、情绪、精神、环境或职业这六方面考察作为整体现象的压力。

知识链接：有一种性格被称为 A 型人格，A 型人格特质总是希望在很短的时间内完成许多事。A 型人格有以下典型的特征：竞争性、言辞攻击性、苦干家、不能放松、非常具有时间意识、容易发怒、敌对性、面部肌肉紧张、紧握拳头、扭曲面部、使用爆破性语言、打断对话者、加快速度。A 型人格的人经常是高成功的人群，努力工作、狂热驱动以及竞争性总是给他们带来经济上的成功及同事们的羡慕。但不幸的是他们经常把自己置于巨大的压力之下，他们罹患冠心病的概率远高于不表现出 A 型行为模式的人。

与 A 型人格对立的是 B 型人格，B 型人格的人随和、悠闲，不像 A 型人格的人那样具有竞争性，这一人格的人可以很好地与压力相处。B 型人格的人被认为是"愉悦他人的人"。因为他们渴望得到别人的认同，被别人接受。他们故意压抑愤怒的情绪以及其他的消极情感以表现出美好的一面，而不是支持自己的价值观。在某种意义上，这打破了他们的完整性，促进了他们的被动性，并且强化了无助感和无望感。

二、挫折

心理压力产生原因是复杂的，每一个人的压力都有所不同。挫折是引起压力的很重要的原因。人生不如意事十之八九，人生在世总会遇到不顺心的事情，有的能向挫折挑战，百折不挠、改变行为，达到目标。而有的则会心灰意冷，丧失斗志，一蹶不振，更有甚者出现精神失常。

1. 挫折的含义

挫折一般有两层含义，包括挫折情景和挫折感受。挫折情景指的是阻碍目标实现的各种主观和客观因素；挫折感受是个体由挫折情景而产生的情绪、情感体验，如愤怒、恐惧、焦虑、失望、无助、无望、悲痛等感受。

2. 挫折的反应

挫折反应是指主体伴随着挫折认知，对于自己的需要不能得到满足而产生的情绪和行为反应。个体受挫后的反应总体上可以分为非理性的情绪化反应和理性的行为反应。

（1）非理性的情绪化反应。

受挫后最先产生的是非理性的情绪化反应，伴随着挫折感受而出现，主要表现为焦虑、攻击、固执、退化、冷漠、逃避、自杀等。

调查表明，当一个人受到挫折最常见的情绪化反应就是攻击，对引起挫折对象的直接或间接攻击。直接攻击是指直接指向引起挫折的对象，间接攻击是指由于不可控或其他原因不能直接对使其受挫的对象进行攻击，转而将目标指向自己或他人。指向自己时会产生如轻生、自责、自虐等形式打压自己。

退化也是个体遭遇挫折后常见的反应。所谓退化是指个人在受挫后出现与自己年龄、身份很不相称的幼稚行为，如需要没有满足就大哭、大闹、耍赖、任性等。这实际上是一种防御应对。如果以成人的应对方式面对挫折，就会产生心理上的紧张、焦虑和不安，为了避免出现这种情况，受挫者会放弃已经习得的成年人的正常行为模式，使用早期孩童般的应对方式，从而减轻内心的压力。

自杀是受挫后最极端的应对方式，自杀行为往往发生在那些缺少社会支持的个体身上。面对家庭矛盾、失恋、人际关系问题、学习困难、考试或晋升失败等挫折，他们很容易对自己丧失信心，自怨自艾，给自己的生活渲染上了一层灰蒙蒙的色彩。这层色彩让其与外界的人和物分离，造成很多现实问题，如人际关系不良、自我评价过低等，使自己成为迁怒的对象，伤害自己甚至自杀。

（2）理性的行为反应。

遇到挫折后保持冷静，面对现实审时度势，采取积极进取的态度对待挫折，这样的应对行为称为理性的行为反应。理性应对要矢志不渝地坚持自己的目标。理性应对并不等于一味强求自知不可能达到的目标，要根据自身的情况及时调整目标。

3. 挫折的类型

对挫折进行分类，可以依据很多标准，从人生的发展阶段来分，可分为童年期挫折、青年期挫折、中年期挫折、老年期挫折；从挫折的来源可以分为客观因素造成的挫折（如天灾、自然环境因素等）、主观因素造成的挫折（如个人经历、能力、性格等）和社会因素造成的挫折（如社会、家庭、学校等）；从挫折的程度可分为重要挫折和一般挫折；从内容上来看可分为工作挫折、情感挫折、人际挫折、学习挫折、婚恋挫折等；从持续时间可分为短暂性挫折和持续性挫折。

三、大学生常见的压力和挫折来源

1. 学业压力和挫折

学习是大学生的天职，学习也就成了大学生群体生活中主要的压力和挫折来源。

初入大学，面临着与高中完全不同的学习方式。是否能及时调整自己的学习方式，快速适应新的学习环境，是考量大学生能否适应大学生活的一个重要标准。随着专业课程越来越多，如果大学生对专业学习不感兴趣，学习动力不足，学习目标盲目，遇到学业挫折的概率就很大。大学生的学习压力除了专业学习外，还有众多考试的压力，如考研、考证等。尤其是对于考研，很多人会纠结和矛盾，"要不要考研？""考不上怎么办？"考研之路本就艰辛，犹豫不决、摇摆不定必然会对考研有不利的影响。

2. 情感压力和挫折

大学生来自情感方面的压力和挫折主要有两个方面：家庭中与父母的关系和恋爱中与恋人的关系。父母总会以他们的经验教育子女，在他们曾受过挫折和教训的地方，告诉子女应该怎么做才少走弯路，少受挫折。然而正是这些在父母看来是为了大学生好的"应该""应当"，甚至是"必须"，让他们觉得被管束、不自由。很多大学生认为父母根本不知道他们需要什么、想要什么，无法和父母进行有效的沟通。大学生感受着父母给的压力，承受着不能达到父母期望的挫折。大学生的情感压力和挫折还有一个重要方面是恋爱，尤其是单相思和失恋会给大学生的身心带来较大的影响。

3. 经济压力和挫折

大学生自身没有经济来源，大部分的支出都来源于父母。因而家庭的经济能力是否能够给其提供保障，会给他们带来压力和挫折。尤其是具有高自尊需要的大学生，内心敏感而自卑，特别不希望别人看不起自己，加之现实的经济困境，很容易感受到由于家庭贫困带来的挫折。随着时下大学生攀比心理日益显著，这必然会给当下大学生的健康成长带来负面的影响，尤其对于贫困生群体会造成很大的心理阴影。大学生作为一个身心尚不成熟的群体，炫耀性消费是他们实现"自我价值"最直接的手段。虽然有一部分学生会出于攀比等原因而大手大脚，增加了自己和家庭的经济负担，在盲目的消费中迷失自己。但大部分大学生考虑到自己家庭的经济情况会节制消费，而且通过自己的努力学习，获得学校的奖学金和各种助学金，积累着成功和自信。

4. 就业压力和挫折

相比过去，在校大学生人数大量增加，大学生就业压力陡增。过去大学教育是精英教育，培养的大学生是社会中的天之骄子。虽然现在大学招生数量增加，但我们的教育理念依然是过去的精英教育，没有适时转向能力型的大众教育。现在市场上人才的结构是白领过剩，蓝领短缺，缺乏技能型、应用型人才，而学科型、科研型人才相对过剩。目前高校人才培养模式与市场需求脱轨，这造成大学生就业相对过剩。此外，大学生的就业期望会远高于实际情况，会带来更大的就业压力和挫折。

5. 人际关系压力和挫折

大学生处于人生发展中精力最旺盛的时期，思想活跃，精力充沛，兴趣广泛，人际交往的需要特别强烈。他们希望通过人际交往去认识世界，获得支持和信赖感。然而在人际交往中会出现交往不顺利、受挫、心情沮丧的现象。在大学里有一类整天迷恋游戏的学生，在游戏世界中不能自拔，忽视同学、朋友、老师之间的人际活动。久而久之他们在处理现实人际关系时就经常会遇到压力和挫折。

6. 身心疾病压力和挫折

大学生处于人生发展中最黄金时期，身体和精力都是最佳时期。一旦有了较重大的身心疾病，较易感受到挫折。特别是在人际交往中往往会自怨自艾，消极被动，痛苦不已。其实如果他们能积极应对，主动求医诊治，用乐观、豁达的心态处之，事情就会朝着良好的方向发展。

第二节　困境应对——压力疏导与挫折应对

一、压力疏导

一次心理培训中，老师拿起了一杯水对着台下的听众问道："你们觉得这杯水有多重？"台下的听众纷纷开始猜测。有的说20克，有的说500克。最后大家都在等待着老师告诉他们正确答案，老师说道："这杯水的重量并不重要。重要的是你拿多久？拿一分钟，各位一定都觉得没问题；拿一个小时，可能觉得手有些酸；拿一天，可能得叫救护车了。其实这杯水的重量是一样的。你拿得越久，就觉得越沉重。这就像我们承担着压力一样，如果我们一直把压力放在身上。到最后就觉得压力越来越沉重而无法承担，我们必须做的是放下这杯水。休息一下后再拿起这杯水，如此我们才能拿得更久。我们要将承担的压力在一段时间后适时地放下并好好地休息一下，然后再重新拿起来，如此才可承担得久。"

如果我们一直把压力放在肩上，不管是否能够承受，到最后我们都会觉得压力越来越沉重而无法承担。但如果我们能够学会管理压力，及时疏导压力，就能将压力控制在我们的掌握范围之内。

（一）有效管理时间

首先，学会对那些过分的要求说"不"。当说"不"时，不要编造借口。如果有理由拒绝就要把理由告诉别人。表达时要简洁明了，一语中的。没有必要为自己找理由，你有充分的权利说"不"。其次，不要做超出能力甚至超出可能的过多的事情。在同一个时间完成几个任务会使人的注意力在几个目标之间转移，这给人的精神上会造成更大的压力。

老虎、狮子、豹子等大型的掠食动物在捕获猎物时会闪电般直扑自己的目标，即使周围出现了其他猎物也丝毫不会理会。再者，不要使拖延成为习惯。拖延最常见的原因是因为当事人觉得工作太多，时间太少，而要完成的工作又太难，所以就不愿意开始。解决的方法是把任务分解，一旦这样看待这项任务，就会看到许多时间是有用的，开始这项任务就变得容易了许多。最后，要学会将自己每天的任务依其重要性及紧急性排序。反省自己的行为，是不是经常陷入那些不重要但是很紧急的事务之中？如果是这样，说明时间管理方面的潜力还有待提高。

（二）化解冲突，增进交流

人是社会性动物，索然离群会使个体产生巨大压力。因此消除冲突压力的一个重要因素是有一种稳定且可支持的人际关系。在战争中，同一组的士兵不经常待在一起，不断有新兵加入，士兵们经常从一个地方转移到另一个地方，这些因素使士兵之间有一种隔离感觉，缺乏信任感，他们中罹患溃疡病的概率非常高，而溃疡病的主要诱发因素是压力。团体相对稳定，成员间建立起信任和亲密感，会使他们免于受到与压力相关的病症的折磨。

然而我们每个人的身边都难免会有一两个很难相处的人，与他们相处会让我们感到紧张、不快乐、难受，甚至是恐惧。首先，要学会接受与自己不同的人，看到对方与自己的不同，也看到对方的美。其次，通过积极想象，与他交谈，想象交谈的内容要有明确的话题。通过积极想象的多次练习后，找个适当机会与其进行实质交谈。学会与这类棘手人物交流的方法，减少内心的焦虑和紧张。

（三）学习自我放松技术

1. 腹式呼吸减轻压力

我们大部分人在呼吸时只利用肺的一部分，为了起到减压作用，我们必须学会让整个肺部参与呼吸中，学会怎样从下至上使肺充满。具体步骤如下：①找一个安静的地方，尽量排除其他干预；②躺下或者坐下，先调整呼吸，想象看到自己的肺；③慢慢吸气，在呼气时提胃；④让肋骨伸展，肩膀抬起，让空气从下至上完全进入肺部，默数 10 秒钟或者更长时间；⑤当呼气时肩膀放下，肋骨收回，以腹部肌肉慢慢将胃拉回来，将肺部底端的所有气体排出；⑥重复这一活动 3～5 分钟，每天坚持做几次。

2. 冥想

冥想有许多形式，一种容易学习的冥想是放松反应。放松反应需要安静的环境、精神的准备、被动的态度、舒适的姿势。

（1）安静的环境。你可以在任何地方进行冥想，你可以在户外，如草地、小溪边或者森林里；你也可以在室内，坐在地毯上或椅子上。但一定要安静，不被打扰或干扰。

（2）精神准备。精神准备是指将注意力聚集到一个集中点，集中点可以是一个物体、呼吸或重复的声音、词、短语。如果选择集中于呼吸、声音、词、短语，在冥想时闭上眼睛有助于集中注意。将呼吸与反复的声音、词、短语匹配，如吸气时可轻声喊出"咿"，呼气时可轻声喊出"喔"。在精神准备阶段最少的分心是成功的冥想的关键。

（3）被动的态度。在冥想时不要过于担心自己的表现，不要过于担心分心，如果分心出现，不要紧，认识到分心，然后再集中。

（4）舒适的姿势。在进行冥想时你可以不需要像一位瑜伽大师一样坐成一个盘腿的姿势，但尽量做到不被束缚，脱掉紧身的衣服，换上宽松、舒适的衣服，让自己感觉很放松和舒服。

具体操作如下：以舒适的姿势安静坐下；闭上眼睛或者注视集中点；完全放松从头到脚的肌肉；轻松和自然地呼吸，每次呼吸时重复你的声音、词、短语；持续 10~20 分钟，可以看表，但不要用闹钟来结束；保护被动的态度，分心时回到集中点。

3. 锻炼

锻炼有两个基本的类型。有氧锻炼和无氧锻炼。有氧锻炼持续时间较长，使用大的肌肉群，不需要比吸进的氧气更多的氧气，包括慢跑、骑自行车、长距离游泳、散步、跳绳等。无氧锻炼持续时间较短，全身使劲，吸入的氧气对于活动的强度不够用，包括快跑、短距离游泳比赛等。这两种锻炼对于管理压力和消耗压力产物都是有效的，它们可以帮助我们进行身体活动，同时让我们的注意力从压力源上转移。

4. 瑜伽与伸展

瑜伽之所以能减压是因为它需要在宁静的环境和心境下，配合全身舒缓的伸展动作进行锻炼，它不像健美操、形体操等项目需要剧烈的运动，也不需要用力拉伸身体的韧带，几乎没有受伤的可能。减压瑜伽不仅可以调整身体的柔软度，更是对呼吸、心情的一种梳理调节。

3. 视觉想象

通过视觉想象进行放松，与其他放松方法不一样，视觉想象更具有个性化，同样是湖泊，有的人会感觉很宁静，有的人会感觉很可怕。由此视觉想象需要首先建立一个适合自己的视觉脚本，然后再进行视觉想象。下面具体介绍视觉想象放松的操作，以珊珊想象锡林郭勒草原进行放松训练为例。

（1）建立脚本。珊珊在大二时与好朋友去锡林郭勒草原度过了非常快乐的几天。

总体思想：锡林郭勒草原的放松情景。留在珊珊脑海里的那几天的一些具体的情景有天空、草的颜色、和煦的阳光。

具体情景：天空像水洗过一样蔚蓝，大块的白云飘在天上，蒙古包零星散落在草原上，草地辽阔壮丽，空气清新，风车散布在茫茫草原中，大草原深处的一个个或大或小的湖泊就像是上天的滴滴眼泪，湖面上开着点点的野花又像是泡子的眼泪。尽情策马，驰骋草原。

想象序列：脚踩在翠绿的草地上，呼吸着清新的空气；一眼望去茫茫的草原，微风徐徐；尽情策马在这千里草原上驰骋，大块的白云从头顶飘过；马儿在水泡子里饮水，躺在野花丛中，看着水洗过一样蔚蓝的天空；在蒙古包里喝奶茶，吃炒米、奶酪；在草原上看星星。

（2）脚本细节。在细节阶段，写出真实的放松对话，包含具体细节和强化词汇。如珊珊的放松词汇是"天空、草原、策马"。为了强化放松能力，在脚本中要加入停顿。

"今天真好，天空蔚蓝，空气清新，白云朵朵，茫茫草原像画一样。"

……（停顿几秒）

"和我的好朋友，一起在草原上手牵着手，内心平静而喜悦。"

"看着远处徐徐的风车，感觉像童话一般，拂面的微风，拨动着我的心弦，心里暖暖的。"

……（停顿几秒）

"我骑上了马儿，在马背上我看到了大草原深处的一个个或大或小的湖泊，就像是上天的滴滴眼泪，湖面上开着点点的野花又像是泡子的眼泪。我如痴如醉，整个身体被微风抚平了。我感到很放松了。"

……（停顿几秒）

"夜色慢慢来临了，我们住进了蒙古包，和朋友们喝着奶茶，吃着炒米、奶酪。看着星星，我感到更放松了。"

"不远处传来了冬不拉，闭上眼睛，我感到越来越放松。"

二、大学生挫折应对

1. 树立正确的挫折观，应对挫折，战胜挫折

在现实生活中，挫折无处不在。挫折不可避免，但是对待挫折的态度却可以选择。有的人总认为生活中的挫折、困境、失败都是消极的、可怕的，受挫折后往往悲观抑郁，甚至丧失了生活的勇气。有的却截然不同，不被挫折打败，面对挫折时选择了从积极、乐观的角度去看待。事实上，一个人经受一些挫折并不完全是坏事，它可以成为自强不息、奋起拼搏、争取成功的动力和精神催化剂。生活中许多优秀人物就是在挫折磨炼中成熟，在困境中崛起。相反，一个人如果不经历困难和挫折，总是一帆风顺，就会如同温室里的花朵，经不住风霜雨雪的考验，很容易被一时的挫折压垮。因此可以说，挫折也是一种机会，只要能保持积极乐观的人生态度坦然面对挫折，树立战胜挫折的勇气和信心，就一定能适应任何变化的环境。

2. 冷静思考，积极行动

面对挫折要冷静，冷静下来后，给自己提出以下四个问题：①我的挫折和烦恼是什么？②我能怎么办？③我要做的是什么？④什么时候去做？或者可以这样想：①究竟发生了什么问题？②问题的起因何在？③有哪些解决的办法？④我用什么办法解决问题？当一

个人能够冷静地提出问题，并寻求解决问题的方法的时候，他就开始向新的高度成长了。

3. 合理运用心理防御机制

弗洛伊德认为，由于本我在不断地释放冲动，这种本能紧张会一直存在，在这些外部刺激的作用下，自我的完整受到威胁。自我的作用是控制本我的冲动，协调外部刺激，如果自我完整性受到侵害，那个体心理就处于危险状态。正如鸡蛋有一层外壳，保护其不受外界的攻击，心理也是如此，个体会建立起一种"防御机制"对自我进行保护。防御机制是一系列应对挫折的策略，用来保护脆弱的自我，把感受到的挫折最小化。弗洛伊德提出了如下防御机制：拒绝、压抑、投射、合理、反向作用、退化、替代、升华和幽默等。这些防御机制有些是积极的，有些则是消极的。个体要发挥积极主动性，有意识地运用心理防御机制，进行积极的自我心理调节。积极的心理防御机制有如下几种。

（1）转移。转移注意力，暂时摆脱烦恼。如"做另一件有意义的事来忘掉它""想些高兴的事自我安慰"等。

（2）宣泄。如找个好朋友倾诉一下或进行心理咨询。

（3）认同。让自己以成熟的人自居，认定自己同他人一样，立志追求真善美，并确信自己对社会也是有价值的，借此提高个人自我价值，提高自信心。

（4）想象。结合自身在人生旅程的位置，不断憧憬未来，提出更高的动机需求。但又不醉心于幻想，而要立足于现实，珍惜生命的分分秒秒，追求自己生命的价值。

（5）升华。把原始的不良动机、需要、欲望投射到劳动、学习、文体活动中，抛开杂念与烦恼，执着地追求正当的目标，使精神升华。这是应对挫折最积极的态度。力量不在别处，就在我们身上。

【心理测试】

你是否具有过度压力？

1. 两个非常了解你的人正在谈论你，下面的哪一条是他们最有可能用到的？

A. ××这个人很合群，似乎没有什么事情可以让他感到心烦意乱。

B. ××很不错，但是你跟他谈话时要精力集中。

C. ××的生活中总有一些地方显得不对劲。

D. 我发现××近来喜怒无常，捉摸不定。

E. 近来我很少看到××很开心。

2. 下列哪些是你生活中的普遍特征？

①感觉自己做事情总是出错，或者自己总是不满意。

②感到别人总是强迫自己做事情，而不是自愿完成的。

③感觉自己消化系统好像出了问题。

④夜晚总是失眠。

⑤时常感到自己头昏眼花、心跳过速。

⑥没有剧烈活动、气温也不高时经常浑身冒汗，到医院检查身体也没有异常。

⑦在拥挤的环境中惊惶不安。

⑧感到自己疲惫不堪、心力交瘁。

⑨强烈的失望感。

⑩对琐碎的小事极度烦躁不安。

⑪晚上无法放松自己。

⑫半夜和凌晨经常被惊醒。

⑬难以做出决定，总是犹豫不决。

⑭对别人的指责感到无能为力。

⑮即使是很容易成功的事情也缺乏足够的热情。

⑯不愿意会见生人，也不愿意尝试新的经验。

⑰被别人要求时不会说"不"。

⑱经常担心别人指责自己的所作所为。

⑲感到所承担的任务超过了自己的能力范围。

⑳一旦事情进展不顺利，立即会坐立不安。

㉑总担心有什么潜在的危险要发生。

㉒觉得工作就是为了生存，没有什么乐趣可言。

㉓经常暗自怀疑自己的工作能力。

㉔对周围很多人都耿耿于怀。

㉕背部和颈部经常会出现不适感。

㉖早晨上班时，总觉得不是很情愿。

3. 你比以前更乐观还是更悲观？

    A. 更悲观   B. 大约一样   C. 更乐观

4. 你喜欢看体育比赛吗？

    A. 否   B. 是

5. 你能在周末睡觉而不产生负罪感吗？

    A. 否   B. 是

6. 在合理的职业和个人范围内，你能把想法告诉您的老板、同事或者自己的亲人吗？

    A. 否   B. 是

7. 在生活中什么人为你做决定？

    A. 其他人   B. 你自己

8. 在工作中受到批评时，你通常

    A. 轻度沮丧   B. 中度沮丧   C. 非常沮丧

9. 你每天完成工作后对成绩感到满意吗？

    A. 只是偶尔   B. 有时   C. 经常

10. 你是否觉得多数时候都没能解决与同事间的冲突？

A. 否　　　　　　　　B. 是

11. 你必须完成的工作量是否超过了时间的允许？

A. 偶尔　　　　　　　B. 有时　　　　　　C. 经常

12. 你对工作给你的要求有清楚认识吗？

A. 几乎没有　　　　　B. 有时　　　　　　C. 多数时候

13. 你能说自己有足够的时间处理私事吗？

A. 否　　　　　　　　B. 是

14. 假如你想商量自己的问题，你能找到一个理解你的人吗？

A. 否　　　　　　　　B. 是

15. 你是在实现人生目标的固定轨道上吗？

A. 否　　　　　　　　B. 是

16. 你对工作厌倦了吗？

A. 很少　　　　　　　B. 有时　　　　　　C. 经常

17. 你是否总想着工作？

A. 在某些时候　　　　B. 几乎所有的日子　　C. 几乎从未有过

18. 你觉得自己的能力和工作被恰当评价了吗？

A. 否　　　　　　　　B. 是

19. 你觉得自己的能力和工作成绩被恰当奖励了吗？

A. 是　　　　　　　　B. 否

20. 你觉得上司

A. 积极帮助你工作　　B. 极力限制你的工作

21. 如果十年前你就会知道自己的工作像现在一样，你会认为日子

A. 完成了期望　　　　B. 超出了期望　　　　C. 没有达到期望

22. 假如你必须把喜欢自己的程度划分为5（最喜欢）到1（最不喜欢）的5个等级，你的等级是什么？

A. 5　　　　B. 4　　　　C. 3　　　　D. 2　　　　E. 1

评分标准

1. A 0分　　B 1分　　C 2分　　D 3分　　E 4分

2. 每个小问题回答"是"得1分

3. A 0分　　B 1分　　C 2分

4~7. A 0分　　B 1分

8. A 2分　　B 1分　　C 0分

9. A 0分　　B 1分　　C 2分

10. A 0分　　B 1分

11. A 2分　　B 1分　　C 0分

12. A 0分　　B 1分　　C 2分

13～15. A 0分　　B 1分

16. A 2分　　B 1分　　C 0分

17. A 0分　　B 1分　　C 2分

18～19. A 0分　　B 1分

20. A 1分　　B 0分

21. A 0分　　B 1分　　C 2分

22. A 0分　　B 1分　　C 2分　　D 3分　　E 4分

结果解释

0～15分：压力在你的生活中不是问题。生活的历练或个人天生的素质使你对压力具有非常强的免疫力。面对巨大压力，你总能够沉着应付，也不会出现不良的反应。

16～30分：这是个中等程度的压力。对你来说，你也许更多感到的是生活和工作的充实，不是过度的压力。但是，这种状态如果持续时间过长，你时刻紧绷的神经就会厌倦这种生活方式，随后就会出现慢性的压力反应症状。因此，对于这一得分范围的人来说，如何缓解压力还是值得注意的。

30～45分：压力对你来说，显然是个问题，采取措施的必要性是显而易见的。你在这种压力程度下工作的时间越长，解决它的困难就会大。

46～60分：在这个程度上的压力算是一个非常突出的问题了，必须立即采取措施！你可能正面临精疲力竭的阶段，你感到自己时刻都会有崩溃的可能。压力对于你来讲必须被缓解！如果有可能，你应该求助于压力缓解的专业人士进行详尽的咨询和治疗。

【心理训练】

你在想什么呢？观察你的想法和感受，并把它们写下，同时也写下与它们相对应的问题、事件、忧虑或者苦恼。然后再来看看你的列表，并就每一种情境写下至少一个积极的方面。该练习的目的在于养成这样的习惯，即在事情不尽如人意的时候，引入积极的方面，即使唯一的积极方面就是你从这次练习中学会的，比如怎样不做一些事情或是下一次怎样把它做得更好，没关系，尽管做。

　　　　当前的思维和知觉　　　　　　　　重组的想法（积极导向的）
　　　　_____　　　　_____

【学习反馈】

通过本章的学习，请思考如下问题：

1. 请尝试列举下你生活中常见的压力源，以及你的压力反应是什么？

2. 学习本章前你是如何疏导你的压力，学习本章后，当遇到压力时，你打算如何疏导呢？

第十一章　天使与魔鬼

——网络心理健康

【案例导读】

随着网络的发展，我们的学习方式发生了翻天覆地的变化，我们不需要走出家门就可以向世界上最优秀的老师学习。MOOC 课程在中国受到了很大关注，Coursera 的数据显示，2013 年 Coursera 上注册的中国用户共有 13 万人，位居全球第九。而在 2014 年达到了65 万人，增长幅度远超过其他国家。而 Coursera 的联合创始人和董事长吴恩达（AndrewNg）在参与果壳网 MOOC 学院 2014 年度的在线教育主题论坛时的发言中谈到，现在每 8 个新增的学习者中，就有一个人来自中国。果壳网 CEO、MOOC 学院创始人姬十三也重点指出，和一年前相比，越来越多的中学生开始利用 MOOC 提前学习大学课程。以MOOC 为代表的新型在线教育模式，为那些有超强学习欲望的 90 后、95 后提供了前所未有的机会和帮助。Coursera 现在也逐步开始和国内的一些企业合作，让更多中国大学的课程出现在 Coursera 平台上。

《大西洋月刊》（TheAtlantic）发布题为"智能手机毁了一代人？"的文章。文章指出，1995 年至 2012 年出生的 i 一代（iGen）更多地待在家抱着手机或者平板电脑上网，玩社交媒体，更少外出参加派对，更少开车，更少去约会。人身安全上，这一代青少年是更安全了，但在心理健康方面，他们可以说处于数十年来最严重的危机边缘。对于前几代人来说，独立实在太有吸引力，而现在的年轻人却不那么觉得了。他们不像前几代人那样经常出门，逃脱父母的管束了。这种变化令人吃惊：2015 年 12 年级学生出门频率竟然比 2009年时的 8 年级学生低。

【案例分析】

网络时代下的我们，网络成为现代人工作和生活不可或缺的"伴侣"，时至今日，网络渗透到生产和生活的各个领域，我们的生活极大地受到了网络时代的影响，它给我们带来极大好处，让我们享受到了网络时代的高效和便利，网络拓宽了我们的求知途径，为我们打开了认识世界的一扇窗，更为我们创造了一个求知的广阔空间。叮咚一声，就能链接世界的任何端口。查资料、听音乐、看视频……互联网带来了超级便利的生活。就如案例中提到了的 Mooc 课程，让我们不需要走出家门就可以向最优秀的老师学习。但同时过分依赖于网络，也让我们陷入这致命的诱惑里无法自拔。就如案例中所提到的 i 一代，他们更喜欢发短信而不是面对面说话，空闲时间他们更多的是一个人待着，在自己的房间里玩手机。过去大多数的青少年都会做的事情，如溜冰，玩篮球等，都被各种手机 APP 代替，这样的生活方式让他们常常会感到失落。

【学习目标】

了解常见网络心理特征及网络心理需要，管理网络行为，预防网络成瘾。

【关键概念】

网络心理，网络成瘾

第一节　走出被困的迷宫——认识网络及网络心理

一、网络生活的心理特征

大学生是一个有高度精神需求的群体，互联网恰好给了他们这样一个平台，获取丰富的精神食粮。网络空间由于特有的心理特征让大学生特别钟爱互联网世界，约翰·舒勒对人类在网络空间中独特的心理体验进行了归纳，并总结出以下心理特征。

1. 有限的感知经验

相比于现实中的交流，网络的交流是人—机转换后的互动，缺乏个体间真实感受的传递，网络生活中的互动无法像现实生活那样，展开个体的感知系统接收所有的非语言信息。网络生活中主要通过文字来传递信息，而我们大量的情绪信息却无法传递，感官无法获取大量的非语言情绪信息，从而造成感觉经验的缺失及限制。

2. 灵活而隐匿的个人身份

不同于现实世界面对面的交流，网络上的交流个体可以随时更改自己的性别、姓名、身份和年龄。一旦觉得不想和对方交流了，随时可以把对方拉入黑名单；如果感觉到对方的不敬可以立刻给予回击，而不用担心对方知晓你的身份而给予你回击报复。网络的这一特性，给很多的犯罪分子制造了犯罪空间，大学生如果没有足够冷静的头脑和防范的意识，很容易遭遇网上诈骗。

3. 地位的平等

不管你现实生活中如何，你都可以与任何一个你想交流的人平等互动。在互联网里，人与人之间的交往是平等的，没有在现实社会中的各种约束和限制，并不存在等级的高低贵贱之分。

4. 超越空间界限

互联网大大缩短了人与人之间的空间距离，人们可以通过各种不同的方式在不同空间和不同的人进行交流，这使网络交往所普及的层面更广，而这在现实中是难以做到的。

5. 时间延伸和浓缩

网络使人们交流信息的速度大大加快了，但与此同时，人与人之间的交流有滞后性，表现在交往双方在面对信息时不需要马上对信息做出反应，人们可以有思考的余地，可以有更多的时间充分地考虑。具体的反馈时间决定于人们所采用的交流工具和交流的需要，因而也就具有了更多的弹性。

6. 记录的永久性

由于网络上的各种交往都会被记录起来，包括时间、地点、人物以及整个交往的过程，这与现实交往有很大的区别，人们可以通过查阅记录的信息来回顾人们在各种场合的交往。

7. 人际关系的丰富和多样

在现实的人际交往中，人与人之间所保持的空间距离的大小直接反映了彼此相互接纳的水平。网络交往双方的空间距离远远大于公众距离，远在天边的距离再加上身份的虚拟性，交往者会感到对方要比办公室同事安全得多。这样就容易形成较之现实生活中更丰富和多样的人际关系。

8. 黑洞体验

黑洞体验指在网络活动过程中由于各种因素所造成的迟滞性信息反馈。造成这种迟滞的原因有很多，可能是网络的问题，也有可能是交往双方操作上的问题，还有可能是交往双方的感情发展引起的。黑洞体验所导致的信息反馈的迟滞使人们的交往产生焦虑和紧张，这种心理状态就会影响人们进一步的网络活动和交往。

二、大学生网络心理

（一）积极心理需求

（1）求知求新需求。网络是一个开放的信息源，多种文化、思想交汇于此，为大学生追求开放性和多元性提供了平台。而大学生非常渴望了解多元和精彩的世界，课堂上的知识无法满足他们对世界的探究，而网络以其信息传播快速、内容新颖、数量庞大、互动性强、传播广等优势极大地吸引着大学生的好奇心，引起他们的兴趣和关注，充分地满足他们的求知欲。

（2）满足归属感的需求。根据美国社会心理学家马斯洛需要层次理论，人具有生理、安全、归属和爱、自尊、自我实现的需要。大学生在寻求归属感和爱的需要时常常会遇到阻碍。归属感和爱的需要是从有效的人际关系中获得的。网络世界里从事社交活动的工具多种多样，让人际交流变得简单、快捷。尤其是平时比较内向、缺少关爱的大学生，深感孤独和无聊，在网上他们可以交到很多好朋友，可以毫无保留地说出自己的烦恼，可以畅所欲言，如果遇到困难，会有许多人献计献策，使他们感到现实生活中体会不到的温暖，充分满足自己的归属感和爱的需要。

（3）自由平等的参与需要。在网络这个虚拟空间里，种种现实社会的等级限制都消失了，只要参与进来，任何人都是互联网的"主人"，都可以在网上按自己的意愿做自己想做的事。

（二）消极心理需求

（1）猎奇心理。猎奇心，实际上是人们对于未知事物的好奇。在网络世界里能最大限度地满足人们的好奇心。猎奇心理很可能畸形发展，尤其是对于大学生群体来说，往往会出于好奇或冲动从网络中刻意去寻找一些新奇的不良信息，对自己和他人造成负面影响。

【知识链接】

在短视频时代里，一款软件"抖音"上线没多久，就全线爆红。许多视频轻轻松松获百万评论，千万播放量，手指轻轻滑动，对着屏幕时不时傻笑，不知不觉一个小时就过去了。抖音充分地满足了我们的猎奇心理，根据4月初企鹅智酷发布的《抖音、快手用户研究报告》，抖音大约22%的用户每天使用该应用超过1个小时，而且沉浸度非常高。

为什么像抖音这些网络产品总是让人欲罢不能？抖音的时长设计是15秒，从工程心理学角度来分析，刚好是人的专注力最能集中的时长，如果太长，注意力的聚焦度就会减弱，而15秒的时间，刚好能够让人形成片刻的印记，产生强烈的愿望，想要再看一遍，或者看下一条。而短短的15秒，正好为你创造一个虚拟空间，来消磨你的零碎时间。但我们对新奇事物的敏感度越来越高，就越来越没有耐心去静静阅读一番。试问你有多久没有好好看完一本书，或者仔仔细细研究一篇长文了？我们变得只是在微信、头条、微博上走马观花，看看热点，翻翻评论，感叹一番。当我们不再深度阅读时，我们的思维得不到激活，脑细胞得不到锻炼。长此以往，人的肉体或许还活着，但思维却正在通往奴役之路上狂奔。

（2）逃避心理。逃避心理就是回避心理，即在现实生活中，自己与社会及他人发生矛盾和冲突时，不能自觉地解决矛盾、冲突，而躲避矛盾、冲突的心理现象。有些大学生通过连续数小时上网，希望借助网络来躲避生活中的烦恼。久而久之他们在现实生活中也倾向于采用回避的方法处理一些事情，办事拖拉，工作、学习效率低下，逃避社会现实，难以保持正常的人际关系。

（3）宣泄心理。网络和网络游戏，可以让人暂时离开现实的压力，宣泄工作、学习中积累的负面情绪，还能让熟悉的朋友之间又增加一种认同感。然而以这种方式培植的自尊感、成就感是虚幻的，它容易挫败人们处理现实的自信，进而形成新的心理封闭。这种虚拟的网络社交从表面上看似乎减少了人的孤独感，联络了社交感情，宣泄了负面情绪。实际上，沉迷于虚拟社交的人，很容易发展为虚拟社交依赖症。

（4）虚拟的自我实现心理。由于网络世界的实时性，大学生可以在瞬间满足其社会需要，而在现实世界里，必须经历漫长的过程和耐心的等待。在游戏中，他们可以扮演各种角色，把握角色的命运，一夜之间就成为"盖世英雄"或是"商界奇才"。他们中很多人或是因为学习成绩不好，或是现实中人际关系不良，或是自觉能力平平无法在学校里受到关注，经常受到家长的斥责、老师的批评和同学的不屑。上网玩游戏，不断"练功升级"让他们体验到了心理的快乐与满足，体验到了成功，体验到了来自他人的认同。这成了他们找感觉、重获自尊和实现人生价值的重要途径。

三、大学生网络心理问题的表现

1. 不良的自我认知

自我认知是个体对自己存在的知觉，包括对自我的社会行为、心理状态和社会角色等的认识，自我认知是人社会化生存的一个重要条件。网络虚拟社区对大学生自我认知的异化突出表现在两个方面。一是对大学生社会角色的异化。在网络虚拟社区中，大学生可以不考虑现实的身份、地位而将自己塑造成各种理想的社会角色，扮成艺术家、作家、商人，甚至一人兼具多重身份，虚拟角色互换现象非常普遍，同时在面对现实时，他们又要进行虚拟与现实的角色互换，当多重角色之间转换过频时，就会出现心理危机，逐渐混淆虚拟与现实，以虚代实，对自己的现实社会角色认知错位。二是对大学生个体能力认知的异化。网络虚拟社区能够很容易地满足人对事物的征服欲望，大学生在虚拟社区中塑造的自我往往比现实中的自我强大，使自我处于一种虚拟力量膨胀的状态，使大学生对自己的真实能力产生错觉，当回到现实时，遇到类似情景便会自觉不自觉地以超我方式行事，使虚拟的自我与现实的自我无法重合，甚至发生冲突，出现人格异常。

2. 攻击性倾向

网络虚拟交往具有匿名性和隐蔽性，网络中有一句名言："在网络中，没有人知道你是一条狗。"有些大学生在网络中常常抱着一种"反正没人知道我是谁"的侥幸心理，因而在言行上往往表现得直接、尖刻，攻击倾向明显。这种随意攻击他人的行为形成习惯后，就会降低对现实中攻击性言行的敏感度，易忽视自己行为给他人造成的身体或心理伤害，敌对地看待周围的人，任意地发泄情绪，这种行为特征一旦在大学生人格中沉淀、固着下来，就会形成攻击性人格，影响大学生的正常人际交往。

3. 人际交往障碍

从心理学的角度来看，良好的人际交往有助于人格的健康发展。对大学生来说，建立良好的同伴关系，积极参与社会实践是发展自己人际交往能力的必要环节。沉溺于网络虚拟交往的大学生，终日与机器打交道，在网络上投入的时间和精力远远多于参与现实社会活动的时间与精力，这样他们就很少与同学、朋友、亲人进行面对面交流，逐渐形成对网络的依赖心理，当他们在现实生活中遭遇挫折时，就会忽略同现实生活中活生生的人进行沟通，甚至有意逃避现实，而选择到网络中寻求安慰。久而久之，大学生在现实的人际交往中就会感到不适应，出现紧张、孤僻、冷漠等人际交往障碍。

4. 责任感、道德感缺失

道德责任感是个体对自身在社会交往和自我发展中所应承担的道义责任的一种意识，一般是依靠个体内心对现行道德观念的认同而产生的自我约束和外在的社会舆论压力来实现的，而这两个途径的约束力在网络虚拟社区环境下都被大大削弱。在虚拟社区中交往，进行的是匿名的人机对话，看不见对方受伤和痛苦的表情，体验不到自己的不道德行为对他人的伤害，缺乏对现实道德情感的感受，内心的自我道德约束感弱化了。再加上网络虚拟社区超越了现实的物理空间，现实社会的道德约束无法延伸到虚拟空间中，这就使任何网络交往行为都可以超越社会道德规范的制约，个体通常不会把自己的网络行为同个人现实的责任和义务联系起来，由于网络行为缺乏与现实行为相同的道德体验，长此以往，很容易导致现实道德责任感的缺失。

5. 情感淡漠

由于网络的虚拟性，很多人在网络和现实生活之间出现了"网我"和"真我"的两种行为模式，并且这两种行为模式有时还完全不同。大学生还处于心理发展的年龄阶段，抗挫折能力较差，遇到挫折容易丧失自信心，从而无法对自己做出正确评价。网络这个虚拟世界给他们提供了一个设计自我、加工自我，借以找回自信心的平台，他们往往沉迷其中无法自拔，逐渐减少了与亲人、朋友、同学的接触，造成新的人际交往障碍，情感淡漠，自我中心意识膨胀，行为主体变得封闭、冷漠，产生孤独、苦闷、压抑等不良心理，严重影响身心健康。

第二节　对抗网络依赖——告别网络瘾君子

一、网络成瘾的定义

"网络成瘾"是由美国精神病学家 Goldberg 博士首先提出，当时使用了网络成瘾症（Internet Addiction Disorder，IAD）这一表述，其后不同学者对网络成瘾称谓的表述存在一定的差异，目前有代表性的提法有互联网成瘾症（Internet Addiction Disorder，IAD）、病理性网络使用（Pathological Internet Use，PIU）、病态性网络使用（Problematic Internet Use，PIU）、网络行为依赖（Internet Behavior Dependence，IBD）、Online Addiction，等。1997 年，他将网络成瘾改为病理性网络使用，并将网络成瘾定义为：因为过度使用网络所导致的沮丧或者是身体、心理、人际关系或社会功能的损害。

国内专家对网瘾有两种不同的观点。一种观点是"习惯说"。持这种观点者认为，网瘾既不是心理疾病，也不是生理疾病，而是一种比较偏激的爱好。青少年上网成瘾，只是行为习惯上出现了偏差，只要适当矫正，完全可以引导他们戒除网瘾。给网瘾青少年打针吃药，是不负责任的做法。很多学者不赞成给网瘾青少年使用治疗精神抑郁症的药物，原因是担心这种药物会刺激学生的大脑神经，留下后遗症。另一种观点是"疾病说"。持这种观点者认为，网络成瘾不只是一种心理疾病，准确地说是一种内分泌紊乱的精神类疾病。患有"互联网成瘾综合征"的患者，与酒瘾、毒瘾等患者一样，其心理都是病态的。因此，为根除网瘾，必须以药物治疗为基础，通过心理治疗，把孩子们错误的心理发育转变到正确道路上来。

二、网络综合征的诊断标准

在 1997 年多伦多和 1998 年旧金山两届美国心理学会年会上，有关学者专门讨论了 IAD 成为正式诊断的可能性。目前，研究界较认同的是美国金伯利·扬教授设计的测评方法。其标准如下。

（1）互联网使用成为生活的中心，对网络有一种心理依赖感，不断增加上网时间。

（2）需要增加互联网的使用，从上网中获得愉快和满足，下网后则感到焦躁不安。

（3）不能成功减少、控制、停止互联网的使用。

（4）停止或减少互联网的使用会导致无聊、抑郁和气愤等负面情绪。

（5）在线时间超过预期计划。

此外，以下三项标准应该至少具有一项才可以被诊断为互联网成瘾。

（1）重要人际关系、工作、职业、学习遭到破坏，否认过度上网有害。

（2）向别人隐瞒自己卷入互联网的程度，每周上网至少 5 天，每次至少 4 小时。

（3）通过使用互联网逃避现实问题，以上网来逃避现实烦恼。

我国对网络成瘾的研究从 1997 年才开始，针对我国上网主体特点及国情，国内青少年网络治疗专家陶宏开教授结合自己的实践经验，提出了网络成瘾的 10 个等级。上网主体只要在 5 级以上，就可诊断为网络成瘾；8 级以上则为严重的网络成瘾。上网成瘾的等级如下。

（1）偶尔上网，对正常生活与学习基本没有什么负面影响。

（2）时间比第 1 项稍长，但基本上自己可以控制。

（3）自己有些控制不住，但在家长的提醒下可以控制；对学习已经产生一定的影响。

（4）开始对家长的限制有些反感，逐步对学习失去兴趣。

（5）有时瞒着家长上网，并且用说谎的方式为自己掩饰；开始厌学。

（6）已产生对网络的依恋，一天不上网就不舒服。

（7）与父母有公开的冲突，亲子关系紧张；上网成了生活的主要目的。

（8）对父母强烈厌恶，经常逃学，连续上网，通宵不归；并有其他很不理智的行为，如开始在家里有暴力行为，敲打或毁坏东西等。

（9）不顾一切也要上网，若父母干涉，非骂即打，不但毫无亲情，甚至伤害亲人，逼父母分居或者离婚。

（10）为了上网，不惜走上犯罪的道路。

三、网络综合征的类型

1. 网络色情成瘾

网络色情成瘾指上网者迷恋网上的色情音乐、色情图片、色情影视、色情笑话以及色情文学作品、虚拟性爱等。此类成瘾者沉迷于观看、下载和交换色情作品。

2. 网络交际成瘾

网络交际成瘾指上网者利用各种聊天软件、网站的聊天室或者是专门的交友网站、多人用户游戏等进行虚拟人际交流。具体表现为使用者深陷网恋、网络黑客联盟、网络游戏群体、网络自杀群体等各种各样的在网络交往基础上形成的网络群体而不能自拔。

3. 网络信息成瘾

由于网络所固有的广泛性和开放性，导致了网上信息的海量性，可以说是应有尽有。有的网民就不停地浏览网页，观看并收集各种无关紧要的、无用的或者不是迫切需要的信息，导致信息崇拜和信息焦虑或者超载，对海量的信息形成难以摆脱的依赖。

4. 计算机成瘾

计算机成瘾是指沉迷于电脑程序性游戏以致影响了正常的学习和工作。一般的电脑程序都带有游戏，如常见的扫雷、纸牌、弹球等，一般都设有级别，每完成一次电脑都会自动给出分数，给出英雄榜上的排名。这实际上是一种虚拟的奖励，但是每个人都愿意重复被表扬的行为。

四、网络综合征的成因

1. 内在生理原因

根据 Giannini 与 Minuer 的研究，成瘾行为与六种不同的神经递质有关。目前，研究比较多的是去甲肾上腺素和多巴胺。对大学生年龄阶段和生理特点分析得出，大学生极易冲动，在网络刺激下，大脑神经中枢持续处于高度兴奋状态，引起肾上腺素水平异常增高，交感神经过度兴奋，血压升高。这些改变可引起一系列复杂的生理和生物化学变化，尤其是自主神经紊乱，体内激素水平失衡，会使免疫功能降低，诱发种种疾患，如心血管疾病、胃肠神经官能症、紧张性头疼、焦虑、忧郁等。另外，长时间上网会使大脑中的多巴胺水平升高，这种类似肾上腺素的物质短时间内会令人高度兴奋，但其后则令人更加颓废、消沉。负性情绪状态，如抑郁、不适感、焦虑的增加与多巴胺的水平增加有关。成瘾行为可能与多巴胺神经递质的恢复、消除焦虑情绪、重新体验快感有关。

2. 人格因素

研究结果显示，中度至重度的抑郁水平与网络成瘾存在相关，而且有些研究者还认为网络成瘾者具有抑郁、害羞、社交恐惧、自我控制失调、注意缺失等心理疾病，缺乏自尊、缺乏动机、寻求外界认可、害怕被拒绝等可能是促成网络成瘾发生的原因。在谢延明的研究中也提道，"网络成瘾者往往具备某些特殊的人格特征，而且，大多数在成瘾之前可能患有其他心理障碍，特别是抑郁和焦虑"。而作为大学生群体而言，他们恰恰就是上述人格因素比较集中的社会群体。

英国的 Niemz K. 与同事们认为，病理性使用互联网的个体自我评价较低，存在有一定的社会功能缺失。这是由于自我评价较低的个体在现实中不能得到他人认同。但在网络上，个体易找到与自己有相同体验或归属自己特征的团体，通过与他人分享经验和倾诉消极情绪，找到支持和认同。而且，网络交往不用局限于他人评价或异样目光，这在很大程度上强化了青少年的网络行为。同时，研究者认定：在网络使用和孤独之间存在某种正相关。而且更多的人认为，情绪稳定性低的人更孤独，倾向于更多地使用网络服务，而不是使用网络让人更孤独。孤独的人自尊较低，社会支持较少，自尊通过影响孤独间接影响网络成瘾状况。

3. 网络本身的特性

网络本身的特性也是使人成瘾的因素。例如，网络的虚拟性容易让人色情成瘾。网络的虚拟性和隐蔽性为人浏览色情信息、图片、色情作品等提供了天然的屏障。网络的交互性为青少年网民提供了同步通信环境，容易让青少年交际成瘾。同步性的聊天或者网络游戏具有的即时性使个体的行为立刻得到回应，这本身就是对该行为的一种强化。非同步的论坛也容易让大学生着迷，大学生可以就自己感兴趣的话题加入不同的论坛进行平等的交流，还可以根据自己的需要建立论坛，不少大学生就是在发帖和跟帖的过程中对网络上瘾的。

4. 家庭环境

良好的家庭环境是青少年健康成长的重要保证。家庭中人与人的关系和谐，气氛轻松，平等相待，互相尊重、谅解、帮助，既有分工又能合作等，都是健康家庭所必需的。一个在冷漠争吵中长大的孩子，会造成情感缺失、冷漠、孤独、害羞等。现在我国家庭一般都是独生子女，加上家庭结构不是很稳定，这在一定程度上也影响到青少年的网络成瘾行为。青少年由于得不到完整的父爱和母爱，影响到情感和人格的健康发展，导致网络依赖。

五、网络综合征的治疗

1. Young 的认知行为疗法

美国的 Kimberly S. Young 认为，考虑到网络的社会性功能，很难对网络成瘾采用传统的介质式干预模式。借鉴对其他成瘾症的研究和他人对 IAD 的治疗效果，他提出了自己的治疗方法。

（1）反向实践。了解患者原来使用网络的具体习惯，使其打破原有的习惯定式，采用新的方式上网。

（2）外部阻止物。把患者必要做的事情作为帮助其停止上网的督促者。

（3）制定时间表。要求成瘾者制定在线时间表，采用逐步缩短在线时间的方法。为保证能够坚持，可以根据本人喜好进行适当的强化激励，逐步减少上网时间至一个合适的水平。

（4）节制。如果某种特殊运用被证实且节制失败，就该终止特殊运用，减少打开电脑的次数，使之经常处于关机状态。

（5）提醒卡。让患者随身携带两张卡片，一张写着由于网络成瘾带来的后果，一张写着减少上网时间后带来的变化，随时拿出来提醒自己，通过多次反复强化来拒绝过度上网的选择。

（6）个人目录。让患者列出自己因上网失去或忽视的活动，并按重要性等级排出顺序，以提高他们对现实生活的意识。

（7）支持小组。由于很多患者在现实生活中情感缺失，根据他们不同的背景让其参与不同的社会团体，得到来自现实生活的帮助。

（8）家庭治疗。对由于过度使用网络而使婚姻和家庭关系受到负面性影响和破坏的患者来说，家庭治疗是必需的。

（9）解决现实问题和困难。澄清网络成瘾背后的潜在问题。成瘾者应该问自己，是什么原因使自己逃避现实生活。在此基础上积极面对并寻求解决途径，即使暂时不能有效解决，积极面对本身也可以为今后解决做好心理准备。

2. Davis 的认知行为疗法

Davis 把治疗分为七个阶段，完成整个治疗过程需要 11 周，从第 5 周开始给患者布置家庭作业。他强调弄清患者上网的认知因素，让患者暴露在他们最敏感的刺激面前，挑战他们的不适应性认知，逐步训练他们上网的正确思考方式和行为。

（1）定向。让患者了解网络成瘾的性质、产生原因等，详细列出戒断网瘾要达到的具体目标。

（2）规则。与患者讨论在治疗期间必须遵循的基本规则，包括一些与上网行为有关的具体要求。

（3）等级。帮助患者制订计划以消除与上网体验相联系的条件强化物。

（4）认知重组。重新建构对由于使用网络而产生愉快感受的认知评价。

（5）离线社会化。让患者学会在现实生活中有效地与他人交往。

（6）整合。与患者讨论上网时的自我和离线后的自我有什么相同和不同之处，发现理想自我，并使他们意识到上网只是探查自己理想自我的一种正常方式，引导患者在现实生活中把上线和离线的自我结合起来，形成完整的自我。

（7）通告。与患者共同回顾整个治疗过程，与他们讨论在这段时间中所学到的东西，在治疗过程中已经达到的具体目标以及他们的症状已经减轻了多少等。

3. 团体辅导

目前，越来越多研究人员认为，团体治疗对网络成瘾有更大的改善作用。国内，华东师范大学的杨彦平等人对网络成瘾青少年进行了相关的团体辅导治疗，采取的是认知—行为模式。

首先，要使小组成员了解团体心理辅导的意义，其次从认知的角度鼓励团体成员就网络依赖的问题进行主题交流和讨论，使他们了解自己的成瘾状况，看到自己的问题，并希望解决它，从认知的层面与成员共同寻找产生问题的原因和关键阶段，进而根据自己的现有依赖程度确定改变的目标，拟订评估策略，制订行动计划。另外，根据网络成瘾形成发展和变化的原因，给予具体的实施指导，并由团体内部发展监督评价机制，对每个成员的行为变化给予反馈、指正以及适当的奖惩。在实施过程中，制订了"现状了解—问题分析—尝试训练—反馈调整"这样一个干预计划。其训练方法主要为选择被试、训练场地、内容等，目标找寻、社会支持建立是重点。

4. 药物治疗

研究表明网络成瘾可导致抑郁、焦虑，因此防治这些心理因素（如抑郁、网络使用习惯）是很有必要的。我们可通过使用抗焦虑类、抗抑郁类精神药物以缓解成瘾者的不良情绪，为心理治疗创造有利条件。当前，药物干预加心理疏导已作为一种综合治疗手段在临床中得到广泛应用。但是需要指出的是，采用药物疗法对人体的神经系统有副作用，其有效性和带来的副作用还有待于进一步研究和实践的证明。而且就我国目前的情况来说，网络成瘾者大部分为青少年，药物疗法不完全适合我国的国情，所以在采用这种方法时一定要谨慎。对于部分出现严重的抑郁症、神经失调症等症状的重度网络成瘾者可以适当采取此方法，但要把握好度。

第三节　面对网络不迷茫——正确合理安排上网

一、正确认识网络，养成良好的使用习惯

良好的上网习惯是全方位的，包括时间、地点、频率。养成一个合理的上网习惯，有助于管理自己的上网行为，从而形成科学、合理的网络生活。

网络作为我们工作、学习、生活中一个重要的工具，它可以给我们的身心带来娱乐，释放我们的情绪。认识网络，学会正确地使用网络，提高网络认知能力，我们才能有效地驾驭和利用网络，为自己的成长服务。如果对网络没有正确的认识，一味无节制地依赖网络，则很容易迷失在网络中无法自拔。

【知识链接】

晚睡强迫病

早上不想起，晚上不想睡，终于决定去睡觉，"一只羊，两只羊，三只羊……"

明明困得要死也睡不着，默默拿起手机又刷起了朋友圈……

想想也是，白天属于单位，傍晚属于朋友和家庭，只有夜深人静的时间才真正属于自己，于是一到晚上就"变本加厉"地找回。对很多人来说，熬夜似乎已经成为习以为常的事情，总想在睡觉之前争取更多的时间来"做自己的事情"，不等到累到"忍无可忍"，甚至到深夜了，才会恋恋不舍进入梦乡。

不甘于一天的结束，甚至恐惧，想把更多的时间留给自己，所以熬夜，这是多数人的心理。医学上称它为晚睡强迫症。其症状如下：

（1）觉得晚上时间好宝贵，想一个人静静；

（2）白天辛苦工作，没时间敷面膜，晚上要好好护理一下皮肤；

（3）沉迷于追剧、看比赛、打游戏，不亦乐乎；

（4）白天没时间交流聊天，晚上应付各种社交软件忙不停；

（5）睡觉前一躺下来就下意识去摸手机，刷起了朋友圈；

（6）白天在地铁上、公交车上、办公桌旁……随时随地都能睡着；

（7）微博都刷到没有更新了，淘宝把收藏的店铺都逛了一遍，所有好玩的都瞒不过你；

（8）每天都有两个自己在打架，"今晚一定要早点睡"和"这么早睡太可惜了"。

二、提升道德水平，遵守网络道德

（1）不沉迷于色情网站。色情网站提供的几乎都是淫秽内容，违反国家的法律、法规，违反社会公德，这些内容很容易使浏览者产生性兴奋和性冲动，让人对性爱产生不良的理解，从而产生过分的性需求，对大学生的毒害非常大。

（2）不侵犯他人隐私信息。某论坛上一名网友发了题为"偷拍公交见闻"的帖子，并上传了4张未经任何处理的照片。图片的内容是一名孕妇挺着大肚子站在公交车上，她身边3个座位上坐着3名男子，这3名男子不是低头，就是把头扭向窗外，没有人给孕妇让座。孕妇就用自己的手机拍下了这一幕，照片中，3名乘客的面部被曝光。该网友没有做更多评论，只是在照片最后写了一句："真给青岛男人丢脸！"这个帖子发出后，一时间成了论坛最热的帖子。孕妇让座事件中的一名当事人被曝光，被单位解除合同。当事人整理资料，直接找孕妇单位讨个公道，并且已经找到其单位要求赔偿。有律师认为："在这件事中，孕妇并非将别人的照片做善意地使用，也没有征得当事人的许可，就将照片公布，肯定是侵犯了当事人的肖像权。""就算是小偷，你也无权随便在网上贴照片来谴责。这位孕妇此举更多的是对当事人精神权利的损害，是对个人隐私的侵犯。"

个人隐私作为我们的基本权利，应得到充分保障，但在网络时代个人隐私受到威胁。在网上肆无忌惮地发布他人隐私，是对他人权利的严重侵犯。在网络上尊重他人隐私，也就是尊重自己的隐私。

（3）不侵犯他人网上知识产权。在信息化的时代里，在网络里借用、复制他人成果变得更加方便和快捷，使知识产权的侵权成为严重的社会问题。作为大学生应该学会尊重他人的劳动成果，不随便复制、借用他人成果，如果引用他人成果，请一定注明出处。

（4）不发布不良信息。在网络上发布虚假信息，制造谣言，扰乱社会公共秩序，造成社会人心动荡，严重者要受到法律的惩治。一则题为"南郊公园杀人犯28号会出来杀人"的帖子在长沙一些本地论坛、QQ群广泛流传，帖子称"南郊公园杀人犯向公安局挑战，28号会出来杀人，本来我以为是谣言，我们银行从今天开始已有3个便衣了"。一天之内，该帖快速传播至20余个网站、百余QQ群，在当地民众中引起极大恐慌。经侦查，两个帖子分别是长沙某证券公司员工袁某、某彩色印刷有限公司员工刘某所发。依据相关法律，长沙警方决定以"散布谣言，谎报险情、疫情、警情或以其他方法故意扰乱公共秩序"的违法行为对袁某、刘某两个违法人员做出行政拘留10日的处罚。

三、合理规划，享受网下时间

（1）培养多种兴趣爱好。兴趣是我们拥有快乐生活的重要前提，兴趣让我们的生活丰富多彩，在校大学生可以培养自己的兴趣爱好，如运动、棋艺、绘画、舞蹈、音乐等，让没有网络的生活也一样精彩。

（2）积极参与活动。大学不同于高中，成绩不是唯一的评价标准，多才多艺的人会受到认可，人际交往广泛的人也会受到认可，大学生应参与社团活动，提升自身的组织和团体协调能力，使生活充实而有意义，获得个人成就感。

（3）增进现实交流。大学生要学会与他人建立起有意义的人际关系，需要通过现实的交流，每天抽出点时间与同学聚焦于有意义或感兴趣的话题，谈学习、谈理想、谈自己的规划，积极交流各自的心得和体会，获得归属感和满足感。

（4）加强体育锻炼。每天坚持锻炼一小时，做些有氧运动，有助于身心健康，帮助宣泄不良情绪，维持心理平衡，提高生活质量。

【心理训练】

如何控制上网时间

步骤1：确定上网目标

每次上网前，静心抽出几分钟想一想上网要做什么：_____。

步骤2：将目标分层次

将目标逐级分解，哪些目标最重要，哪些次要，哪些不重要，哪些紧急，哪些不紧急，哪些可做可不做。依据目标的重要性和紧急程度依次完成。

步骤3：限定上网时间

假如设定的上网时间为1小时，可以设置闹钟提醒或在电脑上设置上网时长提醒等来控制上网时间。

【心理自测】

文明上网行为自测：看看你有没有这些网络不文明行为？

（1）制造传播谣言；

（2）骂脏话、污言秽语；

（3）张贴淫秽、色情文字；

（4）张贴"过火"、血腥场面照片；

（5）炒作和夸大负面新闻；

（6）盗用他人用户名和密码；

（7）介绍成人网站链接；

（8）登录、浏览黄色网站；

（9）在同一论坛反复发表同样内容的帖文；

（10）发表大量没有实质内容的灌水帖；

（11）标题与内容严重不符；

（12）发帖内容与论坛主题无关；

（13）随意张贴或 PS 他人照片；

（14）利用诅咒性语言强迫回帖；

（15）刷屏；

（16）开发性软件；

（17）传播网络病毒；

（18）网上骗钱骗色；

（19）侵犯他人知识产权；

（20）群发广告性电子邮件；

（21）发布虚假广告；

（22）制造恶作剧；

（23）用论坛或博客恶意中伤他人；

（24）裸聊；

（25）网络游戏中渲染暴力、色情；

（26）网络游戏作弊；

（27）盗用他人网络账号，假冒他人名义。

【反思】

通过本章的学习，请你自测下，是否有过度依赖网络的倾向？

想象下你一周在没有任何网络和电子产品的环境下你的生活会怎么样？

第十二章　让生命尽情绽放

——大学生生命教育与心理危机应对

【案例导读】

　　小李是一位大学三年级的男生，在高中期间谈了一个女朋友，两人已交往了四年多，虽然女朋友在另一个城市读书，不能经常在一起，但两人的感情一直很好。前不久，女朋友突然提出分手，使他十分痛苦，觉得生活一下子失去了方向，似乎奋斗的意义也没有了，想到了退学。后来，他去了女朋友那里一次，向她表达了自己的感受，谈到了自己的规划，愿意毕业后按照女朋友的心意去找工作等。但女友说已经不再爱他，一气之下他回到了学校。回来后，他依然不能接受分手的事实，他认为女友对他还是有感情的，所以通过微信和女友联系，但女友一直没有明确的回复。最近他的睡眠状况很差，常常想起这些事，想起两人的过去，内心就十分痛苦和绝望，觉得生活失去了意义。幸运的是辅导员发现了小李的异常状态，建议他去学校的心理咨询室寻求帮助。经过几次咨询，小李认识到了生命的意义，重拾了信心，终于从失恋的痛苦中走了出来，恢复了正常的学习生活。

　　这是一名把生命和生活的意义寄托于爱情的男生。他的人生目标就是毕业后能和女朋友在一起，曾经他奋斗的支柱就是爱情。但女友突然提出分手使他失去了前进的动力，一下子找不到了人生的意义。幸运的是，他及时得到了帮助，认识了生命和生活的意义，重拾了生活的信心，恢复了正常的学习生活。

【学习目标】

　　了解大学生心理危机的特征、产生原因及类型。了解心理危机中个体的反应及其应对方法。正确认识生命。

【关键概念】

　　心理危机，生命

第一节　心理危机——大学生心理危机及其类型

联合国专家预言，从现在到 21 世纪中叶，没有任何一种灾难能像心理危机那样带给人们持续而深刻的痛苦。危机的产生、发展及激化经历着复杂而微妙的心理过程，几乎每个成长中的个体都不同程度地经历过心理危机，但心理危机并非必然导致极端行为。危机带给我们的，大多数时候只是暂时的不适。实际上，没有人可以和危机绝缘，即便是心理素质健全、受过良好心理训练的人都不可能终生免于危机的困扰。

一、什么是心理危机

危机有两个含义，一是指突发事件，出乎人们意料发生的，如地震、水灾、空难、疾病暴发、恐怖袭击、战争等。二是指人所处的紧急状态。当个体遭遇重大问题或变化并使个体感到难以解决、难以把握时，平衡就会打破，正常的生活受到干扰，内心的紧张不断积蓄，继而出现无所适从甚至思维和行为的紊乱，进入一种失衡状态，这就是危机状态。这种状态是人们面对重要生活目标时产生的阻碍，这个阻碍在一定的时间内使用常规的解决方法不能解决。这里的状态是一段时间的解体和混乱，在此期间可能有多次解决问题的失败尝试。

二、大学生心理危机的特征

1. 突发性

危机常常是出人意料，突如其来，而且具有不可控制性。大学生一般都在 18～25 岁，正处于青年初期，在这一时期，身体发育逐渐成熟，大学生具有了成年人所具备的生理特征。而大学生心理发展则处于不成熟向成熟发展的过渡阶段。随着年龄的增长、知识的增多、经验的积累和阅历的丰富，其感性和理性逐渐趋于成熟，能自觉通过自我观察、自我总结等手段审视自身的优缺点，以寻求合理的角色定位。但由于自身心理的不完全成熟和不稳定性，大学生仍然缺乏对自我、对社会的评价能力和自我调适能力，某些积极的个性品质在特定情境下易于导向某些消极的表现，大学生的心理呈现出积极与消极、自负与自卑并存的矛盾与冲突，任何一个小小的问题如果不能得到及时干预和化解，都可能引发严重的心理危机甚至导致悲剧性后果。大学生的激情犯罪与冲动自杀多与此特征相关。

2. 潜在性

大学生心理危机并非以直接爆发的方式体现，而是潜藏于个体内心，当遭遇特定应激事件时，容易引发心理危机。

大学生心理危机与成长的每一个方面、每一步相伴相生，如果没有危机，即使年龄与日俱增，心理发展也不会与时俱进。在成长的每一刻，成长的力量都与危机的力量相共生，正是潜在的危机促动个体积极关注自我，获得成长的力量。危机与成长的力量相互较量，此消彼长。在正常情况下，成长的力量占上风，但面临特定的情境时，潜在的危机就发生了。正如平静大海下掩藏着狂风怒潮一样，危机的累积与渐进，是一个潜在过程、量变过程，一旦带来质变，就是成长或者更大的危机。

3. 交互性

大学生心理危机往往是多种因素共同作用下的结果，经济状况、学业期望、情感归属、人际关系等交织在一起，在遇到特定的生活事件时，这些交互因素便浮出水面，引发心理危机。大学生能获得爱情、学业、专业技能、事业进步等方面的满足，实现人生主要的生活目标，但是，同时他们也要承受巨大的压力，需要对爱情、工作和生活方面的问题做出明智的决策与承诺，而其中许多人此前并没有相关的经验。因此，矛盾与冲突，选择与机遇，个人情感与职业发展等任务同时摆在大学生面前，由于个体本身心理的不成熟，容易引发各种心理危机。

4. 时代性

大学生心理危机与时代有高度的相关性。改革开放以来社会的每一次变迁，无不牵动着大学生心理的巨大变化。在当今社会变革、人才竞争和素质教育的社会背景下，大学生面临的各种压力明显增大，由此引发的心理问题不断增多。特别是近几年来我国的社会状况发生了复杂而又深刻的变化，经济快速发展，生活节奏加快，在应对繁忙的学习生活和复杂的社会环境中，大学生常常会因为难以适应和不会自我调节而产生各种心理矛盾和冲突，甚至会导致心理障碍和心理疾病。当代大学生的心理危机，在一定程度上反映了时代、社会对大学生的要求和考验，大学生心理危机也就因此而打上很深的时代烙印。

三、大学生心理危机的影响因素

心理危机到底是怎么产生的呢？大学生心理危机的产生并不是由某一个单一因素决定的，是多个因素相互作用的结果。

1. 个体对事件的知觉

对某一事件的认知和主观感受，在个体决定自身行为的性质和程度中起着重要作用。认知方式限制了人们探索压力条件的信念，极大地影响了人们对他人的知觉、人际关系及对采取不同类型的精神治疗手段的反应。如果个体对事件的知觉是客观的、合乎逻辑的，则问题解决的可能性会大大提高。

2. 社会心理支持

人的本质是社会化的，他依赖周围的人提供的内在、外在的评价而存在。对个体来说，获得确定的评价的意义比其他任何事都更为重要。大学生尤其需要有一个来自亲人、朋友、同学等多方面的心理支持系统，这是人们应付心理压力时的重要社会心理支持资源。然而很多大学生并没有建立这样的系统，或者有心理问题也不愿意向身边的人倾诉、求助，这种重要的支持资源一旦丧失或没能发挥或支持失当，面对压力的个体将变得无比脆弱、失衡并进一步产生危机。

3. 应付机制的形成

人们通过日常生活，学会了运用各种手段去应付焦虑和减少紧张，并逐步形成了应付压力的模式。那些被人们运用过的有效的应付办法会成为人们日常解决压力的一部分而被纳入他们的生活模式中，并逐渐形成了人们解决压力时的一套有效的应付机制。相反，如果没有恰当的、有效的应付机制，个体的压力或紧张持续存在，危机便会随之产生。

4. 个体的人格特征

危机人格理论认为，心理危机还受个体的人格特征的影响，容易陷入危机状态的个体在人格上具有的特异性：注意力明显缺乏，看问题只看表面看不到本质；社会倾向性过分内倾，这种人格特征使个体遇到危机时往往瞻前顾后，总联想不良后果；在情绪情感上具有不稳定性，自信心低，独立处理问题的能力极差；解决问题时缺乏尝试性，行为冲动欠理性，经常会有毫无效果的反应行为。

5. 重大生活事件的影响

重大生活事件（如丧失亲人、父母离异等）对人的冲击力往往很大，再加上大学生心理的不成熟，还没有形成完善的应对模式，因此，当大学生面对重大事件时，心理危机由此产生。

6. 人际交往障碍

当代大学生普遍比较关注自我，独立生活能力较差，进入大学新环境后，面对来自不同地域、不同家庭背景、不同成长经历差异较大的同学，生活习惯、个人性格、个人的兴趣差异也很大，不可避免地容易产生摩擦和冲突。另外，现在的大学生谈恋爱现象很普遍，但由此引发的情感纠葛问题也很多。如果处理不当，导致心理失衡，心理危机就发生了。

四、大学生心理危机的类型

在人的一生中会出现不同类型的危机，对危机类型进行区分，有助于我们采取更有效的方式应对危机。

一般认为，心理危机主要分为三种类型。

第一种，发展性危机。这是个体在正常成长和发展过程中，急剧的变化或转变所产生的异常反应。就大学生而言，新生入学不适应，大学毕业没有满意的工作，考试不理想，不喜欢所学的专业，评优、班干部落选等这些在人生发展中遇到的危机均为发展性危机。当遇到这样一些发展中的困难或阻滞时，便会产生压力，并逐渐转化为危机。

第二种，境遇性危机。当个人遇到罕见、超常、无法预测和控制的突然性事件或境遇时所产生的心理危机。如交通意外、被绑架、突然的绝症、自然灾害等。

第三种，存在性危机。存在性危机指伴随着一些人生重要而根本的人生问题，比如关于人生的目的、责任、独立性、自由和承诺等出现的内部冲突和焦虑。存在性危机可以是基于现实的，也可以是基于深层次的关于人生意义的追问与思考。在中学时代，学生学习的一切动力来自考大学，当大学成为现实时，目标的丧失带来了新的困惑。一个沉溺于网络的大学生，自己也知道这样浪费时间而没有任何意义，但却不能自拔，无力改变现实，于是产生深深的焦虑与自责。他们开始思考人生本原的问题，如人为什么活着，人生的意义是什么等。这些都属于存在性危机，它是潜藏于内心、伴随个体的终生课题。

五、心理危机高发的大学生群体

不同的人群具有不同的行为模式和心理类型，把握不同人群的特征，是认识不同人群基本的社会学理论方法。在大学校园中，存在着贫困生、独生子女、新生、毕业生、学业困难生等不同的人群，他们往往需要更加有效的危机干预。

1. 贫困生群体

随着社会的变革、高等教育体制的改革，大学校园里出现了一个特殊的群体——贫困生。1999 年后高校的大规模扩招，推进了教育成本分担机制，贫困大学生的人数越来越多。社会经济地位的低下，使大学校园里这一特殊的"弱势群体"背负着沉重的生活负担和心理压力。"贫困生现象"已引起了政府及社会各界的高度关注。但高校的贫困生问题并非单纯的经济解困问题，贫困生因经济窘迫而产生的思想上、心理上的问题，更需要引起高度重视。了解贫困生的心理活动，研究分析其心理特点，帮助他们摆脱困扰，树立学习和生活的勇气。一般说来，贫困生普遍存在以下不良的心理状态：自卑心理严重，自我保护意识强烈，往往习惯于把自己封闭起来。

2. 独生子女群体

独生子女群体是我国 20 世纪 70 年代末开始实行计划生育政策形成的。90 年代末，第一批独生子女陆续进入大学，构成了我国大学生中的特殊群体。这一人群从出现便作为一个社会群体牵引着众多的目光，成为各方关注的焦点。与非独生子女相比，独生子女身上具有明显的时代特征，他们乘着改革开放的春风，沐浴着慈爱的阳光雨露，汲取着充足的养分，茁壮地成长起来。由于与非独生子女在生存状态等方面存在一定差异，也就形成了这一群体普遍存在的人格特征和心理行为特点，如依赖、自我中心、情绪控制能力弱以及心理承受能力差等。

3. 新生群体

经过了高考的洗礼，大学新生带着优胜者的微笑迈入了大学校门。他们对大学生活充满了好奇和憧憬，头脑中编织着诗情画意的梦想。然而他们并未完全意识到，从中学到大学是人生的一大跨越，在这一大跨越和转折点上，有很多的人生课题摆在他们面前。大学新生大多十八九岁，这一时期正是青年人生理、心理迅速发展变化的时期，身心发展极不稳定，极易受到外界环境变化的影响。当最初的新鲜感和激动情绪慢慢平静，正常的学习生活开始之后，出现了"理想真空带"与"动力缓冲期"，他们心理冲突和动荡加剧，很容易陷入心理危机。

4. 毕业生群体

大学毕业生是大学生中压力较大的一个群体。建立自己的生活模式、规划职业生涯是毕业生刻不容缓的任务。对于他们中的大多数来说，十几年的校园生活即将告一段落，他们面临着许多人生的转变和抉择，求学与求职的冲突、与同窗四载的同学分离、激烈的就业竞争、对社会的适应等课题纷纷摆在他们面前，使他们承受着极大的心理压力。其中，择业过程中的种种心理不适对毕业生产生的困扰尤其巨大。毕业生就业制度改革虽然为广大的大学生提供了公平竞争和施展才华的机会，但也给更多大学生带来了巨大的心理压力。自从高校扩招以后，我国大学毕业生的供给持续地增长。人数的增长必然带来就业环境的巨大改变，大学生已从"精英就业"步入"大众就业"时代。而与之相对的是，大学生的就业期望值仍然普遍偏高，这使一部分毕业生产生了严重的心理失衡。此外，对自身定位不足等原因，也使大学生就业的心理问题激增。

5. 学业困难者群体

与小学、中学教育相比，高等教育更为提倡以学生全面素质的提高为培养目标，但就目前状况来讲，学业成绩仍然是考查大学生优秀与否的重要砝码，竞选、评选、免试研究生、求职等无一不与学业成绩相挂钩，成绩不良意味着重修、补考甚至退学，这就使学业困难学生成为大学校园一个值得关注的群体。以往对学业困难者的研究多集中于中小学生，针对大学生的研究比较少，但近年来大学生中频频发生的由于学业成绩不良而导致的自杀事件引起了我们的警醒，关注学业困难的学生的心理问题刻不容缓。

一般说来，高校的学生困难群体大致可分为六类：第一类是学习动机不足或缺乏的学生，这类学生普遍认为考上大学就完成了自己的使命，学习靠外在动机的驱动，如父母的期望、老师的督促等，上大学后不愿再为学习而付出努力，得过且过，不求优秀，但求过关；第二类是来自西部、贫困地区的大学生，这部分学生与其他地区的学生相比底子薄、基础弱，学习刻苦努力，但成绩不明显，在基础课如数学、英语学习方面尤为突出；第三类是对所学专业兴趣不足者，这部分学生对所学专业缺乏兴趣，厌学心理严重，对专业学习产生心理阻抗，导致学业失败；第四类为学习方法不当导致的学业失败，这类学生是大学学习的不良适应者，始终找不到适合自己的学习方法；第五类是沉迷网络游戏等问题行为学生，这部分学生自制能力差，整天萎靡不振，沉溺于网络，贻误了学业；第六类为学习能力不足者。

6. 有心理问题的学生群体

毫无疑问，有心理问题的学生是心理危机的高发群体。一般而言，多数大学生的心理问题是发展性的，与大学生的学业发展、个性塑造、品质培养、社会适应等有关，这类问题随着大学生的成长而自愈。少数是障碍性的，如神经官能症，人格障碍等，这些需要专业的心理治疗。还有一类介于正常心理与异常心理之间的过渡性问题或边缘性问题，这些问题可以通过心理咨询得以解决。

此外，普遍意义上的优秀学生，也就是老师眼中的"三好生"往往存在"优秀学生心理综合征"。其主要表现为，过分追求完美，不允许自己失败，与此相关的是，关注自己的消极面，在自我评价和认知上过分关注弱点，对别人过分苛求，对挫折与失败承受能力低，对他人的评价过分关注等。

大学生的心理危机往往是多种因素共同作用下的结果，由心理问题引发的心理危机背后都有极其复杂的原因。因此，虽然我们列出了大学生心理危机的易感群体，但现实生活中，一个人身上常常交织着各种群体的问题。关注群体特征的目标在于建立健全心理危机的预防机制，有效减少与防止心理危机的发生。

【心理测试】

逆境适应能力测试

以下有20道测试题，可以帮助您对自己做出判断，请认真回答。A 表示"是"，B 表示"否"，C 表示"不全是""不一定"或者"不确定"。请在相对应题号后面作答。

题目	A	B	C
1. 你童年时很受父母宠爱			
2. 你步入社会后经历坎坷、屡遭挫折			
3. 你初恋失败后几乎丧失了生活的勇气			
4. 你的收入不高，但手头并不缺钱花			
5. 你无法忍受和性格不同的人一起工作			
6. 你从不失眠			
7. 你的朋友突然带一个你非常讨厌的人来访，对此你感到恼火			
8. 原定你晋升职务，可公布名单时却换了另外一个人。即便如此，你也心情坦然，并向他祝贺			
9. 你看到那些穿着奇装异服的人，就感到讨厌			
10. 你认为一些新规定的颁布和实施，都是理所当然的			
11. 你接连遇到几件不愉快的事，苦恼不断加重			
12. 即使同工作上的竞争对手交谈，你也能友善和平			
13. 你结交新朋友相当容易			
14. 别人未经允许随便动用你的物品，你会长时间感到恼火			
15. 即使多次失败，你也不放弃再做一次尝试的机会			
16. 对于没有完成的重要事情，你会寝食不安			
17. 至少有一半的成功把握，你才会去冒险干一些事情			
18. 你很容易染上传染病			
19. 别人若对你不公正，你会怀恨在心，一定要找机会进行报复			
20. 有空闲时间，你就想读小说和娱乐性报纸			

积分方法：

题号 \ 得分	A	B	C
1	1	5	3
2	5	1	3
3	1	5	3
4	1	5	3
5	1	5	3
6	5	1	3
7	1	5	3
8	5	1	3
9	1	5	3
10	5	1	3
11	1	5	3
12	5	1	3
13	5	1	3
14	1	5	3
15	3	5	3
16	5	1	3
17	5	1	3
18	1	5	3
19	5	5	3
20	5	1	3

结果解释：

20～51 分为 A 型；51～75 分为 B 型；76～100 分为 C 型。

A 型：无法承受突如其来的变故——这可能与你一帆风顺的经历有关，你性格脆弱，经受不住刺激，更经不起意外打击，即使稍不遂意也使得你寝食难安。这是你的主要弱点，建议你增强心理承受能力，勇敢面对生活的挑战，同时也要少想个人得失，因为应付困难的能力说到底是对个人利益损失的承受力。

B 型：心理承受能力一般——在通常情况下不会有什么问题，至多有点烦恼。要注意的是在大的挫折面前要更坚强一些。

C 型：敢于迎接命运的挑战——你有不平凡的经历，能正视现实，对来自生活的困难应付自如，随遇而安。

第二节　危机处理：转变危险为契机

一、心理危机中个体的反应

人在危机状态下会产生一系列的情绪、认知、生理、心理和行为反应，这些反应是相互作用、互为因果的。了解心理危机中个体的反应，有助于识别处于危机中的个体，对其进行及时有效的调节和干预。

1. 情绪反应

危机中，个体情绪反应一般有焦虑、恐惧、抑郁、愤怒、沮丧、紧张、绝望、烦躁、害怕等。

2. 认知反应

危机中，一个人的认知反应会发生两极变化。有的个体会积极思维，调整自己的认知，运用理性情绪调节自我，达到自我成长。而有的个体会关注负性情绪，以致思维狭窄导致管状思维，也就是我们常说的"钻牛角尖"。

此外，情绪和认知之间存在着相互影响的关系。愤怒、恐惧和抑郁情绪反应破坏人的心理平衡，而心理平衡是准确感知、记忆和逻辑思维的前提。因此，在危机中，人的认知功能遭到严重损害，甚至造成认知功能障碍。有时负性情绪反应同认知功能障碍间形成恶性循环从而使人陷入难以自拔的困境。

3. 心理行为反应

危机中个体的心理行为反应是个体为减轻痛苦感而采取的一种防御机制，大致可分为三类：第一类是积极的反应，包括坚持、升华等，这些反应有助于恢复个体心理平衡，准确地评定事件的性质，做出合理的判断与决定，尽快走出危机；第二类是消极的反应，包括否认、攻击、逃跑、退缩等，这些反应虽然可以暂时缓解内心的冲突和紧张，但不利于问题的解决，妨碍个体正确地应对危机，甚至会给身心健康埋下隐患；第三类是中性的反应，包括转移、反向、压抑、倒退、合理化、投射等。产生何种类型的心理行为反应与个体的个性特征、适应能力和以往的生活经历等有关。

（1）升华。升华是一种最富于建设性的行为反应，它把社会所不能认可的目标、欲望或情绪等转化为高级的、有益于社会并被社会接受、赞赏的形式，同时，本能冲动也能继续得以满足。

（2）补偿。补偿是个体意识到自己在某方面有缺失或某一目标难以实现，而重新确立目标或把注意力转向其他方面，以其他方面的成功来代替原有目标的受挫而获得心理上的满足感。补偿行为的积极与否取决于所选目标的性质，如果新确立的目标是合理的、符合社会道德规范的，则认为补偿行为是积极的；反之，则是消极的。如一名大学生遭遇失恋打击后，发奋学习，成绩遥遥领先，补偿了因失恋带来的自尊心和自信心的受挫；而另一名大学生却同样因为失恋而整天沉迷于网络，在虚拟世界中寻求心理上的满足感。

（3）合理化。合理化又称文饰作用，指在目标受挫后，用一种自认为站得住脚的理由来为自己掩饰和辩护，是一种自我安慰的心理行为反应。

（4）转移。转移是将针对某一对象的某一种无法实现的情感、意图转移到另一个对象上或转移为另一种情感以减轻心理压力。如一名大学生在课堂上被老师批评后感到很窝火，但又不能当场反驳，回到宿舍便把气撒在舍友身上。

（5）压抑。压抑是将意识所不能接受的，使人感到困扰或痛苦的思想、欲望或经验予以选择性遗忘，但这种遗忘只是将某一事件或情绪推到无意识的深层，并没有彻底忘却，以后在某些情境下，被压抑的事件便又回到意识中来，这就是所谓的"压抑回归效应"。压抑虽然能够暂时减轻紧张、焦虑等不良情绪，但不利于问题的最终解决，过度压抑对身心危害极大，个体可能会出现人格改变，或患严重的心理障碍和躯体疾病。

（6）宣泄。宣泄与压抑正好相反，是指通过各种途径把积郁在内心的不良情绪释放出来，从这个意义上来讲，宣泄比压抑更为有益，但宣泄行为的积极与否，在于所选择手段的正当与否，手段正当，则宣泄行为是积极的；反之，则是消极的。例如，大学生通过记日记、向好朋友倾诉、从事体育运动等社会所接受的方式来进行宣泄，这是允许并且是值得提倡的；但如果宣泄的手段失当，如自虐、破坏公共财物、对他人采取攻击性行为等则是非常有害的。

（7）幻想。幻想指个体为了摆脱现实的痛苦，对原有观念或现象的改造与加工，其内容超过了客观现实可能的范围，个体从想象的虚幻情景中寻求心理满足。正常人总能把自己的想象与幻觉和现实区分开来，但假如把幻想与现实相混淆，或者沉溺于幻想中不能自拔，那就是一种精神疾病的表现。如有的大学生在现实生活中屡屡受挫，便从网络游戏的虚拟成功中寻求内心的满足，长此以往，将不利于身心健康发展，形成不良的行为反应。

（8）否认。否认是指否定或不承认某种客观存在的现实，以暂时减轻内心的痛苦和不安。如一名刚入大学的新生得知自己深爱的父亲因车祸突然去世，他始终都不相信父亲已经永远离他而去，在昏天黑地的恸哭后，他每天都给父亲写信，相信奇迹会出现。这是典型的否认反应，这种反应能够在事件突发时缓解冲击力，避免极其强烈的刺激给人身心造成的伤害，但过度的否认也有可能延误解决问题的最佳时机或减缓个体对突发事件的心理适应和恢复过程。

（9）逆反。逆反又称反向，一方面是指个体不敢正面表露自己的真实动机，为了防止动机外露，而有意识地采取与自身动机方向相反的行为；另一方面是指个体与社会要求相对抗的行为。持逆反心理的人往往为了解除内心的不满，会采取一些不符合社会规范、不被允许的愿望和行为，产生一些反社会性行为。长期逆反心理的存在会从根本上扭曲自我意识，使动机与行为脱节，造成心理失常。

（10）倒退。倒退也称退行，是指个体在面临压力、冲突、焦虑、紧张时，返回到其早期发展的安全阶段，表现出与自己的年龄、身份极不相称的行为，借以避免目前的冲突、焦虑和紧张。例如，一女大学生与同宿舍同学吵架，像个孩子般哭泣，直到宿舍同学道歉为止。这实际上就是运用儿童的行为反应达到自我保护的目的。

（11）逃避。逃避又称回避，是大学生在危机状态下比较常见的心理行为反应。逃避是指个体在遭受刺激时，不敢直接面对自己所预感的应激情境，而躲到自认为比较安全的环境中去。逃避是自卑、怯懦、无责任感的表现。为避免失恋的打击，逃避情感；为避免考试失败，选择放弃考试等都是逃避的体现。

（12）物质滥用。物质滥用指个体长期或过量使用某些物质，无法减量与停止，同时对个体的社会与职业功能产生伤害，包括药物依赖、吸烟、酗酒、吸毒，长期或过量服用某些刺激性食品等。大学生中比较常见的有吸烟和酗酒，所谓"借酒消愁愁更愁"，物质滥用可能会带来感官系统的暂时满足，但会严重损害大学生的身体健康。

（13）攻击。攻击是危机中常见的一种不良情绪引发的行为反应，可分为直接攻击和转向攻击。直接攻击是指一个人受到挫折后，把愤怒的情绪直接发泄到使之受挫的人或物上，马加爵一案就是由心理危机所引发的直接攻击行为。转向攻击是指把愤怒的情绪指向其他不相干的人或物身上去，在这一点上，刘海洋是典型的案例，他把自己的发泄的目标转向了动物园中无辜的狗熊。

（14）自杀。自杀是主体蓄意或自愿采取各种手段结束自己生命的行为，是危机严重到个体无法忍受的地步而采取的一种较为极端的行为反应。由于生命的不可逆性，大学生自杀给社会、家庭造成的损失是不可估量的。

狐狸的故事

盛夏酷暑，一群口干舌燥的狐狸来到一棵葡萄架下。一串串晶莹剔透的葡萄挂满枝头，狐狸们馋得直流口水，可葡萄架很高。

第一只狐狸跳了几次摘不到，从附近找来一个梯子，爬上去满载而归。

第二只狐狸跳了几次仍吃不到，找遍四周，没有任何工具可以利用，笑了笑说："这里的葡萄一定特别酸！"于是，心安理得地走了。

第三只狐狸高喊着"下定决心，不怕万难，吃不到葡萄死不瞑目"的口号，一次又一次跳个没完，最后累死在葡萄架下。

第四只狐狸因为吃不到葡萄整天闷闷不乐，抑郁成疾，不治而亡。

第五只狐狸想："连个葡萄都吃不到，活着还有什么意义！"于是找根树藤上吊了。

第六只狐狸吃不到便破口大骂，被路人一棒子了却性命。

第七只狐狸抱着"我得不到的东西也绝不让别人得到"的阴暗心理，一把火把葡萄园烧了。

第八只狐狸因为吃不到葡萄而气极发疯，蓬头垢面，口中念念有词"吃葡萄不吐葡萄皮"。

另外几只狐狸来到一个更高的葡萄架下，经过友好协商利用叠罗汉的方式，成果共享皆大欢喜。

二、完善自我　应对危机

当危机降临时，任何人都无法阻挡，但是当我们拥有了强大的心灵，再难的路也会走过去，再坎坷的坎也会迈过去。应对危机，需要我们从完善自我做起。下面是完善自我的八大主题，也是我们应对危机的最强武器。

1. 认识你自己——自我意识的完善

大学生处于青春期，生理、认知、情感各方面发生了深刻的变化，开始关注自我，去发现、体验自己的内心世界，这需要我们能够客观正确地评价自我、悦纳自我，理想我与现实我相统一。

案例： 大一、大二上学期我学习成绩优秀，各方面都不错。但是在大二下学期，谈了半年的男朋友和我分手了，他很优秀，他妈妈反对我们交往，觉得我个子矮。此事过后，我特别自卑，不知道该怎么办，许多职业限制身高，找对象也不容易。我整天胡思乱想，没有心思学习，也不愿与人交往，成绩也从前五名跌到了十几名，唯一的收获就是六级考了 70 多分。我现在决定考研，可有时候又在想，个子这么矮，即便是拿到硕士学位又能怎样，公务员不能考，老师不能当，所以老是学不进去。

分析： 失恋这件事导致了这个女孩对自我产生了怀疑，并且直接影响到了学业，甚至让她对今后的就业生活等方面产生了迷茫和自卑。造成这种问题的关键在于这个女孩缺乏对自己全面客观的认识，个子矮是自己的一个客观存在的生理缺陷，但是一个人获得学业、事业的成就，获得亲情和爱情等财富，和个子矮是没有直接的因果关系的，因此，对这个女孩子来说，她应该接受自己个子矮，但更要看到自己身上别的闪光点。

2. 我要飞得更高——适应能力的提高

适应能力是指一个人面对新的或变化了的环境时，在心理上进行调节，实现内部心理状态和外部环境的动态平衡，以使自己拥有适应外界环境的能力。在新生中，很多心理危机的产生都与适应不良有关。

案例： 大学一年级快过去了，我依旧没有从想家的阴影中走出来，常常坐在教室里想着妈妈就有想哭的冲动，从学校的饮食到气候，从与舍友关系到人际关系，从学习方式到大学教学，我觉得都不适应。我以前从没有住过校，生活自理能力也不强，大学生让我感到很难，不知道今后三年如何度过，看到别的同学将自己的生活、学习、社会活动打理得井井有条，我恨自己无能。

分析： 这是一例典型的大学生适应不良现象。解决的方法：需要这位男同学把离开家自己开始独立生活当作自己成长的一个挑战，从解决好自己的日常生活起居开始，慢慢训练自己的生活自理能力，再主动融入同学中，向一些适应能力强的同学学习，增强自己的社会适应性。

3. 做生活的主人——勇敢面对挫折

一个人的人生道路是由顺境和逆境组成的，即使再完美的社会环境，个人的生活道路也不会总是一帆风顺的。一般而言，顺境能使人感到愉快，有利于个人知识才能的发挥和成就的取得，对人的成长有利，但若一味陶醉于顺境而不思进取，放弃主观努力，即使环境再优越也难以有所成绩。逆境虽然是人生发展的不利因素，但是它却可以磨炼人的意志，催人奋发向上。逆境给予我们每一个人的不仅是困难和挫折，也常给我们以有益的启迪，因此我们应该从失败中找出原因，总结经验，在承受和克服挫折的努力中，发现自身的不足，完善自己，开辟通向成功的道路。

案例：我是一名在顺境中长大的孩子，父母的宠爱、老师的关爱、同学的欣赏，生活对我展开的都是笑脸。但高考给了我沉重的打击，骄傲而自信的我在高考中一败涂地。我痛定思痛，收拾旧河山，坐到了高考补习班的教室，将失败咽进肚子里，憋着一口气努力学习。在来年的高考中，我虽然考取了大学，可我突然对失败变得敏感了，在大学里，我勤奋学习，不是因为爱学习，而是害怕失败，我变得输不起了。我不参加社团活动，不是因为不喜欢参加，而是害怕能力不足而被淘汰。我也不去追求自己喜欢的女孩，不是因为不爱她，而是害怕被拒绝而受伤。

分析：这名同学生活一直一帆风顺，在经历了高考的挫折后，对挫折有了恐惧感，害怕失败，于是选择了逃避竞争。其实，挫折也是成长，在面临挫折时，更为重要的是认识挫折对成长的重要性。我们应该珍惜每一次挫折经历并从中吸取有利于自己成长的经验，保持对生活的信念与战胜挫折的勇气，做生活的强者。

4. 成为你自己——培养良好的人格

人格也叫个性，是伴随人一生并不断发展的心理品质，它由气质和性格两部分组成。人格不能简单地被评价为优或劣，不同的人格有不同的特点。大学生要正确认识和对待自己的个性，发现其中的优势和劣势，克服消极因素，发扬积极品质，形成良好的个性。

案例：就从我的性格说吧，我的性格略微偏向于内向，主观上我渴望静，但如果现实中真让我静下来，我会对这种静有所恐惧。我喜欢做的一件事就是找一个要好的朋友，在漆黑的夜晚，互相说些什么，倾诉什么，哪怕时间永远就这样停滞不前，但事后我总觉得自己虚度了光阴，为自己感到心痛，时常抱怨自己不够努力。小的时候，我的朋友不多，许多人都歧视我，嘲笑我，童年时被人嘲笑的场景至今我都历历在目，直到现在我也经常被人作为取笑的对象。在我的梦中及潜意识中总有这样的一个场景：我与几个同学坐在各自的位置上，他们都在嘲笑我，用冷冷的眼睛看着我，猥亵我。现在每当有人嘲笑我时，我也不想说什么，我知道他们说几句就完了。但我真的不清楚别人为什么要这样对待我，是因为我语言表达不够清楚，还是因为我喜欢在别人面前坦诚自己、暴露自己，让人觉得我太过愚蠢、太过厌烦呢？我应该怎么做呢，怎样才能使自己在别人面前脱胎换骨呢？

分析：在进一步的沟通中心理老师发现，这位女大学生是一个珍惜友谊、单纯善良的女孩子，同学们也很接纳她、喜欢她。但她为什么会有被别人歧视和嘲笑的感觉呢？问题的实质在于她不能够完全接纳自我。比如在宿舍谈话时，她常常会问一些幼稚的问题，同学们感觉她很单纯，不成熟，不像大学生，这让她觉得大家是在嘲笑她。回顾她的成长史发现，父母从小对她的教育非常严格，甚至有些苛刻，对她的肯定与表扬也经常用否定的语气表达，这形成了她自卑的个性。在心理老师的帮助下，她开始进行自我反思和自我调整，逐渐接受了自己的个性，慢慢地她的心情也变得开朗起来。

5. 爱与成长——确立健康的恋爱与性观念

爱情是人世间最美好的感情，爱与被爱都是一件极为幸福的事情。爱与性的关系极为密切，真正的性是建立在爱情基础上的，是灵与肉的完美交融。真正的爱情不仅仅是花前月下，耳鬓厮磨，更是相知相伴、同舟共济、互相激励和进步。爱不仅仅是享受，更是付出与责任。

案例：我和他是高中同学，像所有的爱情故事一样，他对我很好，我的车子坏了，他要么载我回家，要么就陪我修车，还打电话到我家和他家通知一声，以免父母担心。他知道物理是我的弱项，就回去把他做过的题目都分类整理出来，写好要注意的地方给我复习。有一次，下雨我没带雨披而他带了，他要给我穿，我不肯要，我们便一块儿淋雨回家。虽然现在想来当时不免冲动和任性，但是真的很快乐呀。好多好多的事，我是开心的，可我把快乐放在了心里，我还是那个说话有威力的班长，他还是那个聪明的学习委员。快乐的日子总是短暂的，很快就要高考了，我们一同填报同一个城市的大学。然而，我落榜了，我的日子是灰暗的，一个暑假闷在家里，虽然见了几面，我都没有话说，因为这是我没有想到过的结局，我无法预知自己的未来。他上了大学，我开始了"高四"生涯。我也常常怀念我们一起度过的快乐时光，可是我没有勇气给他写信，因为自卑或者其他。而他也没有再联系我，甚至连电话也没有。我知道自己的心里是爱他的，但从来没有表达过。直到后来，他说："我以为你根本就没有注意我，你是美丽的公主，而我不过是平凡的人。"这时，我才明白，因为年轻，我们已经错过。

分析：这是一段没有开始就已经结束的恋情。她在其中陶醉、感受着，却一直没有表达。爱首先是自我成长，是一个人心智的成熟，两颗成熟的心碰撞才能撞出幸福的爱。爱也是能力，爱自己和爱他人的能力，是相互接纳、相互包容、相互理解、相互尊重。案例中的女生将所有的感受都珍藏在自己心中，不让对方觉察，遗憾地错过了一段美好的恋情。

6. 自我与他人——建立良好的人际关系

人是社会性动物，每个人都是错综复杂的社会关系网络中的一个节点，每个成长中的大学生都希望自己生活在良好的人际关系氛围中。的确，健康的人际关系可以为我们提供丰富的社会支持资源，特别是在危机状态下，社会支持系统可以帮助我们有效地应对危机，获得成长。而心理危机往往与缺乏相应社会支持资源有关。因此，如何与别人保持良好的人际关系，是值得大学生学习与思考的。良好的人际关系背后是一个人开阔的心胸。人当有容人之量，能够设身处地与人真诚交往，能够换位思考，具有同情心，良好的人际关系自然就会形成。自我心理开放度是人际交往中非常重要的一点，在人际交往中首先要不吝惜你的付出，当你向别人敞开心扉时，才会有人走近你。

案例：人际关系是我最大的苦恼。我也不知道是自己的性格所致还是其他的原因，同班同学尤其是和我不熟的同学对我的评价是又冷又傲。但我觉得自己是很平易近人的，而且我对别人的友好也是发自内心的，从没有耍过小心眼，但为何我的真情大家总是不懂？在入党人选的推荐中，因为我的成绩在班级第一，所以拥有参选资格，但因为在同学的投票选举中差3票没过，所以失去了机会。在今年评优中，我的成绩班级第二，发展素质总评年级第一，但在民主测评中我得分很低，又失去了评选校级优秀学生的机会。因为这些，我一度陷入痛苦和失落中，当时有很多关心我的朋友和老师开导我，让我用平和的心态来对待这些，不要患得患失，从自己身上找不足，我知道自己肯定有不足，但我也深深体会到人际交往的不易，我如何才能赢得大家的信任呢？

分析：在小组辅导中，班级同学说她与大家有距离感，只顾自己的学习与发展，而在同学交往上几乎不投入精力，大家对她也不是不认可，而是不了解，大家不能把信任放在一个并不了解的人身上。看得出，这位优秀学生并没有关注同学对她的感觉并主动与同学交往，她将自己所有的时间都用在发展自我上，比如忙于参加各种社团活动，在宿舍待的时间很短，与同学们交谈很少，真正的沟通与交流就更少了。因此，学生干部和优秀学生，尤其要关注与同学的关系，用心与大家沟通交流，才能建立良好的人际关系。

7. 做情绪的主人——情绪管理

大学生正处于生理、心理及思想变化时期，心理状态及情绪动荡不安，缺乏社会生活的磨炼，情绪控制力较低。不良情绪会妨碍人的身心健康，并且极易产生过激行为。因此，大学生应了解情绪的类型及发生机制，明确情绪对日常生活和身心健康的影响，反省自己的情绪表现，学会自我情绪调节和管理的技巧，保持良好、健康的情绪状态。大学生要根据自己的实际情况，寻找适合自己的情绪调节方法，防止不良情绪的蔓延，为自己创造良好的心理空间。

案例：我是一个情绪波动非常大的人，高兴时兴高采烈，悲伤时悲痛欲绝，更麻烦的是我总不能控制自己的情绪，常常无缘无故地将脾气发到同学身上，有时甚至是自己特别亲近的朋友。每当发完脾气我就非常后悔，可下一次还是不能很好地控制自己，我也不知道该怎么办。

分析：这是一名情绪型的学生。我们从一个具体事例入手对该同学进行了心理辅导，如同学在午休时间接电话，他对同学发脾气，心理老师和他一同回忆自己当时的情绪反应，探讨情绪化背后的心理原因。通过分析，事情逐渐变得明朗：在家里他是长子，备受关注，他的每种情绪反应都能得到积极回应，因为脾气大，家里人都很迁就他。进入大学，第一次住校独立生活，由于脾气大，同学们不愿意与他交往，更不用说成为朋友。他开始进行反思，明白很多时候发脾气是非理性的行为，逐渐认识到自己这种情绪的害处，并进行积极的管理。

8. 做真正的人——树立正确的人生观、价值观

人生观是对人生目的和意义的总的看法和根本态度，它主要解决人为什么活着、怎样活着等人生目的和价值的问题。价值观是个体以自身需要为尺度，对各种事物和现象的价值进行认识和评价时所持的基本观点。大学生人生观和价值观的主流是积极向上的，然而面临多元文化和价值的艰难抉择，很多大学生变得茫然甚至迷失，表现出茫然不知所措、内心空虚、随波逐流、缺乏动力与追求、沉溺于网络等。人生观和价值观错位导致的极端个人主义、利己主义和功利主义的蔓延，使恶性危机如自伤和伤人事件呈上升趋势。

三、自杀及其应对

（一）自杀的心理过程

自杀的原因是复杂的，从自杀意愿到自杀实施，包含一系列的生理、社会和心理性因素。但导致自杀的直接社会原因是社会压力，也就是说自杀行为一定存在直接的社会压力诱因。如果这种压力使自杀者感到生理机能、社会关系和尊严认同的丧失等，且这种丧失被自杀者视为生存价值基础的坍塌，那么就可能导致自杀者绝望而实施自杀。一个人一旦陷入自杀"旋涡"，其神经生化过程会变得异常，中枢的"快乐递质"得不到正常分泌，人格退行到初级人格，最后酿成自杀惨剧。

不可忽视的是，大学生的自杀行为虽受制于一般的自杀心理规律，但也有其特殊性，这种特殊性是由大学生的心理特点所决定的。自杀的心理过程可分为三个阶段。

第一阶段，自杀动机的形成。个别学生在遇到挫折或打击时，为逃避现实，把自杀作为寻求解脱的手段。例如，在调查的案例中，有位大学生因生活自理能力差，对大学生活难以适应，成绩因此一落千丈，自感生活毫无意义，便决定以自杀来寻求解脱。

第二阶段，心理矛盾冲突。自杀动机产生后，求生的本能可能使自杀者陷入一种生与死的矛盾冲突之中，难以最终做出自杀决定。此时，自杀者会经常谈论与自杀有关的话题，预言、暗示自杀，或以自杀来威胁别人，从而表现出直接或间接的自杀意图。实际上，我们可以看成自杀者发出的寻求帮助或引起别人注意的信号。此时，如能及时得到他人的关注，或在他人的帮助下找到解决问题的办法，自杀者很有可能会减轻或打消自杀的企图。这也是自杀行为可以预防和救助的心理基础。但周围的人往往认为常喊着要自杀的人其实不会自杀，因而不太关注欲自杀者发出的信号，以致痛失救助良机。

第三阶段，自杀者平静阶段。自杀者似乎已从困扰中解脱出来，不再谈论或暗示自杀，情绪好转，抑郁减轻，显得平静。周围的人真以为他的心理状态好转了，从而放松警惕。但这往往是自杀态度已经坚定不移的一种表现，当然也不完全排除是自杀者心理状态好转的表现。因为发展到这个阶段，自杀者认为自己已找到了解决问题的办法，不再为生与死的选择而苦恼。因此他们不再谈论或暗示自杀，甚至表现出各方面的平静。目的可能是为了摆脱旁人对其自杀行为的阻碍和干预。

大学生的自杀同样也符合以上的心理过程。有这样一个案例：长沙某高校一名大学三年级学生李××，在中学时是班上的"尖子"，进入大学后，他总认为自己的成绩达不到自己的期望值，便沉浸在自怨自艾之中，加上中学时过惯了衣来伸手、饭来张口的生活，独立生活能力差，以致进入大学后生活难以自理，身体状况下降，患上了肝炎而不得不住院治疗。这期间他的情绪极度低落、抑郁，甚至拒绝接受治疗。他曾对护士和前来探望的同学谈论过自杀的一些问题，并说过诸如"我没什么希望了""真想死了算了"之类的话。医生、老师和同学并未对此加以足够重视，只是安慰了他一番。后来一段时间，该生的心情逐渐好起来了，甚至还和前来探望的同学开玩笑。大家都以为他的心情真的好起来了。然而一天他趁周围无人，悄悄溜出病房，在医院后山的一棵树上用一根粗麻绳结束了自己19岁的年轻生命。从这例自杀案例中，我们可以明显地看到，最初促成其自杀动机的原因有三个：成绩不尽如人意，生活适应能力差以及身体患病。这三种因素同时或相继出现在该同学身上，使他对生活产生了绝望感。之后他又试图通过拒绝治疗、谈论自杀渴求得到他人的帮助，但这种尝试又遭失败，因而坚定了他自杀的决心，最终导致了悲剧的发生。

大学生是一个特殊的群体。一方面，他们的身心处在青年期；另一方面，脑力劳动是他们的主要生活方式，用脑的频繁性和复杂性影响着他们心理的变化和发展。此外，他们的内心世界也相对较为复杂，他们的心理境界、需求、思想和价值观念等不同于一般人。这些特征使得大学生的自杀行为表现出与一般个体不同的规律性。

（二）大学生自杀的类型及原因

近年来急速攀升的大学生自杀率已经引起社会各界的广泛关注，大学生已经成为自杀的高危人群，作为社会宝贵的人力资源财富，大学生的自杀，对社会与家庭造成的损失是无法估量的。

（1）寻求解脱。当面临自己难以解决的人生问题时，感到极度的自卑、羞愧、恐惧、空虚与绝望，感到自己已走投无路，只能选择自杀的方式以避免痛苦。如某大学生在大一结束时，因学业成绩不理想被编入下一年级试读，在试读期间，他学习认真努力，但成绩依旧不理想，根据学校的学籍管理规定该生应当退学。临近寒假，同学们都高高兴兴准备回家，这位同学觉得没有脸面见家人，死是唯一的选择，最终选择以自杀的方式结束自己的生命。他在遗书中写道："对于自己，我觉得没有脸面再活下去；对于家人，我无法面对他们20年的培养。死亡是唯一的选择，对于我也是最后的解脱。"

（2）自我防御。当面临挫折情境，特别是当事人认为是由于自己的原因所造成时，自杀行为可以成为改变挫折情境、减少自责或逃避处罚的手段之一，但无疑也是最消极的一种防御方式。用"一了百了"的方式解决问题，只能将痛苦与创伤留给自己的亲人。如一大学生被人误解为盗窃了同宿舍同学的银行卡和现金，在无数次解释仍无法证明自己清白的情况下，他极度绝望，触电身亡，以死亡来表明自己的清白。在他死后一年，真正的小偷才被抓获，令冤枉他的同学悔恨终身。用死亡来捍卫自己的尊严，看似高尚，实则内心脆弱，是亵渎生命的表现。

（3）放任性自杀。放任性自杀是指漠视生命，生活稍有挫折就选择结束生命，放任性自杀造成的后果是恶劣的。受到不良文化的影响，有的大学生不再对生命敬畏，而认为"杀人不过头点地"，视生命如草芥，把自己对生命的漠视心态看成"英雄气概"。

（4）报复性自杀。报复性自杀是当个体因某种原因产生内心的愤怒与敌对情绪时，为迫使对方承受法律责任或道义与良心上的谴责，以死向对方示威以达到报复的目的。这种自杀的目的是通过自杀行为来操纵他人或社会。如一名女大学生与恋人相爱并怀孕，在得知男生又爱上别的女生时，她表示，要让男生后悔一辈子，心灵一生不得安宁。当着男生的面，她从七楼纵身跳了下去，以生命为代价达到报复恋人的目的。报复性自杀者，自杀的动机强度大，社会危害大，特别是那些先杀人而后自杀的人，对社会稳定具有很强的破坏性。

（5）威胁性自杀。威胁性自杀是当大学生面临一些人生危机，不知如何选择时采取的一种行为。这类自杀者并非真的希望结束生命，而只是把自杀作为要挟对方就范的手段。这类自杀往往表现出自杀姿势，虚张声势以引起他人关注，其中，以恋爱受挫、人际冲突最为常见。如一位男大学生因恋人提出分手，便以割腕自杀威胁对方，第一次未成功，以女生妥协告终。在以后的相处中，男生反复使用自杀威胁女生。在这种情况下，该男生在这一扭曲的情感中，以丧失自己的尊严和人格来维持自己的爱情，体验不到恋爱的美好，而对女孩来说，也是一种伤害。

（三）大学生自杀的识别

了解自杀者在行为上的一些变化，及时对其进行干预阻止有重要的作用。通常有了自杀念头，决定实施自杀的人会有一些行为情绪的变化。

（1）行为方式忽然发生明显的变化。行为方式上的变化会表现在性格的突然变化，如一个活泼开朗的学生突然变得沉默起来；行为变得反常，如搜集和保存绳索、安眠药、水果刀等自杀工具。

（2）人际关系的变化。重要关系的突然结束，如恋爱关系的中止，与朋友道别，赠送礼物，与家人告别等。

（3）情绪变化与心境变化。情绪不稳定，主要表现为情绪低落，心理疲惫，自卑自责。表情冷漠，感觉不到生活的价值。情绪从悲哀转化为高昂时，容易产生自杀行为，当情绪由不稳定转变为"正常"时，潜伏着自杀危机。

（4）反复在一些危险区域逗留。如频繁地在某一高层建筑的平台上徘徊，并将此信息有意透露给朋友，这既是自杀的危险信号，也是求助信号。

（5）身体与神态变化。身体指标上表现为失眠健忘、食欲锐减、体重剧降、面色憔悴、乏力疲劳等。神态上表现为目光游移、躲闪回避，有时会表现为心神不定、神色慌张。

（四）自杀是可干预的

绝大多数自杀是可以被干预的，及时发现自杀前的征兆往往能抓住挽救生命的契机。危机出现而未得到正确的处理时，就可能会出现自杀的倾向。这些自杀行为可能很隐蔽，但并不是无章可循。任何心理活动都会从行为中表现出来，通过细心的观察，再与往常相比较，就会发现自杀者的行为有较大的区别。

有针对性地重塑学生对自杀的态度可以降低自杀率。干预自杀，最重要的是心理健康教育，其中生命教育是重点，如果大学生真正了解了什么是死亡，就会更懂得珍爱、尊重自己与他人的生命，而不是选择结束生命。所以高校要积极开展大学生生命教育，引导学生走出心理阴霾，享受自由的阳光，让每个人都懂得欣赏生命、尊重生命，鼓励学生爱惜生命，引导学生正确对待自己珍贵的生命，树立正确的"生死观"。

大学生应当加强个人预防，拓宽人际交往，增强自身归属感，树立远大理想，对人生充满信心，提高心理素质，增强抗挫能力，积极参加各种文娱活动和社团活动，主动寻求心理咨询老师或心理医生的帮助，同时也要学会对心理进行自我调适等。

要提高老师和同学对自杀的认知，及早辨别学生自杀的一些征兆，并采取相应措施；高度重视自杀预防工作，坚信自杀是可以预防的。从一个人自杀前言语、行为两方面观察到自杀信号，并对症下药，尽早尽力挽救轻生人员。

如果你认识的某个人表现得非常抑郁或试图自杀，应慎重地对待他，不要让他单独活动。不要让他获得任何可以用来自杀的工具和药物。注意他所说的每一句话。主动问他想做什么，但不要试图劝说他不要自杀。而是要让他知道你在关心他、理解他、你在听。离自杀最近的人，可以对自杀者说三句话："自杀只是一种手段，不是目的。""你有什么困难，我们可以谈一谈。""这里不方便，我们换个地方。"建议他去看心理医生，他可能认为心理医生不能帮助他，所以你必须坚持。

【知识链接】

关于自杀的 6 个误区

1. 不能和想要自杀的人谈论自杀，因为谈论自杀会诱发其自杀的行为。

事实并不是这样。以温和的、镇定、接纳的态度与对方交谈，可以让对方重新思考，可以赢得时间来做危机干预。更重要的是，理解、支持和接纳对想要自杀的人是非常重要的，他们的苦闷会得到宣泄，他们的情绪会得到承托。有可能他们会因为这些温暖而留恋世界，把跨出去的那只脚收回来。

2. 把自杀挂在嘴边的人不会自杀。

确实有一些人是这样。但也有一些自杀者会在发出预警信号后实施自杀，据研究

80%的人自杀死亡者生前曾发出各种预警信号和求救声。当我们没法辨别对方属于哪一种时，最安全的策略是充分重视。

3. 有过一次自杀念头的人总会想自杀。

自杀念头和实施自杀之间有一段长长的路。很多人在遇到一些危机时都曾动过一死了之的念头，但这只是短暂的念头，过后往往会克服危机，重新投入生活。

4. 当一个人自杀行为未遂后，危机就结束了。

这不完全正确。如果一个人的目的只是用自杀去威胁别人，自杀未遂、达到目的后会停止。但如果一个人一心求死，因偶然原因自杀未遂，连续实施的可能性依然存在。那些状态转变非常快、非常好的自杀未遂者值得关注，因为其背后可能酝酿着更大的危机。

5. 自杀是冲动性行为。

这不完全正确。那些受到强烈情绪支配的自杀，确实有可能是冲动行为，但有些自杀行为是在强大理性支配下的行为，会有充分的准备和周密的安排。

6. 只有严重的抑郁症者才会自杀。

不完全正确。有些严重的抑郁症者可能连实施自杀的动力和精力都没有了。那些处于抑郁加重、想要摆脱又无力摆脱的人自杀的危险性最大。

第三节　正视生命——珍爱生命与爱同行

我们每一个人在生命进程中的每一个不同阶段可能会有完全不同的处境，身处顺境，一路春风，自我陶醉；身处逆境，垂头丧气，自暴自弃。殊不知，好花不常开，好景不常在。人活一世，即便不是多灾多难，险象重生，也总不会是一帆风顺，顺境与逆境交替出现在人生的各个不同阶段。不论是顺境也好，逆境也罢，一定要珍惜生命，积极把握自己人生的航向。

一、何为生命

1. 什么是生命

《辞海》中对"生命"一词的解释是由高分子的核酸蛋白体和其他物质组成的生物体所具有的特有现象。能利用外界的物质形成自己的身体和繁衍后代，按照遗传的特点生长、发育、运动，在环境变化时常表现出适应环境的能力。

生命构成了世界存在的基础，世界正是因为有了生命才精彩。而在所有生命存在中，人是超越一切其他生命现象之上的存在物。生命主要包括新陈代谢、生长、发育、遗传、变异、感应、运动等。

生长和发育是生命的基本过程，而新陈代谢则是生命的最基本的过程，是其他一切生命现象的基础。

2. 生命的存在形态

人的生命存在形式有生物性、精神性和社会性三种形态。

（1）生物性的存在。人是生物性的存在，生物性是人的生命的最基本的特性，是人的生命的社会性、精神性存在的基础和前提。人的生命作为一个自然生理性的肉体生命而存在，人的生长和发展就必然要服从生物界的法则和规律。所以，衣食住行、吃喝拉撒、生老病死是每一个人都必须具有的，也是每一个人无法逃避的。

（2）精神性的存在。人之所以为人，就在于人不仅仅是为了满足自己的自然生命而活着，还要追求超越生物性存在的精神性存在。人要规划自己的人生，创造自己的价值，指导和提升生物性的存在。正是有了生命的精神性的存在，才使人的生命有了人文意义和价值，有了理性的意蕴和道德的升华。

（3）社会性的存在。每个人要想生存下去，就必须参与和融入社会活动中，在与人的沟通、交往和互动中保存自己的生命，追求自己生命的意义，实现自己生命的价值。正是这种社会性存在使人面对千差万别、千变万化的社会生活，能够使自己有一种生命的智慧和坚定的信念；当人面对有生有死、有爱有恨、有聚有散、有得有失的有限人生和无奈命运时，自己有一种豁达的胸怀和安然的态度。

3. 生命的特征

（1）生命的完整性。人的生命是一个复杂、矛盾的有机体。它不仅包括自然生命还包括后天形成的精神生命，它是理性的同时又是感性的，它是生理、心理、社会的综合体。生命是复杂的整体，有各方面的需要。但是，生命的各部分并不是分离地独自存在，相反，它们共存在一个生命体内，生命在进行活动时，以完整的生命形式共同活动，生命的各个部分相互影响，共同发展。生命的完整性还表现在生命是一种"绵延"，是一个过程。我们不可能说此时的生命、彼时的生命，生命是一个全程，而这一全程，必定是包含着昨天、今天和明天，生命的超越性使生命总是面向未来，而记忆与体验使生命总是挽留过去，生命就是在这些过去和未来中，真实地生活在现在。生命不可能单独地分离出它的昨天、今天和明天，它是一个整体的过程，是一种融合的前进。

（2）生命的自主性。人的生命具有开放性和不确定性，"自然没有做出关于他的最后决定，而是在某种程度上让他成为不确定的东西。因此，人必须独自地完善他自己。"面对这种不确定性，人的生活道路只能由人自己去筹划、去选择、去确立，人正是通过自主的活动，促成了自我的发展。所以，人的生命是自为，是自己创造的，因而也是自由的。任何压抑生命自主和自由的行为，必然违背生命的特性，是对生命的摧残。

（3）生命的超越性。生命的超越性表现在生命主体的主观精神和表现主观精神的物质世界上，也就是说，最根本的超越方式，主要是在两个层面上发生的：一是外在超越，二是内在超越。外在超越就是人对现实环境的改造，表现在人创造出更多东西彰显人的生命，改造现实环境，不断扩大人的生存空间等。内在超越是对自我的超越，主要是人在意识、精神范围内实现的超越，这种超越正体现了人的理想性、幻想性和自由性。人的超越性源于生命的有限性，正因为人的有限，所以才促使人超越有限，追求无限。人生来是一种有缺陷的生物，"正是由于要通过较高的能力来弥补现存的缺陷这种必要性，人成了'不断求新的生物'，成了虽不完美，但因此而能不断使自己完美起来的生物"。而人的这种不断超越自我的"较高的能力"来自人的精神，人的精神以思维、语言、文字为活动方式和表现形式，因此精神可以在一定程度上超越现实，独立、自由地活动，这就决定了精神所指向对象的多种可能性和无限性。人能够意识到自我，并能反思自我，当人们意识到自己生命的有限和当下生命的不完美时，能够支配自己的生命活动，使生命从不完美导向完美，从有限引向无限。正因如此，人的生命才可以不断地、最大限度地自我发展、自我完善、自我实现。

（4）生命的独特性。尼采认为，个人都有自己独特的生命风格。这就是说，具有独特风格的个体的存在本身就是它自己的证明。而个体生命的这种独特性是它自己存在的理由和根据。弗洛姆说："人只有实现自己的个性，才能正视整个人类普遍的经验。人一生的任务恰恰是既要实现自己的个性，同时又要超越自己的个性，达到普遍的经验这样一个充满矛盾的任务。"正如世间没有两片完全相同的树叶，也没有两个绝对完全相同的人，即便是孪生兄弟，相同的遗传基因也因后天生活、环境、教育和实践活动的不同，而使人有不同的发展，形成不同的个性。所以，"在时间和空间的纵横扩展中，每个人都以其独立的个性存在着""都是作为无可替代的独立个性存在着。人正是在这种既实现自己的个体生命，又超越自己的个体生命的过程中而不断地走向成长、走向发展、走向完善的"。

（5）生命的不可逆性。从胚胎起，生命便一直生长、发育，以迄衰亡。它绝不会"倒行逆施"，返老还童。

（6）生命的不可再生性。生命，对任何人来说都只有一次。世间常说，"人死不得复生"，便道出了这个真理。

（7）生命的创造性。生命的意义与价值并不在于复制同样的生命体，其意义在于创造属于人的，甚至超越人的生命的价值，如果人只因循着人的法则，则人将永远无法逾越人所自限的生命法则，人也将自困于人所自限的生命法则，因此，生命的价值，乃在能突破生命的框限，从有限走向无限，从刹那走向永恒，将生命置于更高的境界，而所谓的创造性，则在摆脱制式的思考法则，使自己可以自由地、毫无拘束地追求。就生命的本质而言，自由的目的，就在选择符合生命本质的事物，因此，自由真正的诠释不是无所拘束或为所欲为，而是在生命尊严与价值的前提下的有所为，由于生命所拥有的特质，本就是有超越自己的能力，而超越自己，本就是生命的特性之一。

4. 生命的意义

生命意义是关于生命的积极思考，是个人正在努力实现的自己给予高度评价的生命目标。具体说，包括个人存在的意义，寻求和确定获得有价值的目标，并去接近这些目标。

人与动物的最大不同就在于人会寻找生命的意义，人会问

——为什么？

——我是谁？

——自己有何价值？

——人生的意义是什么？

赫塞说过：生命究竟有没有意义，并非我的责任，但是怎样安排此生却是我的责任。

因此：

人生最珍贵的宝藏是自己，人生的最大事业是经营自己；

人生最大价值与生命的意义就是追求不断的自我发展与成长。

关于生命的故事

1. 永不放弃生的希望

早上，一个伐木工人照常去森林里伐木。他用电锯将一棵粗大的松树锯倒时，树干反弹重重地压在他的腿上。剧烈的疼痛使他觉得眼前一片漆黑。此时，他只知道，自己首先要做的是保持清醒。他试图把腿抽出来，可办不到。于是，他拿起手边的斧子狠命地朝树干砍去，砍了三四下后，斧柄断了。他又拿起电锯开始锯树。但是，他很快发现：倒下的松树呈45度角，巨大的压力随时会把电锯条卡住；如果电锯出了故障，这里又人迹罕至，别无他路。他狠了狠心，拿起电锯对准自己的右腿，自行截肢……伐木工人把腿简单地包扎了一下，决定爬回去。一路上，他忍着剧痛，一寸一寸地爬，一次次地昏迷过去，又一次次地苏醒过来，心中只有一个念头：一定要活着回去。

如果我们清清楚楚地看到了死神正一步步向你走来，最先垮下来的或许就是精神。但伐木工没有表现出死神即将来临的恐慌，他展现给人们的是一个对生命充满希望的形象。

2. 认识自我的潜能

一个农民看到儿子开的那辆轻型卡车突然间翻到了水沟里。他大为惊慌，急忙跑到出事地点。当他看到水沟里有水，儿子被压在车下面，只有头露出水面。他毫不犹豫地跳进水沟，双手伸到车下，把车抬了起来。另一位跑来救助的工人帮他把失去知觉的儿子从下面拽了出来。当地医生很快赶来了，经检查，发现农民的儿子只划破一点皮，没有其他损伤。此时，这个农民觉得奇怪了。刚才抬车时根本没想自己是否能抬得动，由于好奇，他又去试了一下，这次却根本抬不动那辆车了。

生命能够承受多大的重量，生命有着怎样的韧性，我们想过吗？

生命是坚强的，它坚强地能够在死神面前毫无惧色，依然灿烂；但它又是脆弱的，脆弱地在一瞬间就消失了。生命或者说命运，对每个人都是公平的，关键看你如何面对。善待别人，善待自己，珍爱所拥有的一切——这或许就是我们对逝去的人最好的哀思。

珍爱我们的生命，生命是脆弱的，而生命又是顽强的。这脆弱与顽强取决于我们心中的安全之钟是否常响。遵守社会的规则，紧握宝贵的生命之花，让短暂的生命绽放光彩。

3. 生命的向往

一个贫穷的牧羊人，领着两个孩子放羊，弟弟望着天上飞过的大雁说："我们要是像大雁会飞就好了，就可以飞到天堂看妈妈啦。"父亲说："只要想飞，就能飞上天！"弟弟学大雁飞，没有飞起来，哥哥也试了试，没有飞起来。父亲也试着飞了几次，结果同样也没有飞起来。父亲说："我老了，你们还小，将来经过努力，你们一定能飞起来！"后来，经过努力他们果然飞上了蓝天，他们就是——美国的莱特兄弟。

我们总是在河的此岸观望彼岸，在现在观望未来。所有向往是美好的，代表着对生命的希望。黑暗中的希望是一盏灯，指引你走在生命的隧道里。珍惜身边的一切。

4. 生命

生命是可怕的，因为我们无法预知未来，不知有多少灾难与困难迎接着我们；生命是奇妙的，一个生命会动，它能站在整个宇宙间，看着这个美丽的世界；生命是美好的，它的每分每秒都是开心的，或是忧郁的，或是伤心的，所以才有了这么多刺激、惊险与哈哈大笑。

我看过这样一个故事："一次地震后，一位父亲失去了他所有的亲人，于是，这位父亲便加入了抗震救灾的队伍。每次，只要听见地下有声音传到他耳朵，他就会跑过去，不论情况有多么危险，他也会去救。许多人说他是因为失去了亲人，控制不了情绪，想去死。"但是，我并不这样认为，他这样做是与死亡做斗争，每当他救活一个人，他就打败了死神，让更多的人活了下来。

树，砍断了枝条又能再生；草，烧了又能再长，只要它们的根还存在。小小的植物也包含了这么强烈生命力，那我们身为万物之灵的人类还有什么理由去浪费生命、虚度年华呢？

生命是单单属于自己的，一切都由自己决定，别人只能管外在的，而内心只有我们自己管得了，别人无法破坏。

生命的每秒是甜蜜的，我们要去好好享受它，因为，困难也是可爱的，没有困难，我们开心也不觉得有趣。所以，我下定决心，决不虚度年华，不因困难而倒下，而失去更珍贵的东西。

二、珍惜生命，与爱同行

在这个世界上最宝贵的生命，它属于你只有一次，它诞生时是如此奇妙和不易，而它生存的时候又是如此不凡和可爱，它的每一个瞬间都充满了诱惑的音节，无论陌生或是熟识，无论是刻意还是偶然，无论伟大或是渺小，无论富有还是贫穷，无论在任何角落，只要你用心聆听生命的音符，它就会给你香甜。要让我们的生命力旺盛、长久，具有建设性，我们就必须拥有自己的生命智慧——关于如何面对生与死的智慧。

1. 珍惜生的机会

（1）生命不可重复，转瞬即逝。每个人都不可能拥有两次生命，失去了就永不再来，所以我们必须辩证地看待生死。一个人即使很有头脑，很有本领，但是唯一能做的事情，还是把自己拥有的这一生过好。生命就像一个大舞台，当我们登场时，就尽量将角色演好，当到了我们演出结束的时候，就该高高兴兴地走下舞台，让新的演员登场，好好地活，一辈子就已足够。

（2）忽略生命中的不完美。在一个人的一生当中，重要的生命课题就是学会爱惜自己，先学习欣赏与爱惜自己，再去接纳和容忍一切不完美的事情，才能培养爱护与尊重生命的情操。如何爱与欣赏自己？一个人应该持有宽广与包容的心，学会接纳与顺应先天发育上的许多限制，明白自己是先天遗传与后天努力共同造就的产物，要先接受自己的外表，才可能进一步反思、改变自己的价值观，完成自我超越。

生活中，我们要时刻提醒自己不要贪婪追求不切实际的东西，要接受做事情过程中的小缺憾，不能因为完成得不好就全盘放弃，即使生活没有满足我们的完美愿望，也要相信生活本来就是这样的，没有必要责怪生活，该责怪的是我们对生活的片面认识。要明白"真实的世界是不完美的世界。在敢于应对挑战的人那里，真实的世界恰恰是一个富有的世界，总能找到希望"。

（3）掌握生命理念，把握成功。追求成功，是人们自我价值的体现，一些杰出的人之所以取得成功，是因为他们用生命的理念武装自己，他们总是用尽全力度过每一天，把自己唯一的生命发挥到极致，最终获得成功。

（4）正视死，重视生。我们越拖延对死亡的正视，就越对它无知、恐惧和不安。我们越想逃避那种恐惧，它就会变得越可怕，根据弗洛伊德的理论，人有趋乐避苦的天性。因此，对于能够唤起使他痛苦的东西，总是不想去面对，但是，许多问题，越是不去面对，在潜意识中对人的伤害反而越深。

2. 不放弃生命

（1）永远不放弃对生命的信念。一个年轻人因为受到生活的挫折而失去方向，他几乎失去活下去的勇气。他不止一次想到自杀，于是他寻访智者，让智者为他找出活下去的理由。智者告诉他："请你用一年时间游历，并将看到的事情告诉我，然后我再告诉你活着的理由。"年轻人开始徒步世界，他看到了饥饿与贫穷、疾病与灾难、出生与死亡、真善美与假丑恶……一年后，当他再找智者时，他说："这一年游历让我明白，活着真好！活着不需要任何理由！每个生命都是无比尊贵的！"

人生境遇不同，遭逢逆境时，也不要放弃生命。可以放弃很多外在的东西，但对生命的信念不能放弃，这是一个人的生命底线，是每一个人都应该谨记的。至少在人生最低迷的时刻，我们还要记得什么都没有了，我们还拥有属于自己的生命。

（2）走出自我理解的误区。在各种选择自杀的案例中，我们会发现自杀的人常常认为自己所想象到的就是事情的真相，认为自己想到的道理就是准确无误的道理。实情往往刚好相反，对于遭受的委屈，多一些理性的思考，不要想法念头一闪，即刻付诸行动，在还没有真正了解生命是什么的时候，就轻易结束了生命，所以即使遇到不能接受的困境，我们也要多给自己些时间去了解真相。

（3）上帝关上一扇窗，兴许会打开更大一扇门。只要是活着，所有的人都会遇到人生的挫折，这没什么可怕。可怕的是你从此认定"一切都完了""活着没意思""死了算了"。上帝关上一扇窗，也许会打开另外一扇门。但那扇门，需要每个人自己去寻找。尤其在前面那扇门关上时，更要坚定对生活的信念。

有些时候那些选择自杀的人，往往认为自己"非死不可"。但是即使这样认定，也不一定是你真正的想法。也许，在心灵的深处，你对生活其实并未放弃信念，只是当时不自知。也许静下心来，生活中的某些经历很快就会将你的想法彻底改变，所以在痛苦面前，绝对不是非死不可。

人选择自杀，有时候是因为对自己绝望，或者对社会对生活绝望。其实每一种人生都会有阴晴冷暖，所以即便你看到的阴霾再多，也不是生活的全部，因为毕竟还有阳光，有温暖，我们要将关注点放在人生美好的事物上，要一直看到希望和光明，千万不要简单地把希望关在门外。因为希望一直都在，你只是没有看到，面对社会的黑暗和人生的逆境的确会产生绝望感，但是这也只是瞬间的感觉，而并不是绝望的人生。所以我们一定要时刻让希望充满心灵，要坚定对生活的信念，不管怎么样的挫败，只要还活着，就可能重新开始，或许在一切都完了的转弯处，正是柳暗花明在等待着你。

（4）设想死了并重生。对一些大学生来说，很容易因为学业、交友、恋爱等方面受到挫折而萌发轻生之念。"可能突然有一天，我们感觉失去了那些，而且认为离开了那些就无法继续再活下去，一些人就会选择轻生。这个时候，我们可以想象一下自己死去，之后再设想自己活了再重生，这是非常有效的心灵转换法。"

著名的心理学家罗洛梅在著作《人寻找自己中》记录了一个故事：一位妇女坚信，除非某个男人爱她，否则她无法活下去，当她得不到，就想到了自杀，她对这一问题想了好几天，突然动起一念："假如我自杀了……"于是猛然想到："我自杀以后，太阳依旧照耀，水照样给身体带来凉意，人们仍然工作忙碌。"于是心中豁然开朗——她还可以再爱别人。于是她决定活下去。主人公采取这种设想死去并重生的方法，最终放弃了自杀的念头，我们也可以采用这种方法，让自己的心灵得到一种释放，使不良的情绪得到排遣，从而获得心灵的宁静。

（5）用责任唤醒自己。当我们面对逆境承受不幸时，都会产生绝望的情绪，这个时候我们要想想从我们出生那一刻起，生命里就寄托了家人对我们的无限期望，所以我们的生命不仅仅是属于我们自己，还属于家人和社会，当你有自杀的念头的时候，请你想想身边的亲人和朋友吧，尤其是你的家人和父母，他们总是在任何时候都用他们的方式爱你、呵护你，你是他们心里的宝贝，要提醒自己，作为父母的孩子，是否尽到了为人子女的责任，作为社会的人，是否尽到了服务大众的责任。想想那没有完成的责任，它往往能够把你从绝望中拯救出来。

（6）学会寻求帮助。有人选择自杀是由于过于内向和拘谨，将自己的心扉紧闭，凭自己个人的能力，不能应付一些问题，最后被这些问题压垮，一些自杀过而又没能结束自己生命的人，在事后往往会非常后悔自己当初选择自杀，因为他忽略了朋友、亲人都是自己的支持系统。当觉得自己撑不下去的时候，我们就要学会向他人请求支持。不要太要强，不要觉得这样做是脆弱与无能的表现，任何一个人都有脆弱的一刻，这并不丢脸。你这样做，恰恰是证明了你的勇敢和成熟。

除此之外，心理咨询机构也是一种很重要的社会支持系统，也可以给我们提供支持和帮助。在遇到困难的时候，我们善于利用周围的人的支持，通过和朋友、亲人的交流能让我们获得温暖，获得解决困难的勇气和力量。

（7）把"完满"那根绳索丢得远远的。许多自杀者，尤其是青少年，都有这样一个毛病：把一切未臻完美的事情，视为不可接受和不能容忍，这就是"完满病"。

"完满病"其实是一种心灵病症,其最大特点是贪婪地追求不切实际的东西和总是希望等到一切具备之后才去行动,一个小小的欠缺便可以让他们全盘放弃。当世界没有满足他们的完满愿望时,他们便觉得这一世界是地狱,生活是无法忍受的,因此,不值得活。

生命,是珍贵的,没有任何一样东西可以和它相比,生命不能再生,生命无价,什么都不能换取它,只有珍惜生命,才有竞争与拼搏;只有珍惜生命,才有理想和希望;只有珍惜生命,才有快乐与成功;只有珍惜生命,我们才能去爱我们的父母,爱我们的老师,爱我们的同学,爱我们的亲人;只有珍惜生命,才能去享受他们的爱;只有珍惜生命,才能去珍爱生命,才能去享受生活。

心理辅导:带你走进心灵港湾
——江西财经大学心理健康教育活动介绍

一、江西财经大学咨询中心简介

江西财经大学心理健康教育工作始于20世纪90年代末期,最初是在校离退休人员工作处的倡议下由关心下一代工作委员会发起,由关工委及校医院的同志担任学校心理咨询的工作。2002年学校党委发文,设立心理咨询室,并挂靠人文学院,2004年心理健康教育与咨询中心正式在人文学院揭牌,2008年9月心理健康教育与咨询中心从人文学院独立出来,并挂靠归属学工处思政科。2009年12月,学校党委发文"心理健康教育与咨询中心"为校二级机构,正处级建制,挂靠学工处。2011年12月,江西财经大学被评为"全省心理健康教育与咨询工作优秀学校"。

目前江西财经大学心理咨询中心已有四位专职教师、八位兼职教师,拥有多间个体心理咨询室和团体心理辅导室,同时配备了宣泄室、箱庭治疗室及音乐放松室。多年来,江西财经大学的心理健康教育工作经历了由自发到有组织、由兼职到专职、由简单运作到制度化开展工作的历程;最近几年,心理健康教育与咨询中心在同学当中产生了很好的影响,每年来咨询室寻求帮助的学生在千人次左右,学生已经把心理咨询当作一件非常正常和必要的事情。

在实践过程中,江西财经大学心理健康教育摸索出"六位一体"的心理健康教育模式,整体提高大学生心理素质;建立"三级预警"干预系统,预防大学生心理危机;设立"点线面"三级结合的工作机制,保障心理健康教育的有序开展;开创"四大特色"活动,进一步倡导健康理念;拥有"一报一网一社团",全面宣传及普及心理健康知识,以大众化活动为载体,全面提高大学生心理素质。

二、工作媒体简介

1. 《心海导航报》

这是一份由咨询中心主办的报纸,成立了《心海导航报》编辑部,编辑部负责文章的编辑和报纸的排版，编辑部每年从新生中招募编辑，欢迎新生同学加入这个队伍。《心海导航报》的内容，既有心理咨询中心的动态新闻，也有校心理健康促进协会及各学院心理健康促进协会的活动纪实，当然报纸更加考虑到了广大学生的需求，所以还开设了专版刊登同学们的文章，不管是散文、诗歌、小小说，还是杂文，只要能给大家带来启发，有积极向上的意义的文章，都会择优刊登，并颁发稿件录用证明。同时，报纸还会针对时事热点、大学生心理发展等方面，刊登老师的点评文章及各种带有指导教育意义的心理文章。

2. 心灵花园网站

网站的版块内容丰富，既有实时的新闻报道，还有许多专业知识的版块，如心理测评、在线咨询、心理图片、心理咨询等，内容充实，功能齐全，与广大同学共同学习共同成长。（网址：http：//stuaff. jxufe. cn/phc）

三、心理咨询内容简介

大学时期是学习和发展个人潜能的大好时机，也是健康成长、完善自我的黄金时期。心理健康是大学生学习和生活的基础，在我们的生活中难免会碰到各种危机和困扰，当你受到委屈、心情烦躁、人际失和、考试不佳、学习出现问题的时候，欢迎你走进心理健康教育与咨询中心，这里将成为你战胜心理困扰、走出心理误区、找回失去的快乐的心灵家园。

中心有经验丰富的心理学专业的教师和心理咨询师，会倾注自己的爱心和热情来帮助你，无条件地倾听你的诉说，保守你的秘密，帮你早日摆脱心灵的困扰。

服务范围：心理测验、自我认识、人际交往、情绪管理、学习辅导、生涯发展、团体训练、恋爱与性心理、择业心理、环境适应、心理疾病排查等。

服务宗旨：倾听您的心声，分担您的烦恼，助您健康成长。

四、心理咨询的步骤

第一步：预约时间和老师

先到心理咨询室预约，或者拨打预约电话，协商好咨询时间。工作人员将根据咨询问题，帮您选择一个合适的咨询老师。

第二步：准时赴约

咨询时间确定后，请您准时赴约。准时赴约，这不仅是对咨询老师尊重的表现，也是您认真对待自己的标志，是咨询老师判断您是否适合接受心理咨询的评价指标之一。

一般而言，一次心理咨询的时间为50~60分钟。即使你迟到了，咨询老师也不会轻易延长咨询时间。当然，您也不必到得太早，即使您提前到达，咨询也将在约定的时间开始。通常在约定的时间之前10分钟左右到达比较合适。

因为每次咨询的时间有限制，所以最好先想好开头说什么。咨询时开门见山，几句话就进入主题。不要顾虑重重，说话拐弯抹角，尽量做到有问必答，以便咨询老师准确分析、判断您的问题。

第三步：敞开心扉，自助成长

在咨询过程中，把心理老师看作一个特别亲密的朋友，尽可能反映自己的真实情况，不要虚假陈述，比如，修改事情的真实经过，掩饰自己的真实感受等，这将会妨碍咨询老师对你的问题做出准确的判断。

不必担心咨询老师会泄密，我们会尊重你的隐私权，对你所说的内容予以绝对地保密，因此，面对心理老师，尽可能地敞开心扉，真实地陈述自己的问题。

第四步：坚持咨询

不要希望一次咨询就"根治"。心理问题不是一夜形成的，它的解决也往往需要一个过程，那种希望"一点通""仙人指路"的走捷径想法是不现实的。心理老师布置给你的"家庭作业"或提出的建议，你要认真去做，才能达到咨询的效果。如果心理老师建议你接受长期咨询，请你务必坚持接受咨询，不能半途而废。

五、校心理健康促进协会简介

江西财经大学大学生心理健康促进协会简称校心协，始建于 2002 年，在校党委、校学工处的关怀和心理咨询中心老师的指导下，是以宣传和普及心理健康知识，提高心理素质，服务同学，创造美好人生为宗旨的学生社团，是我校最具影响力的社团之一，是我校四级心理健康保健网络之一，"十佳社团"之一。

心协宗旨：放飞心声，传递梦想，真诚沟通，助人自助。

心协主要职责：面向全校学生开展心理知识教育和宣传普及活动。

心协直接归属学校心理咨询中心指导，具体工作脉络如下：

心理咨询中心——→校心协——→各学院心协——→各班心协委员

校心协现设有外联部、编辑部、咨询部、宣传部、活动部、网络部共六个部门，以《心海导航报》、心理咨询网站为主要宣传阵地，以大型活动为核心手段，坚持每周例会制度，坚持办公室值班制度，坚持精英化路线制度，确保《心海导航报》定期发行；定期开展大型团体咨询活动，如 5 月 25 日"我爱我"心理健康宣传周、"心理互助社区""心理素质拓展训练营""团体心理辅导""朋辈咨询"等经典活动。

几年来，心协成功举办了五届"校园心理剧大赛"以及"江财校园访谈""心协周年活动庆典"等大型活动，还跨越地域与其他同类社团进行积极的交流与合作，为学校心理健康工作做出了重大贡献，多次被评为江西财经大学"优秀社团""最具魅力社团"，给我校社团活动注入了"心"活力和生机，在众多社团中树立了典范！

六、特色心理健康教育活动简介

1. 校园心理情景剧大赛

自 2007 年以来，在咨询中心的指导下已成功举办五届心理情景剧大赛，大赛以班级为单位出演节目，采用心理剧这种表演方式鼓励学生参与活动，在参与中体验人生、感悟真理。演员是观众，观众也是演员，通过舞台演出自己的故事，释放自己，给人启发，从

而达到提高心理素质的效果。（参与方式：班级表演、学院比赛，全校总决赛；参与时间：每年10月至次年5月）

2. 团体心理辅导

团体心理辅导是一种在团体的情境下协助个体开发心理潜能或解决心理障碍的一种心理辅导方式。通常包括一两名领导者和多名团体成员，由几次或十几次团体聚会或活动组成。在团体活动中，领导者根据团体成员问题的相似性，通过团体内的人际互动，引导成员共同讨论大家关心的问题，彼此启发反馈，相互支持鼓励，增进成员对自己的了解和接纳，增进成员对他人心理的认识，促使成员调整和改善与他人的人际关系，学习新的良好行为方式，提高成员的社会适应性和促进成员的人格成长。（参与方式：参与一期约两个月时间，主动报名，自愿参与；参与时间：每学期举办四期，欲报名参加请关注心灵花园网站）

3. 心理素质拓展大赛

　　2011 年江西财经大学承办了江西省心理素质拓展大赛，2012 年举办了校首届大学生心理素质拓展大赛，这种带有趣味性的比赛深受同学们的喜爱，它不仅可以锻炼心理素质，更可以凝聚人心，打造团队，让比赛的成员之间倍感亲切，培养了深厚的友谊。比赛以学院为单位，每学年举办一期，10 人为一队伍，比赛一般设 6 个项目，从袋鼠跳、七人八足、有轨电车、空中接龙、穿越电网、翻越毕业墙、不倒森林、鼓舞飞扬等项目中选择。

4. 校园人物访谈

　　校园人物访谈有两种访谈思路。一是针对当今校园关注的主要问题，定期开展校园人物访谈节目，旨在通过事实陈述和观点交流使同学们正确面对问题，参与访谈的人包括学校的领导、老师以及所有学生。二是采访"校园名人"，通过访谈，揭示从校园中选拔出的优秀访谈人物的成功的心路历程。通过主持人和嘉宾的对话，观众从中得到启发；通过嘉宾讲述自己成功的故事，观众感悟成功的诀窍。

5. "5.25" 心协文化月系列活动

5 月 25 日是全国大学生心理健康日，5 月展开的为期一个月的心协文化节，让同学们更了解心理健康知识，更贴近心协，更快乐生活。

（1）心理电影展播：剖析人物，完善性格。

（2）心理角：大型心理游园（知识展板、心理游戏及测验、心灵漫画、常见心理问题剖析及解决等）。

（3）现场心理咨询：由中心所有老师开设现场心理咨询，以解答学生关注的一般心理现象和心理困惑。

（4）心理沙龙：通过某一人物、某一文章、某一事件等来畅谈大学生的看法的一种沙龙活动，以校心协成员为主体，参加者还包括在校学生，参与的学生可以形成互动，共话成长。如曾经举办的"大学爱情是青苹果""谈谈我爸是李刚"及"从自我实现话成长"等，丰富了大学生的课余生活，增强了个体的心理健康及心理素质。

因为坚持，所以我们期待。因为专业，所以我们发展。一路走来，江西财经大学心理健康教育与咨询中心经历风风雨雨、喜怒哀乐，在喜悦和汗水中成长。关注、期待的目光会让我们坚持下去、不断努力，愿我们能成为大家的心灵家园，愿我们在校的大学生过得更加健康和快乐。

【心理测试】

耐　力　测　试

从一个人应对危机和压力的耐力可以看出你处理危机的能力，你的耐力如何呢？请测一测。

1. 碰到令人担心的事

A. 无法着手工作   B. 照干不误   C. 二者之间

2. 碰到讨厌的对象时

A. 感情用事，无法应对   B. 控制感情，应付自如   C. 二者之间

3. 失败时

A. 再不想干   B. 努力寻找成功的机会   C. 二者之间

4. 学习进展不顺利时

A. 焦躁万分，无法思考   B. 可以冷静地想办法   C. 二者之间

5. 学习中感到疲劳时

A. 脑子不好使了   B. 能够继续坚持   C. 二者之间

6. 学习条件恶劣时

A. 无法学习   B. 克服困难，创造条件   C. 二者之间

7. 感到绝望时

A. 不想再干工作了   B. 能够振奋精神   C. 二者之间

8. 碰到难题时

A. 失去信心   B. 开动脑筋   C. 二者之间

9. 接受很难完成的任务时

A. 顶了回去   B. 千方百计干好   C. 二者之间

10. 困难落到自己头上时

A. 嫌恶之极   B. 努力克服   C. 二者之间

计分规则及结果解释

选 A 计 0 分，选 B 计 2 分，选 C 计 1 分，统计总分。

总分 17 分以上，说明你有较强的耐冲击能力。

总分 10～16 分，说明你对某些特定的应激源抵抗力水平薄弱，需要再努力锻炼，提高抗冲击能力。

总分 7 分以下，说明你对应激源的耐冲击能力差，当前压力水平高，如果自觉无法应对，就需要寻求亲人、老师、同学、朋友的支持。

心理美文

拿开挡住你目光的那块纸板

一个刚迈出校门的大学生，接连撞上了求职受挫、恋人分手等一大串失败。一时间，悲伤绝望弥漫了他的心头。于是，在一个华灯初上的晚上，他来到那座城市最高建筑物的楼顶，想最后看一眼多彩的人世，就悄然离去。

这时，一位老者站到了他的身后。

"多美的夜色啊！"老者由衷地赞美道。

"可惜它是别人的，跟我毫不相干。"他心里这样想着。

"年轻人，为何心事重重呢？"老者关切地问道。

"失败，还是失败，我简直太笨了，干什么都是失败。"他一脸沮丧。

"我不相信，一切真的像你所说的那样？"老者的目光满是怀疑。

"信不信由你，我是这世界上最倒霉的人。"他不想再多说了。

"那你把这块白纸板放到两眼前面，再往前看看。"老者不容置疑地命令道。

"那我什么也看不到了。"他拿着，不解地回头望着老者。

"那你拿开纸板又看到了什么？"

"整个城市，眼前的楼群、行人、车辆……还有远方的群山、田野、大江……"他想说站在这座城市的制高点上，他能看到的东西实在太多了。

"其实，你把纸板放在眼前时，你就只看到了一样东西，那就是占据你整个视野的一块小小的纸板。"老者意味深长地说道。

他还想说些什么，老者竟微笑着翩然离去。他坐下来开始咀嚼老者刚才的言行。猛然间，他觉得心中一亮，茅塞顿开。他感激地朝老者离去的方向深深鞠了一躬。后来他成了这座城市著名的企业家。

【学习反馈】

1. 什么是心理危机？心理危机中个体的反应包括哪些？

2. 结合自己的实际情况，谈谈当代大学生如何应对心理危机？

3. 如果你身边的人有轻生的想法，你会怎样帮助他？

第十三章 让我们笑对人生

——走进积极心理学

积极心理学——心理学划时代的转变

1967 年到 2000 年，是积极心理学的形成期，David Myers 发现在这 33 年间，有 5 千篇文章研究愤怒，超过 4.1 万篇文章研究焦虑，还有超过 5 万篇研究抑郁。然后他看看积极的概念，寻找关于幸福的研究，他发现在 33 年里有接近两千篇文字研究幸福。生活满意度研究最多，超过 2500 篇，但是，比例仍然接近 21：1。

人本主义创始人马斯洛 1954 年说："心理学这一学科对消极方面的研究，远比对积极方面的研究要成功。它向我们展示了人类的短处，他的缺点、他的过失，但很少谈到他的潜能、他的长处、他的实际愿望或精神高度。从这个意义上讲，积极心理学更是为了研究人类美好品质，帮助自己和他人、个人、群体和社会变得更幸福的学科。在这个意义上，积极心理学的创建是心理学上划时代的转变。"

【学习目标】

1. 了解什么是幸福，如何培养幸福感。
2. 了解什么是乐观，什么是希望，如何提升乐观。
3. 感恩和宽容的定义，如何提升宽容水平。

【关键概念】

幸福，乐观，希望，感恩，宽容

第一节 积极的情感——何谓幸福？

对于大多数人来说，他们认定自己有多幸福，就有多幸福。

——林肯

【案例导读】

从前，一个富人和一个穷人谈论什么是幸福。富人望着穷人破旧的茅草屋和朴素的穿着，轻蔑地说："这怎么能叫幸福？我有百间豪宅、千名奴仆、万两黄金，那才叫幸福呢!"后来，一把大火把富人的豪宅烧得片瓦不留，痛恨他的奴仆们抢了他的财物各奔东西。一夜间富人沦为乞丐。一年夏天，汗流浃背的乞丐路过穷人的茅屋，穷人端来一大碗凉水，问他："你现在认为什么是幸福?"乞丐眼巴巴地说："幸福就是此时你手中的这碗水。"

一、什么是幸福

究竟什么是幸福？目前为止还没有定论。每个人由于生活环境、文化教育以及社会影响的不同，对幸福观的理解和认识也各有不同。但是这并不妨碍我们把幸福作为生活追求的最高目标。如果问幸福对你来说意味着什么，很多人会不由自主地想，幸福意味着有一个理想的工作、很好的薪水、幸福的家庭、很多朋友等。

当积极心理学运动兴起之后，幸福逐渐进入心理学家关注的视野。研究者发现，"幸福是什么"这一问题对每个人来说都有不同的答案。有些人觉得幸福就是兴高采烈、开开心心，但另一些人却觉得幸福代表着平静和安宁。苏格拉底说，"真正的幸福并非外部发生，而是基于内部的知识与道德"。雨果却认为，"人生至高的幸福，便是感到自己有人爱"。马克思在谈到幸福时，只用了"斗争"一词。

由于这些分歧的存在，心理学家最终决定以个体的主观判断为标准来界定幸福，即幸福就是评价者根据自己的标准对其生活质量进行的综合评价。这一观点得到了大多数人的普遍认同，并将其定义为"主观幸福感"（subjective well-being，简称SWB）。

美国心理学家赛利格曼提出了一个幸福的公式：

总幸福指数 = 先天的遗传素质 + 后天的环境 + 你能主动控制的心理力量

总幸福指数是指较为稳定的幸福感，不同于暂时的快乐和幸福。生活中我们经常会有暂时的快乐，如看了一部喜剧电影，或者吃了一顿美食，但这种暂时的快感不是我们所说的幸福感。我们所说的幸福感是指令你感到持续的、稳定的幸福感觉，主要包括你对现实生活的总体满意度和你对自己生命质量的评价，是指你对自己生存状态的全面肯定。比如，一般来说你认为你自己感到"非常幸福"，这实际上是说与其他人相比，你感觉非常幸福。这个总体幸福取决于三个因素：一个人先天的遗传素质、环境事件、你能控制的心理力量。

二、幸福感的来源

（一）健康与幸福

有人把健康比作1，而把其他如财富、成功、名誉、爱情、美貌等都比作0，只有1存在时，其他的加上去，才会成为10、100、1000……但如果没有健康，其他的再多，也还只是 0。

人类的幸福只有在身心健康的基础上才能建立起来。如果你此刻正卧病在床，大概是不可能觉得自己很幸福的。

随着我们对自身认识的增加，我们愈加感受到，我们的身心并不是两个互相分离、相互独立的系统，而是不可分割的相互作用的统一整体。当生活的压力过大时，我们心理的负荷就会达到一种临界水平，我们不但要承受心理的压力，还会产生身体上的疾病。所以，可以这样说，我们生活得越幸福，我们就会越健康，而与此相反，我们生活得越不幸福，我们也就越有可能产生疾病。

在成功学盛行的今天，年轻人都认为自己处于精力充沛、拼命赚钱的好时光，所以终日生活在忙碌之中。生活品质都不是很高，健康出现问题，不得不放弃工作和生活。

"人生所拥有的健康远胜于黄金，因为强健的体魄更是超越一切的财富。"健康是幸福的基石，是一切生活目标的原点。如果没有健康，一切都黯然失色，生活乐趣全无，何谈幸福？

健康并不是一切，但是失去健康，就是失去一切。

（二）金钱与幸福

人们评价一个人的幸福感时，最习惯用的一个指标就是——他有多少钱。但有钱就等于幸福吗？研究表明，"金钱等于幸福"无法得到证实，调查结果发现，经济发展水平和社会幸福水平相关不大。纵向地看，随着经济的发展，幸福水平并没有明显提高，横向地看，世界上人民自我感受最幸福的国家不见得是收入水平最高的国家。丹麦人和荷兰人很幸福，波多黎各人和墨西哥人一样幸福。一些经济发达国家的幸福水平反而低于经济发展中国家。例如，日本的经济水平比菲律宾高很多，无论是政治环境还是在国际社会中的地位都要高很多，但几乎所有研究都表明，菲律宾人远比日本人幸福。

不难看出，人们的主观幸福感并没有随着财富的增长而提升。一些百万富翁并不快乐，中彩票也不能使人长久地幸福，同时也存在一些"快乐的穷人"。有作家曾写道："只要幸福住在里面，简陋的柴门又如何，朴素的茅屋又如何！幸福的笑容从没因身份的尊卑贵贱失去它明媚的光芒。我们跨越山川大漠，摸爬滚打追求的是幸福本身，而不是幸福座前的金樽、手中的宝杖。幸福比金子还珍贵，这是生活教会我的真理。"

这些结论似乎与我们头脑中已有的生活概念不大相符，因为当我们平时问大多数人一个问题："没钱你能幸福吗？"几乎所有的人都是摇头或干脆笑笑不置可否。如果问："什么最能改善你的生活质量？"结果绝大多数的人的回答是"金钱"。为什么会出现这种不一致？这主要是因为金钱在我们的日常生活中扮演了太重要的角色，尤其对于一般人来说，我们总是通过金钱这个中介来获得我们想要的东西，金钱在我们这个社会几乎具有一切物品的属性，这就使金钱的作用被夸大了。但这并不是说金钱对我们的幸福就一点也没有影响，一般认为，金钱与主观幸福感之间存在一个确定的阈限。在这个阈限之内，金钱对主观幸福感的影响较大，如果超过这个阈限，金钱对主观幸福感就不产生什么大的影响，或根本不产生任何影响。

赛利格曼等心理学家从各个国家抽取了 1000 人的样本进行主观幸福感的调查，发现了人的幸福感与购买力的关系。总体上说国民经济总产值与幸福感存在正相关，人均收入越多，人们越幸福。但是，当人均总产值超过 8000 美元的时候，幸福感与经济的相关就不存在了。富有的瑞典人比保加利亚人幸福，但是，如果是一个生活在美国或者是意大利的人则与瑞典人在幸福感上没有什么实质性区别。

但是也有一些经济收入与幸福感不相符合的情况，巴西人、阿根廷人和中国人的幸福感或生活满意度比根据其收入预期的要高出一些，而俄罗斯和东欧国家的人的幸福感则比其实际的经济收入水平预期的要低一些。而与收入反差最大的是日本，其国民经济收入水平很高，但其幸福感却很低。根据赛利格曼的观点，财富只在缺少时才对幸福有较大影响，一个特别贫穷的人不会感受到幸福，可当财富增加到一定水平后，财富与幸福的相关也会变小。即便是福布斯排行榜中的前 100 名、身价在 125 亿的富翁，也只是比中等收入的人稍微幸福一点而已。

那么世界上最贫穷的人的幸福感和生活满意度如何呢？调查表明，最贫穷的人的生活幸福感并不是特别低，他们的幸福感比中等收入的人只是稍微低一些。贫穷不必然使人精神上痛苦，贫穷更是一种社会病。这是就业、教育和经济发展不平衡导致的，与心理不健康关系不大。

（三）成功与幸福

现代社会，人们都渴望成功、追求成功，理所当然地认为成功是人生最重要和直接的目标。许多人下意识地认为，成功和幸福的关系还不简单吗？成功了才有幸福，不成功的人哪有幸福感而言？这是一种不正确的看法。其实成功并不等于幸福。"成功的人生不一定是幸福的人生，但是幸福的人生一定是成功的人生。"

有些人付出了自己的体力、智慧和努力，他们如愿以偿，在外人眼中，这些人是十分值得羡慕的。但是事实上，其中很大一部分人表面上事业有成，内心却感到匮乏。有的在感情生活上不如意，与妻儿形同陌路；有的疾病缠身；有的连友谊、亲情也因为金钱而失去。他们内心痛苦，甚至不知道自己这样忙碌有何意义。于是在很多年之后，他们终于认识到，成功与幸福的关系并不像想象的那样密切。

所谓成功，是指你实现了既定目标，实现了某种愿望。成功更多是从结果来定义的，你想挣钱发财，结果你的投资得到了回报，你挣钱的目标实现了；或者你的目标是发表论文，经过你的努力，你的论文发表了。成功是指你的努力有所回报，你的投入产生了效益。你名利双收，比没成功的人更有运气。

成功可以从客观指标上来规定，而幸福则是你身体和心理的一种快乐感受，你身心舒适和自由，你摆脱了需要的限制，无忧无虑。幸福更多的是从主观感受状态来定义的，是可遇不可求的。幸福是你与心上人一起散步的时刻；是你逃避了城市的汽车流，呼吸着山林的新鲜空气那会儿；是你在海边消磨着时间，晒太阳的时光；幸福是睡梦中的微笑，全身心投入地看电影。幸福是放松的身心感受，是一种安逸的经验。幸福是自然的流放和表达内心深处的涌动。幸福与否只有自己知道。

成功是一种追求，是主动的紧张和激动，是焦虑的期盼和精心的策划，是受交感神经直接支配的过程，表现为心跳加快；幸福是一种被动的感受，是下意识的放松，是包容和忘却，是受副交感神经支配的过程。

成功的机会有限，世界上的资源有限，而人人都想成功，所以成功成为一种博弈，你的成功意味着别人的失败，你拥有了资源意味着别人失去了资源。但是，幸福机会无限，内心的感受和幸福的能量无限，你幸福了，并不意味着别人的幸福失去了，而是意味着通过影响别人的心情，让周围的人更加幸福。可人们对于自身的幸福却视而不见，人们更倾向于羡慕别人的成功，却不羡慕别人的幸福。

没有成功是不能的，但没有幸福是万万不能的。我们要成功，但我们更要幸福。两者本来并不矛盾，一心追求成功或者害怕落后使我们远离幸福，无视本能的感受。

当然，高质量的生活应当包括成功和幸福两个要素，最好一个都不少。在追求成功的同时，我们能否适当停下来听一听内心的呼唤呢？能否调整心态准备松弛一下呢？能否以一种追求幸福的态度来对待人生、对待成功呢？人生的最高目的可能不是成功，而是幸福。

成功并不是生活的目的，而只是达到幸福的手段之一。当我们把成功当作生活的唯一目标时，就只能看到它对身心健康的损害。生活中有不少成功的人并不幸福，有的人整日受功利推动，一门心思追求成功，焦虑不安、忧心忡忡。就算他们成功了，又会马上设立下一个更高的目标。这样的人只有成功的激动，而享受不到松弛的快乐。而一些平凡无奇、毫无建树的人，却能生活得幸福快乐、安逸满足。

当然，这并不是说成功和幸福背道而驰，并不意味着如果我们想要幸福地生活，就必须放弃在生活的各个领域获得成就。这两者并不矛盾，通过努力都是可以实现的。我们最大的希望当然是将成功和幸福都抓在手中，成功而幸福地活着，那么在追求成功的路上，我们是不是也该放松自己，享受生活，对创造和维持幸福也付出足够的关注？

【引申阅读】

快乐三要素

积极心理学首先要回答的问题是什么最能让我们感到快乐？研究结果可能会令人感到惊讶：财富、学历与青春对快乐的帮助都相当有限；婚姻的影响好坏参半；倒是宗教信仰与亲情友谊，才更能让我们快乐。Seligman 在《真实的快乐》（*Authentic Happiness*）一书中指出，快乐是由三项要素构成：享乐（兴高采烈的笑脸）、参与（对家庭、工作、爱情与嗜好的投入程度）、意义（发挥个人长处，达到比我们个人更大的目标）。三项要素之中，享乐带来的快乐最为短暂。赛利格曼说："这一点值得大家注意，因为有太多人以追求享乐为生活的目的，但是参与和意义却远比享乐重要。"

三、幸福的方法

（一）喜欢自己，相信自己

自卑的人不可能经常地体验到快乐和幸福，乐观而自信才是每个人持久快乐的基础。

如果一个人在内心对自己持否定的态度，认为自己不好，那即使他有金钱和地位，也没有办法得到真正的快乐和幸福。这也就是一些有钱人觉得生活并不幸福的原因之一。相反，如果你肯定自己，相信自己，在任何情况下都不对自己丧失信心，就不会对自己的生活不满意。

不管你是家财万贯还是一贫如洗，不管你是位高权重还是普通平凡，不管是一帆风顺还是困难重重，你的心中都应有个坚硬的盾牌，保护你的心灵不被坏情绪侵袭。许多历史上的著名人物都经历过大起大落，但他们都能从容面对，这是因为他们充分肯定自己。

有些人习惯于贬低自己，这不仅打击了做事的自信心，还会扼杀独立精神。如果你整天萎靡不振，躲躲闪闪，不敢正视生活，不管走到哪里都不敢面对别人的视线，总是觉得自己做得不好，那么你又怎么能够发现和享受生活中的乐趣呢？

只有喜欢自己，相信自己，始终充分欣赏自己的生活，诚恳地面对生活，才能获得真正的幸福。

人的性情具有稳定性。对于一个习惯于自我贬低的人来说，要改变自己的观念其实是一件很困难的事，不过并非完全不可能。

很多经验和证据都告诉我们，行为对态度有一定的支配作用。我们可以有效利用这一原则。如果你想要在某些方面改变自己，如变得自信、快乐，那么一个有效的方法就是假装自己是一个乐观、自信的人，每天起床后就去做自己想做的事。

我们可能也有过这样的经验，当你心情烦躁时，有朋友打来电话，你不得不装出一副很高兴的样子跟朋友聊天，但奇怪的是，当你挂掉电话之后，你的烦躁心情好像就变得没有那么严重了。因此，我们可以试着先改变自己的行为，试图用这样的方式去引导以前那个自卑、忧郁的自己，从而改变对自己的态度。

（二）有效沟通，改善关系

高质量的人际关系跟个人的主观幸福感息息相关。有爱、有家、有朋友，这样有安全感的人生必然能带来巨大的力量，足以让你分享喜悦或化解忧伤。

那么，我们要如何做，才会对改善人际关系有所助益呢？

一方面，我们可以积极增加社会交往，与他人更多地进行信息交流和情感沟通。在沟通过程中，尽可能采用积极的沟通方式，如提供信息、面带笑容等，减少消极方式的使用，这样才能提高交往沟通的有效性。

另一方面，培养自己良好的内在品质和品性。社会心理学家建议，要想维持和提高自己的持久吸引力，培养自己的良好品质和品性是一个非常重要的条件。人与人之间要建立真诚友好的朋友关系，归根到底取决于个人的优良品质。在研究中，我们发现，"真诚"是令人喜欢的一种最为重要的特质。所以，以诚待人，以心待人，必然会拥有良好的人际关系。

（三）调整作息，保持健康

在追求幸福的道路上，做一个健康的人是最基本的目标。

生活方式是自己可以选择的，选择一种健康的生活方式比请一名私人医生的作用更大。善待自己的身体，养成良好的生活方式。例如，每天保证6~8小时的睡眠；每周保证有一天能够完全抛开工作，让自己彻底放松下来；保持合理的膳食结构，为身体提供足够的营养；尽量远离烟酒这类公认的对健康不益的物品。

做一个健康的人，还有不能忽略的一点就是定期参加体育锻炼。关掉电视，关掉电脑，关掉手机，去享受户外的阳光。适量的运动是身体健康的必需要素。一定量的有氧运动能加快我们身体的循环，更好地排出毒素。运动还能排解负面情绪，从而使我们保持更加良好的心态。

（四）有所爱，有所好

一个人生活着，有所爱有所好，才能使自己的生活充满乐趣。西方有位作家曾经说过，"不论你爱好什么都可以，但你总得有所爱好。"因为你有所爱好，精神才会有所寄托，心灵才有所附着。

我们身边常常会有这样的人，他们在工作之余便无所事事，要么对着电脑枯坐一整晚也不知道自己干了什么，要么就在麻将桌上消磨空闲时间，但其实他们自己也觉得打麻将很无趣。于是他们经常诉说生活的苦闷和烦恼，大呼生活无聊又无趣。

由此可见，如果心灵毫无寄托，就难免深感寂寞，也无法避免忧闷，幸福感自然也就消失不见了。

人生几十年，虽不算太长，但也并不算太短。这一段时间，我们可以自由支配，当然最好的情况是快乐地迎接每个日子。但要如何去做？那便是你能够将你的心灵寄托在一种事物上、一份工作上。从那里，你就能获得生命的意义，明白你在这个世界上不是空虚地白走一趟，你的心中便会感到无限的快乐。

你的工作可以是你的爱好，也不妨在工作之外再增添一项爱好，那生活岂不是更加愉快？就像社区门口修鞋的老鞋匠，当他工作的时候，伴着那钉锤的叮叮声响，他还听着自己喜欢的戏曲，有时还跟着轻轻哼唱两句，尽管他收入微薄，但那种饱满的精神、愉悦的心态，又何尝不令人羡慕？

【引申阅读】

洛克菲勒的幸福与快乐

洛克菲勒是美国的石油大王。在美国宾夕法尼亚州，有一段时间，当地人们最痛恨的就是洛克菲勒。被他打败的竞争者将他的画像吊在树上泄恨，充满火药味的信件如雪花般涌进他的办公室，威胁要取他的性命。他雇用了许多保镖，防止遭人杀害。他试图忽视这些仇视怒潮，有一次他曾以讽刺的口吻说："你尽管踢我骂我，但我还是按我自己的方式行事。"

但他最后还是发现自己毕竟也是凡人，无法忍受人们对他的仇视，也受不了忧虑的侵蚀。他的身体开始不行了，疾病从内部向他发动攻击，这令他措手不及，疑惑不安。起初，医生试图对他偶尔的不适保密，但是，失眠、消化不良、掉头发、烦恼等病症是无法隐瞒的。最后，他的医生把实情坦白地告诉了他。他只有两种选择：财富、烦恼还是性命。他们警告他：必须在退休和死亡之间做一抉择。

他选择了退休。退休后，他学习打高尔夫球、整理庭院、和邻居聊天、打牌、唱歌等。但他同时也开始自我反省，开始为他人着想。简而言之，洛克菲勒开始考虑把数百万的金钱捐出去。有时候，做件事可真不容易，当他向一座教堂捐献时，全国各地的传教士齐声发出怒吼："腐败的金钱！"但他继续捐献。在获知密歇根湖岸的一家学院因为抵押权而被迫关闭时，他立刻展开援助行动，捐出数百万美元去援助那家学院，将它建设为目前举世闻名的芝加哥大学。

他也尽力帮助黑人，帮助完成黑人教育家华盛顿·卡丈的志愿。当著名的十二指肠虫专家史太尔博士说："只要价值五角钱的药品就可以为一个人治愈这种病——但谁会捐出这五角钱呢？"洛克菲勒捐出数百万美元消除十二指肠虫，消除了这种疾病。然后，他又采取更进一步的行动，成立了一个庞大的国际性基金会——洛克菲勒基金会，致力于消灭全世界各地的疾病、扫除文盲等工作。

洛克菲勒的善举不仅平息了人们对他的憎恨，而且产生了更为神奇的效果：许多人开始赞扬他、敬仰他，有的受了他恩惠的人甚至对他感激涕零。这时，疾病也渐渐远离了洛克菲勒，他感到了无比的幸福和快乐。

第二节　积极的人生观——乐观和希望

一切的和谐与平衡、健康与健美、成功与幸福，都是由乐观与希望的向上心理产生与造成的。

——华盛顿

【案例导读】

有一对性格迥异的双胞胎，哥哥是彻头彻尾的悲观主义者，弟弟则像个天生的乐天派。在他们8岁那年的圣诞节前夕，家里人希望改变他们极端的性格，为他们准备了不同的礼物：给哥哥的礼物是一辆崭新的自行车，给弟弟的礼物则是满满的一盒马粪。拆礼物的时候到了，所有人都等着看他们的反应。哥哥先拆开他那个巨大的盒子，竟然哭了起来："你们知道我不会骑自行车！而且外面还下着这么大的雪！"正当父母手忙脚乱地希望哄他高兴的时候，弟弟好奇地打开了属于他的那个盒子——房间里顿时充满了一股马粪的味道。出乎意料，弟弟欢呼了一声，然后就兴致勃勃地东张西望起来，说："快告诉我，你们把马藏在哪儿了。"

心理学家研究发现，人们好像用两种完全不同的思维来看待身边已经来到的或者将要来到的所有事物。有的人好像生来就拥有一种积极的视角，从身边的琐事中找到各种乐趣，使自己更加快乐。他们热爱生活，活在当下的每分每秒，即使面对突如其来的打击，他们也总能从中看到希望，好像他们的生命中，灿烂的阳光总能冲破黑暗的命运乌云，让潜藏在角落里的机会和潜能显露到他们的面前。与此同时，也有另一种人生活在我们身边。他们脆弱、敏感，总是有些闷闷不乐。很多平常的事情在他们眼中也有如灭顶之灾。哪怕一点点小事，也很容易让他们感到生活无望。这样的人很容易能量不足，没有自信心，甚至会削弱他们身边的人的精神力量。以赛利格曼为代表的心理学家们发现了这两种人之间的巨大差异，开始了对"悲观""乐观"的研究。

一、什么是乐观？

（一）你怎么看待未来？

你觉得自己明天会过得怎样？会比今天更好吗？还是比今天差一点儿？十年后呢？不同的人的回答也有很大的差异。斯彻尔等人认为，乐观是一种与个体未来定向密切相关的认知，是对未来的总体期望。这种期望具有跨时间和情境的一致性，是一种内化的期望，会成为人的一种稳定的人格特质。

1. 期望—价值模型

教师布置了一份作业给你，要求你本周内上交。你手上还有些别的任务，会怎么对待这份作业呢？一般说来，你会估量一下这份新作业的难易程度。如果这份作业是可能完成的，你自然会尽量排出时间，努力加班搞定它；相反，如果这份作业难以完成，你不擅长，时间也不够了，你就会懈怠一些。

期望—价值理论很强调个体的期望，认为只要个体预期最后的行为结果是成功的，是可以实现的，那么个体就会付出努力去克服困难；而当个体怀疑行为结果是不能实现的时候，个体就会倾向于放弃这种行为。个体的情感体验也会随着期望的不同而有所变化。如果期望目标是可以实现的，个体会体验到积极的情感；相反，如果期望目标不能实现，个体就会体验到消极的情感。

2. 气质乐观

个体对有关个人生活和社会方面未来积极和消极事件发生的可能性和价值进行主观评定，而行为很大程度上会受到这些评定的影响。

斯彻尔认为，乐观的人对未来积极事件发生抱有期望，用通俗的语言来描述，就是很容易"看到生活好的一面"。气质乐观基于对未来的积极期望，产生动力，驱使自身坚持与不断努力。气质乐观理论将人视为连续体，一端是乐观者，通常认为好事会发生；另一端是悲观者，一般认为坏事会发生。由于人们可以表现出较为稳定的乐观或悲观倾向，因此研究者认为乐观人格倾向是一种比较稳定的人格特质，这种特质是个体对自己的一种重要而又健康的自我暗示。

当遇到压力事件时，高气质乐观者更容易采用积极的应对方式，如寻求社会支持、积极再定义压力事件、利用爱好或兴趣转移注意力等。

失恋时，气质乐观者更容易从挫折中走出来，并愿意继续相信真爱的存在。

面对亲人去世时，气质乐观者更可能意识到生命的脆弱，会将重心放到当下，认真过好每一天。

考试失败，气质乐观者容易恢复信心，从头再来。

遇到灾难时，气质乐观的人容易从伤痛中恢复过来，战胜心理创伤。

（二）你怎么解释过去？

赛利格曼的《学习乐观》一书在 1996 年就引入了中国，书中详细地讲述了赛利格曼如何在实验室中观察到习得性无助，再将习得性无助与人类的抑郁症联系起来，书中还详细地教给读者如何学习乐观。

1. 如何解释生活中的疑问

生活中充满了各种各样的疑问：为什么这一次考试我失败了？为什么我新买的高跟鞋这么不合脚？为什么今天好朋友没有叫我一起吃饭？为什么我的好朋友能够很容易找到工作，我却不能？

赛利格曼认为，乐观就是将事物进行积极归因的一种倾向，他将这种倾向称为乐观归因风格（explanatory style）。他研究发现，哪怕遭遇的是同一件不愉快的事情，不同个体会对这件事情进行可能截然相反的归因。归因有维度："内部—外部""稳定—不稳定""特定—普遍"三个。赛利格曼认为，将事件原因归于外部的、不稳定的和特定的因素时，就是乐观的；相反，归于内部的、稳定的和普遍的因素就是悲观。

乐观主义者和悲观主义者，无论遇到好事还是坏事，他们的归因方法几乎完全不同。乐观主义者在遇到好事的时候，通常采用内部、稳定、普遍的归因，提高自我效能感；遇到不好的事情时，往往做出的是外部、不稳定、特定的归因，稳定自我评价的水平。而悲观主义者刚好相反。

2. 什么时候会习得性无助

人类身上普遍存在着习得性无助的现象。当个体认为面临的情景是不可控的，不管自己如何努力都不能对结局产生影响时，个体很容易产生消极的认知，体验到无助、无望、抑郁等消极情绪，放弃努力。

赛利格曼认为，习得性无助就是由三个相互联系的方面组成的：不可控环境、伴随性认知、放弃反应。

（1）不可控环境：在该情景下，所有的行为都不能改变结果，这个结果不受行为的控制。

（2）伴随性认知：个体认识到任何积极的行动都不能控制其结果。

（3）放弃反应：继续用无助的心态来看待以后发生的事情，感到了自卑，缺乏自信，放弃努力去避免类似的事情发生。

赛利格曼提出，这种习得性无助导致了一种认知定式，让人们确信成功与否与人自己的能力无关。失败也是情境注定的，成功也是情境注定的。因此，即使获得了成功，他们也很难从中获得自我效能感等积极的反馈信息。

（三）提升乐观的方法

1. 积极幻想

大部分人，特别是健康的人，都倾向于用乐观的方式认识自己、世界和未来。为了获得对自我和世界的积极看法和认识，可以从以下三方面进行积极幻想。

（1）自我拔高。大多数人都不能接受自己的才能和品质只处于一般水平，他们通常拔高地认识和评价自己过去的行为、个人品质和自我，认为自己是超常的和独特的。

（2）自我控制能力。人们对自身的控制力有着不切实际的幻想。他们毫无根据地坚信自己可以让事情向好的方向发展，或是自己能够极大地左右正在进行中的事情。

（3）对未来盲目乐观。未来意味着什么？青春的消逝？健康的衰退？智力与才能的不足？一些亲人朋友的离世？更多人盲目地认为未来比现在更美好。

这些积极幻想的内容已经渗透进了我们的日常生活，不用刻意寻找，它们已经布满了生活的方方面面。积极幻想对我们生活的帮助是毋庸置疑的，它让我们更加自信，更加有希望，也促使我们采取更多的行动，为生活的目标做出努力。

2. 自我欺骗

（1）选择性注意和良性遗忘。

选择性注意是指人们关注与自己有关的积极事件，而对与自己有关的消极事件视而不见。良性遗忘是指人们很难回忆起与自己有关的消极消息，而对与自己有关的积极消息却历历在目。

（2）容忍能力不足。

个体发现了自己某方面的不足，接纳的同时将其重要性降低至可以容忍的限度。例如一个成绩不及格的人，可以认为自己虽然在学习方面的能力不足，但更重要的是，他有一群好朋友。这样的自我评价增强了自我效能感。

希望是坚韧的拐杖，忍耐是旅行袋，携带它们，人可以登上永恒之旅。

——罗素

二、什么是希望？

（一）希望的定义

在希腊神话中，希望是人世间最美好的事物，是拯救人类的唯一事物。无论人世间有怎样的灾难，遭受了怎样的生活磨难，只要手中还握有这可贵的希望，都能够自我激励与命运抗衡。美国堪萨斯大学的里克·斯奈德教授是积极心理学专业中希望领域公认的理论创建者，他把希望定义为：在成功的动因（指向目标的能量水平）与途径（实现目标的计划）交叉产生体验的基础上，所形成的一种积极的动机状态。这个定义包含三方面含义。

（1）目标：你是否拥有有意义的目标呢？

无论目标是长期或者是短期，高希望特质的人总是拥有有意义的目标。

（2）路径意识（达到目标的途径）：你是否知道如何才能达到你自己的目标？

想要达到目标，行动的计划是必不可少的。高希望特质的人总会制订相关的计划来实现自己的目标，当一个方法无法成功时，他们也总能够寻找到其他适宜的方法来继续向目标前进。

（3）动力意识（积极的自我暗示）：你是否有足够的动机？

高希望特质的人能够给自己源源不断的动力实现目标，他们会告诉自己"我能行！"这个动力能够促使他们不断地行动，遇到阻力时能为他们提供灵感，并且一直激励着他们不断寻求突破直至达成目标。

（二）希望的作用

世界上有很多名人都曾身处逆境，但是不放弃希望，最终获得成功。

大量科学研究已经表明，希望在实现个人目标和价值时有着重大的作用，对生活有着积极的影响。充满希望的病人比其他病人恢复得更好更快；充满希望的员工能给组织带来更多效益；充满希望的领导能够激发下属的工作潜能，使他们更积极努力地工作。总之，拥有希望的人会更有目标，更坚韧，也更容易获得饱满的情绪。

西方有句谚语是"Where there is life，there is hope"。有人将其翻译为"有生命就有希望"。充满了希望的个体势必想有所作为或努力，势必努力为目标渴求与坚持。心理学家穆勒认为，希望是人们基于对美好状态或美好事物的预期和描绘而带来的一种自我提升或者一种从困境中自我释放的感觉，是一种个人感觉自己可胜任、可应对的能力感和心理上的满意度，一种人们对生活的目标感、意义感的体验以及对生活中充满无限的可能性的感觉。

乐观就会有希望

有一位老人，72 岁时遭受严重的挫折，他奋斗了几十年享誉全国的最大零售集团一夜之间破产了。人们看着这位闻名遐迩的世界级企业家迎来如此灾难性的失败，议论纷纷。有人认为他将心随天命，穷困潦倒度过余生；有人认为他将神经受到刺激，过起老年痴呆不谈理想的晚年生活；有人认为他肯定不堪一击，以自杀来结束自己的生命。

然而，事业的大厦轰然倒地，并没有使这位老人从此倒下去，出现在人们眼前的是，他依然精神十足，匆匆行走在大街小巷上。过了一段时间，老人和几个年轻人携手合作，开办了一家网络咨询公司，向自己陌生的 IT 产业发起了挑战。面对新的行业，老人并没有显得缩手缩脚，反而脸上始终充满了微笑，虚心好学，不耻下问。加上他合理地运用了过去经营零售业时积累起来的经验，没多久就把生意做得红红火火。一年后，老人的事业大厦又重新屹立在人们面前。当记者采访老人，问他为何能够在一年时间里反败为胜、东山再起时，老人快乐地大笑起来，久久不语。记者等了好久，老人也未给出答案，而是又忙自己的事了。记者疑惑地又重复提起这个话题，老人第二次快乐地大笑起来，他只说了短短一句"其实，我已给出答案！"此时，记者才恍然大悟——快乐心情是老人反败为胜、东山再起的法宝。

这位老人就是日本曾经最大的零售集团"八百伴"集团的总裁——和田一夫。在商场的长期拼搏奋斗中，和田一夫悟出了这样一个简明的道理：生活就是一束阳光，你站在阳光中，迎着阳光向前看，满眼光明，身心温暖，倍增力量；转过身，俯视阴影，满目黯然，暗自神伤。面对阳光和阴暗的两种心态，完全由个人的心情来掌握。选择前者，你将积极快乐地向前走；选择后者，则沉沦悲观沮丧，举步不前。和田一夫反败为胜的故事告诉我们这样一个道理——成功需要一颗快乐的心来支撑！忽略了这一点，我们将终生与成功失之交臂。如果我们左冲右突难以突围，正心情沮丧之时，何不尝试一下以快乐的心情去走另一条路径呢？

（三）希望的提升

我们能提高自己的希望特质吗？怎么做才能够提升我们的希望水平呢？下面，重点介绍希望疗法。

1. 希望疗法的含义

希望疗法融合了认知行为疗法、叙事疗法和问题解决模式，能够帮助我们树立清晰的目标，并找到多种达到目标的路径，激励自己去追求目标，并把障碍看作应当面对的挑战。希望疗法关注影响希望的三个成分，基于对自己和对世界的经验对三个成分都进行评价。

（1）目标。

这个"希望"对我个人而言，到底有多少价值？

目标是否可以达到？

现在在达到目标的什么位置？

（2）路径意识。

能够找到多少方法达成这个希望？

对自身能力的信念和认知。例如内部语言"我一定能够找到解决方法的"。

（3）动力意识。

激励个体朝着目标前进。

2. 希望疗法的基本干预过程

（1）灌输希望。讲述自己生活中的重要事件，从希望的角度来整合、梳理并重新解释这些事件。发现自己的希望特质的发展历程，分析构成希望的三个成分，发现存在哪些积极因素，又有哪些阻碍自己的因素。

（2）确立目标。探索自己的兴趣和价值观，制定具体清晰的积极目标。积极地趋向目标比消极地回避目标更容易强化。

（3）加强路径意识。将较大的目标分解为较小的目标，提高自己寻找具体途径的能力；想到替代方法，提高自己在受阻时积极寻求问题解决方法的能力。

（4）加强动力意识。回顾成功经验，增强自我效能感和改变其归因方式，促进积极思维等。

第三节 积极的关系——感恩和宽容

感恩即是灵魂上的健康。

——尼采

【案例导读】

在一个闹饥荒的城市，一个家境殷实而且心地善良的面包师把城里最穷的几十个孩子聚集到一块，然后拿出一个盛有面包的篮子，对他们说："这个篮子里的面包你们一人一个。在上帝带来好光景以前，你们每天都可以来拿一个面包。"

瞬间，这些饥饿的孩子一窝蜂地拥了上来，他们围着篮子推来挤去大声叫嚷着，谁都想拿到最大的面包。当他们每人都拿到了面包后，竟然没有一个人向这位好心的面包师说声谢谢，就走了。

但是有一个叫依娃的小女孩例外，她既没有同大家一起吵闹，也没有与其他人争抢。她只是谦让地站在一步以外，等别的孩子都拿到面包以后，才把剩在篮子里最小的一个面包拿起来。她并没有急于离去，她向面包师表示了感谢，并亲吻了面包师的手之后才向家走去。

第二天，面包师又把盛面包的篮子放到了孩子们的面前，其他孩子依旧如昨日一样疯抢着，羞怯、可怜的依娃只得到一个比头一天还小一半的面包。当她回家以后，妈妈切开面包，许多崭新、发亮的银币掉了出来。

妈妈惊奇地叫道："立即把钱送回去，一定是揉面的时候不小心揉进去的。赶快去，依娃，赶快去！"当依娃把妈妈的话告诉面包师的时候，面包师面露慈爱地说："不，我的孩子，这没有错。是我把银币放进小面包里的，我要奖励你。愿你永远保持现在这样一颗平安、感恩的心。回家去吧，告诉你妈妈这些钱是你的了。"她激动地跑回了家，告诉了妈妈这个令人兴奋的消息，这是她的感恩之心得到的回报。

积极心理学倡导积极的人际关系，而积极人际关系的核心内容之一就是感恩。东西方文化中都把感恩作为交往中的美德之一。

我国自古以来就是一个懂得感恩的国家，从"鸦有反哺之义，羊知跪乳之恩"到"滴水之恩，当涌泉相报"，从"谁言寸草心，报得三春晖"到"衔环结草，以恩报德"，都表现了我们中华民族的感恩品德。

哲学家西塞罗曾经说："感恩不但是一切美德中最伟大的，而且是其他美德存在的基础。"因为感恩在人际交往中无处不在，亲子之间需要感恩，朋友之间需要感恩，情侣之间也需要感恩。这些关系中如果存在感恩，不但可以促进关系的稳固，更能使人们在关系中体验到幸福。感恩存在于生活中很多地方，每个人对感恩并不陌生。那么到底什么是感恩？我们又该如何感恩呢？

一、感恩

（一）什么是感恩

英文中，感恩（gratitude）一词源于拉丁词根 gratia，意为优美、高尚、感谢，衍生出来的意思就是带着善良的心、慷慨的心做事，感受给予和获得之美。

很多心理学家从不同的角度对感恩的定义进行了不同的描述。总结起来，感恩就是对外界（超自然界、自然界、人）的积极刺激进行感知后，产生的持久的、稳定的感谢状态，并诱发了积极的关系，而且这种状态和关系具有泛化的性质。

如果我们在接受别人恩惠的时候，发自内心地表达出感恩，这种情感就会被别人感知到，从而更加愿意对我们施惠，我们本身也从中得到了益处，同时更愿意对别人进行施惠。这种良性的循环一旦建立，人们之间的关系就会发展得更好，更加被社会认可，社会更加和谐，我们的主观幸福感也会随之增强。

因此，我们应该抱着感恩的心去面对别人、面对社会。但是，我们如何知道自己是不是感恩的呢？怎样才能知道我们的感恩程度呢？积极心理学家发明了感恩测量，如果你想知道自己的感恩程度，可以了解一下。

感恩问卷

请从下面七个选项中选择一个数字，来表示你同意下面描述的程度

1	2	3	4	5	6	7
非常不同意		不确定			非常同意	

（1）在生活中，我有很多的人或事要感谢。

（2）如果我把我觉得需要感谢的所有人或事列出清单来，那一定是一个非常长的单子。

（3）当我审视这个世界的时候，我觉得我没有多少需要感恩的人或事。

（4）我对很多人都怀着感恩的心。

（5）随着年龄的增长，我发现我更多地去感激那些曾经成为我生活中一部分的人、事、处境。

（6）我要经过很长时间的检验和审察才会感谢某人或者某事。

计分标准：

1 代表 1 分，2 代表 2 分，以此类推，满分为 42 分。第三题和第六题反向计分，即 1 代表 7 分，2 代表 6 分，以此类推。得分在 28 分以上的感恩程度很高。

（二）如何感恩

1. 感恩需要先知恩

在感恩教育中，最重要的一点是发现恩情、感受别人对我们的帮助。只有我们感知到

别人对我们的恩情，才会触发我们的感恩之情。因此，要去细心观察，用心感受生活中点点滴滴的恩惠，感受这种恩惠背后的情感力量。

2. 感恩需要榜样示范

心理学家班杜拉的社会学习理论指出，人们是通过观察别人的行为及行为带来的结果来学习的。人们会因为重要社会关系中的个体的行为而产生一定的模仿心理。即便个人没有完全表现出和那个人一样的行为，但是在潜意识中也会受其影响。

有人说，榜样的力量是无穷的。如果我们在大学生群体里面经常树立一些道德楷模、感恩模范，或是经常宣传一些模范的事迹，会对他们产生很好的教育意义。"感动中国"十大人物就是很好的榜样。广东律师田世国为了回报母爱的恩情，在老母病危时瞒着她捐出了自己的肾脏，挽回了母亲的生命；徐本禹为了回报社会对他的恩情，毅然在大学毕业后离开繁华城市，走进穷乡僻壤的破草棚，给求知若渴的孩子们送去了知识……

徐本禹说："希望我们每一个人都能做一个感恩的人，去帮助每一个需要帮助的人。"我们社会上有很多这样的榜样，我们要做的就是发现他们，宣传他们，引导社会向他们学习。

一则广告中，一位妈妈在给儿子洗完脚之后，又去给自己的母亲洗脚，孩子偷偷看到了，感受到了这种感恩母爱的感情和行为，有样学样地打了洗脚水给自己的母亲洗脚。这则广告打动了无数的人，也同时树立了一个很好的榜样。

3. 感恩需要知行合一

陶行知曾经说过："教育要通过生活才能发出力量，而成为真正的教育。"在感恩教育中，多实践才是真理。感恩会因为别人的感知和反馈而得到强化。我们应该去实际体会如何去感恩，体会感恩给我们带来的积极体验。这种体验往往会产生意想不到的效果。有时候，哪怕点滴之恩，对我们来说都是雪中送炭，这时，如果我们感激别人，哪怕只是一句简单的"谢谢"，都会使双方沉浸在感恩所创造的氛围中。

4. 感恩需要氛围

人类社会中，一旦形成感恩的氛围，后来的人就会按照这个氛围里面的规则做事，如果他违规了，他就会被视为非群体人员，从而失去团体的归属感。这是任何一个人都不愿意的。所以，感恩的氛围与个体表达感恩有着高度的相关性。

总而言之，感恩的教育要通过生活中点滴的体察和良好的氛围共同作用。每个人开始对感恩的体会或者说感恩的对象都不一样，所以要因人而异，这样才能使每个人都懂得感恩，也就能更好地影响他人。

感恩，是我们每个人生活中不可或缺的阳光雨露。无论你是何等的尊贵或是怎样的卑微，无论你生活在何地或是你有着怎样特别的生活经历，只要你胸中常常怀着一颗感恩的心，随之而来的，就必然会是诸如温暖、自信、坚定、善良等这些美好的处世品格。自然而然地，你的生活中便有了一处处动人的风景。

【引申阅读】

百善孝为先

18 岁那年，他因为行凶伤人，被判了 6 年。从他入狱那天起，就没人来看过他。母亲守寡，含辛茹苦地养大他，想不到他刚刚高中毕业，就发生这样的事情，让母亲伤透了心。他理解母亲，母亲有理由恨他。

入狱那年冬天，他收到了一件毛线衣，毛线衣的下角绣着一朵梅花，梅花上别着窄窄的纸条：好好改造，妈指望着你养老呢。这张纸条，让一向坚强的他泪流满面。这是母亲亲手织的毛线衣，一针一线，都是那么熟悉。母亲曾对他说，一个人要像寒冬的蜡梅，越是困苦，越要开出娇艳的花朵来。以后的四年里，母亲仍旧没来看过他，但每年冬天，她都寄来毛线衣，还有那张纸条。为了早一天出去，他努力改造，争取减刑。果然，就在第五个年头，他被提前释放了。

背着一个简单的包裹，里面是他所有的财物——五件毛线衣，他回到了家。家门挂着大锁，大锁已经生锈了。屋顶，也长出了一尺高的茅草。他感到疑惑，母亲去哪儿了？转身找到邻居，邻居诧异地看着他，问他不是还有一年才回来吗，他摇头，问："我妈呢？"邻居低下头，说她走了。他的头上像响起一个炸雷，不可能！母亲才四十多岁，怎么会走了？冬天他还收到了她的毛线衣，看到了她留下的纸条。

邻居摇头，带他到祖坟。一个新堆出的土丘出现在他的眼前。他红着眼，脑子里一片空白。半晌，他问妈妈是怎么走的，邻居说因为他行凶伤人，母亲借了债替伤者治疗。他进监狱后，母亲便搬到离家两百多里的爆竹厂做工，常年不回来。那几件毛线衣，母亲怕他担心，总是托人带回家，由邻居转寄。就在去年春节，工厂加班加点生产爆竹，不慎失火。整个工厂爆炸，里面有十几个做工的外地人，还有来帮忙的老板全家人，都死了。其中，就有他的母亲。邻居说着，叹了口气，说自己家里还有一件毛线衣呢，预备今年冬天给他寄出去。

在母亲的坟前，他捶胸顿足，痛哭不已。全都怪他，是他害死了母亲，他真是个不孝子！他真该下地狱！第二天，他把老屋卖掉，背着装了六件毛线衣的包裹远走他乡，到外地闯荡。时间过得很快，一晃四年过去了。他在城市立足，开一家小饭馆，不久，娶了一个朴实的女孩做妻子。

小饭馆的生意很好，因为物美价廉，因为他的谦和和妻子的热情。每天早晨，三四点钟他就早早起来去采购，直到天亮才把所需要的蔬菜、鲜肉拉回家。没有雇人手，两个人忙得像陀螺。常常，因为缺乏睡眠，他的眼睛红红的。不久，一个推着三轮车的老人来到他门前。她驼背，走路一跛一跛的，用手比画着，想为他提供蔬菜和鲜肉，绝对新鲜，价格还便宜。老人是个哑巴，脸上满是灰尘，额角和眼边的几块疤痕让她看上去面目丑陋。妻子不同意，老人的样子，看上去实在不舒服。可他却不顾妻子的反对，答应下来。不知怎的，眼前的老人让他突然想起了母亲。

老人很讲信用，每次应他要求运来的蔬菜果然都是新鲜的。于是，每天早晨六点钟，满满一三轮车的菜准时送到他的饭馆门前。他偶尔也请老人吃碗面，老人吃得很慢，很享受的样子。他心里酸酸的，对老人说，她每天都可以在这儿吃碗面。老人笑了，一跛一跛地走过来。他看着她，不知怎的，又想起了母亲，突然有一种想哭的冲动。

一晃，两年又过去了，他的饭馆成了酒楼，他也有了一笔数目可观的积蓄，买了房子。可为他送菜的，依旧是那个老人。

又过了半个月，突然有一天，他在门前等了很久，却一直等不到老人。时间已经过了一个小时，老人还没有来。他没有她的联系方式，无奈，只好让工人去买菜。两小时后，工人拉回了菜，仔细看看，他心里有了疙瘩，这车菜远远比不上老人送的菜。老人送来的菜全经过精心挑选，几乎没有干叶子，棵棵都清爽。

只是，从那天后，老人再未出现。

春节就要到了，他包着饺子，突然对妻子说想给老人送去一碗，顺便看看她发生了什么事。怎么一个星期都没有送菜？这可是从没有过的事。妻子点头。煮了饺子，他拎着，反复打听一个跛脚的送菜老人，终于在离他酒楼两个街道的胡同里，打听到她了。

他敲了半天门，无人应答。门虚掩着，他顺手推开。昏暗狭小的屋子里，老人在床上躺着，骨瘦如柴。老人看到他，诧异地睁大眼，想坐起来，却无能为力。他把饺子放到床边，问老人是不是病了。老人张张嘴，想说什么，却没说出来。他坐下来，打量这间小屋子，突然，墙上的几张照片让他吃惊地张大嘴巴。竟然是他和妈妈的合影！他5岁时，10岁时，17岁时……墙角，一只用旧布包着的包袱，包袱皮上，绣着一朵梅花。他转过头，呆呆地看着老人，问她是谁。老人怔怔地，突然脱口而出：儿啊。

他彻底惊呆了！眼前的老人，不是哑巴？为他送了两年菜的老人，是他的母亲？

那沙哑的声音分明如此熟悉，不是他母亲又能是谁？他呆愣愣地，突然上前，一把抱住母亲，号啕痛哭，母子俩的眼泪沾到了一起。不知哭了多久，他先抬起头，哽咽着说看到了母亲的坟，以为她去世了，所以才离开家。母亲擦擦眼泪，说是她让邻居这么做的。她做工的爆竹厂发生爆炸，她侥幸活下来，却毁了容，瘸了腿。看看自己的模样，想想儿子进过监狱，家里又穷，以后他一定连媳妇都娶不上。为了不拖累他，她想出了这个主意，说自己去世，让他远走他乡，在异地生根，娶妻生子。得知他离开了家乡，她回到村子。辗转打听，才知道他来到了这个城市。她以捡破烂为生，寻找他四年，终于在这家小饭馆里找到他。她欣喜若狂，看着儿子忙碌，她又感到心痛。为了每天见到儿子，帮他减轻负担，她开始替他买菜，一买就是两年。可现在，她的腿脚不利索，下不了床了，所以，再不能为他送菜。

他眼眶里含着热泪，没等母亲说完，背起母亲拎起包袱就走。他一直背着母亲，他不知道，自己的家离母亲的住处竟如此近。他走了没20分钟，就将母亲背回家里。母亲在他的新居里住了三天。三天，她对他说了很多。她说他入狱那会儿，她差点儿去见他父亲。可想想儿子还没出狱，不能走，就又留了下来！他出了狱，她又想着儿子还没成家立业，还是不能走；看到儿子成了家，又想着还没见孙子，就又留了下来……她说这些时，脸上一直带着笑。他也跟母亲说了许多，但他始终没有告诉母亲，当年他之所以砍人，是因为有人污辱她，用最下流的语言。在这个世界上，怎样骂他打他，他都能忍受，但绝不能忍受有人污辱他的母亲。

三天后，她安然去世。医生看着悲恸欲绝的他，轻声说："她的骨癌看上去得有十多年了。能活到现在，几乎是个奇迹。所以，你不用太伤心了。"他呆呆地抬起头，母亲，居然患了骨癌？打开那个包袱，里面整整齐齐地叠着崭新的毛线衣，有婴儿的，有妻子的，有自己的，一件又一件，每一件上都绣着一朵鲜红的梅花。包袱最下面，是一张诊断书：骨癌。时间，是他入狱后的第二年。他的手颤抖着，心里像插刺一样痛，父母的爱是永远的！子女的孝也应该永远！百善孝为先！

二、宽容

一只脚踩扁了紫罗兰，紫罗兰却把香味留在那脚跟上，这就是宽容。

——安德鲁·马修斯《宽容之心》

【案例导读】

一次，楚庄王因为打了大胜仗，十分高兴，便在宫中设盛大晚宴，招待群臣，宫中一片热火朝天。楚王也兴致高昂，叫出自己最宠爱的妃子许姬，轮流替群臣斟酒助兴。忽然一阵大风吹进宫中，蜡烛被风吹灭，宫中立刻漆黑一片。黑暗中，有人扯住许姬的衣袖想要亲近她。许姬便顺手拔下那人的帽缨并赶快挣脱离开，然后许姬来到庄王身边告诉庄王说："有人想趁黑暗调戏我，我已拔下了他的帽缨，请大王快吩咐点灯，看谁没有帽缨就把他抓起来处置。"庄王说："且慢！今天我请大家来喝酒，酒后失礼是常有的事，不宜怪罪。再说，众位将士为国效力，我怎么能为了显示你的贞洁而辱没我的将士呢？"说完，庄王不动声色地对众人喊道："各位，今天寡人请大家喝酒，大家一定要尽兴，请大家都把帽缨拔掉，不拔掉帽缨不足以尽欢！"于是群臣都拔掉自己的帽缨，庄王再命人重又点亮蜡烛，宫中一片欢笑，众人尽欢而散。

三年后，晋国侵犯楚国，楚庄王亲自带兵迎战。交战中，庄王发现自己军中有一员将官，总是奋不顾身，冲杀在前，所向无敌。众将士也在他的影响和带动下，奋勇杀敌，斗志高昂。这次交战，晋军大败，楚军大胜回朝。战后，楚庄王把那位将官找来，问他："寡人见你此次战斗奋勇异常，寡人平日好像并未给你什么特殊好处，你为什么如此冒死奋战呢？"那将官跪在庄王阶前，低着头回答说："三年前，臣在大王宫中酒后失礼，本该处死，可是大王不仅没有追究、问罪，反而还设法保全我的面子，臣深深感动，对大王的恩德牢记在心。从那时起，我就时刻准备用自己的生命来报答大王的恩德。这次上战场，正是我立功报恩的机会，所以我才不惜生命，奋勇杀敌，就是战死疆场也在所不辞。大王，臣就是三年前那个被王妃拔掉帽缨的罪人啊！"

宽容是人性中一种非常美好的品格。它是一种非凡的气度、宽广的胸怀，是对人对事的包容和接纳；宽容是一种高贵的品质、崇高的境界，是精神的成熟、心灵的丰盈；宽容是一种仁爱的光芒、无上的福分，是对别人的释怀，也是对自己的善待；宽容是一种生存的智慧、生活的艺术，是看透了社会人生以后所获得的那份从容、自信和超然。

古今中外，宽容都是受到人们赞美和歌颂的。《左传》便有"宽以济猛，猛以济宽，宽猛相济"的说法来宣扬宽容。清朝爱国将领林则徐也曾经说过"海纳百川，有容乃大，壁立千仞，无欲则刚"，这不仅表现了他个人的心胸气概，更反映出了人们对于宽容的重视。鲁迅"度尽劫波兄弟在，相逢一笑泯恩仇"更是体现了一种大度、一种淡然。

宽容不仅是中华民族自古以来的美德，也是西方国家所大力推崇的珍贵品质。法国著名作家雨果就曾经说过："世界上最宽阔的是海洋，比海洋更宽阔的是天空，比天空更宽阔的是人的胸怀。"俄国著名诗人普希金也说过："没有宽宏大量的心肠，便算不上真正的英雄。"纪伯伦也说过："一个伟大的人有两颗心：一颗心流血，一颗心宽容。"可见，无论是哪个国家、哪个时代的人，都早已把宽容作为一个出色的、健康的人的评判标准了。

大量研究发现，宽容作为一种积极心理，在我们生活的很多地方都起着有益的作用。如果我们能了解宽容、体会宽容，慢慢地养成宽容之心，我们的世界将会非常美好，我们的心境也将会非常平静。下面就让我们走进"宽容"的殿堂，体会其中的奥秘与神奇吧。

（一）什么是宽容

20世纪90年代，积极心理学界真正将宽容纳入自己的科学研究范畴之中，出现了很多与宽容相关的研究结论。诺斯（North）认为，宽容是个体克服了对冒犯者消极的情感和判断，并以同情、仁慈和关爱来对待对方的过程。该定义是从情感和认知角度定义宽容的。随后，恩莱特（Enright）等人提出，宽容包括认知、情绪、行为三个方面的内容。同时，心理学家将宽容分为两种类型，即人际宽容和自我宽容。

1. 人际宽容

人际宽容即是我们日常中所说的宽容。恩莱特认为，宽容是受害者在受到不公正的对待后，对冒犯者消极的认知、情绪和行为反应消失，并取而代之地出现了积极的认知、情绪和行为反应的过程。当个体宽容时，会产生综合的心理变化。①情感方面，愤怒、憎恶及怨恨、悲伤等消极情绪逐渐被中性情绪取代，最终转化为积极情感，如同情心和爱心。②认知方面，个体不再做出谴责性的判断和持有报复的念头，而是表现出积极的思维活动，如祝福对方或尊重对方。③行为方面，个体不再去从事报复性的行动或做出此类提议。迈库罗（McCullough）分析，宽容体现了人们受到冒犯后动机向亲社会性方向的深刻改变。这种改变有两个内容：一是动机结构的变化，另一个是亲社会行为的出现。

格特曼（Gottman）在1993年曾做过一项研究来解释宽容的动机结构。在研究中，他要求夫妻双方在面临冲突时对对方的情感做出评估，这个评估的内容被归类为三个情绪反应范畴：第一是积极的情绪反应，包括友好、爱以及建设性倾向；第二是觉察到受伤害的攻击，其情感反应主要表现为内心伤痕、无辜的受害者、恐惧或焦虑；第三是正义的愤慨，包括愤怒、轻蔑或考虑到报复。经过分析发现，在这些人际关系中，有两类与人际互动有关的消极情绪，它们与两种影响人们做出冒犯行为的动机系统相对应。①感知到受伤害的攻击，其对应的动机是在人际行为和心理上避免与冒犯者发生互动（回避动机）。②体验正义的愤慨，其对应的动机为寻求复仇（报复动机）。但还存在一种重要的积极情绪反应，即以减少伤害或攻击为特点的仁爱动机。三者混合成一种独特的心理状态，决定着行为的选择。当前两种消极动机（回避动机和报复动机）增加时，仁爱动机就会相应减少，这将会推动个体倾向于做出复仇选择。而如果后一种动机增加，则会令个体更可能选择宽容。举例来说，当处在这种关系中的被冒犯者报告说，他没有能够宽容冒犯一方的伤害行为时，那么回避和报复这两个动机显现出来，推动个体朝向导致人际关系遭受伤害的消极方向改变，导致对冒犯者的回避和复仇行为的增加。相反，当被冒犯者报告说，自己已经宽容对方了，这个积极动机便是在驱使个体朝向对冒犯者的建设性积极关系方向发展。由此可见，宽容本身并不是一种独立的动机，而个体会在遭受冒犯之后，由于受到自身的亲社会动机影响而选择做出宽容，这体现了人性的仁爱性。

拜特森（Batson）从亲社会行为的角度对宽容进行了解析，"我们对他人的关心通常是因为我们能够体验对他人的同情，并能够借助同情去处理与他人的冲突"。在人际关系心理学中，这种亲社会心理包括了适应性调节以及自我牺牲两个部分。自我牺牲是指个体能够超越直接的个人需要而倾向于思考他人利益，并看重人际关系的价值。宽容、同情、适应性调节和自我牺牲的共同特征在于，个体在行动中可能需要做出一定努力，这种努力会对建立或恢复与他人的积极关系有益。

2. 自我宽容

宽容的另一种含义指向对自我的态度和情感。毛格（Mauger）1992年指出，除了人际宽容之外，还有自我宽容也值得研究。鲍尔（Bauer）则进一步提出，"自我宽容是当事人由自我疏远的状态转向自我亲近、自我接纳的过程"。之后，恩莱特在1996年对自我宽容的定义做出了更新，即"个体在面对自己已经认识到的错事时，愿意放弃对自己的不满，并给予自己同情、宽大和关爱"。这个定义揭示了自我宽容的整个过程：①有一个"错事"发生；②个体对自己有消极的情感反应；③个体自我接纳并改善自己的行为。

赫尔（Hall）等人总结了自我宽容与人际宽容的区别。在人际宽容中，伤害的形式只能是行为；而在自我宽容中，除了行为，还有思想、欲望和感觉都能对自己造成伤害。在行为标准上两者有区别，自我宽容的个体会确定某种标准，只有达到这种标准，个体才会宽容自己。而在人际宽容中则不需要这种标准。此外，对象上有区别，在人际宽容中，受害者逃避、报复与善待的对象都是他人；而自我宽容中的对象都是自己。最后，在没有自我宽容时，其后果可能很极端；而没有人际宽容的后果可能比较平和，但却有人际关系的危机。

（二）宽容的作用

宽容作为人类的积极品质之一，有利于化解人与人之间的冲突，有助于提升人的心理健康和幸福感。

1. 宽容与敌对情绪的缓和

宽容有助于降低个人的敌对情绪。有研究者指出，与敌对情绪状态比较低的人相比，具有长期的、慢性的高敌对情绪状态的人会更加经常回想起冒犯情境，而且在思想上会感受更多对冒犯者施加报复的观念。虽然其结果并不一定导致直接的报复行动，但是会导致回避行为增加。当我们宽容某个曾经伤害我们的人时，它应该同时包含有减少伤害对方和减少与对方的回避状态。不过，反过来，从治疗的角度来说，如果我们协助个体减少对对方的回避行为，也就实际上帮助个体缓解了自身的敌对情绪状态。因此，缓和敌对情绪也就自然成为宽容治疗研究中的一个重要命题。

2. 宽容与积极人际关系的恢复

许多研究者发现，人们通常更倾向于宽容那些与自己关系比较亲密的人，而对于与自己距离比较远的或是陌生人则比较难宽容。迈库罗在1998年曾通过路径分析法发现，人们不仅会因为人际关系亲密、投入及满意程度的影响而做出宽容行为，而且，宽容也会反过来导致个体与冒犯者之间的关系距离缩短。因此，愿意宽容冒犯者的人通常也会更容易与冒犯者重建友谊；而与之相反，那些对曾经伤害过自己的人不能做出宽容行为的人，也往往更会令彼此间的人际关系伤害进一步加剧，以致最终导致这种关系的完结。换句话说，宽容在维护良好人际关系的同时，也帮助维护和促进了自身的良好健康状态。

3. 宽容与身心健康

大多数心理学家认为宽容是一种自我保护机制，宽容有助于个体释放愤怒与仇恨等消极情绪，有助于个体做出亲社会行为，减少攻击行为，有助于个体建立和维护与他人良好的人际互动，有助于改善和恢复已经破裂的人际关系，有助于个体增加希望、提高自尊、保持平和的心境，而这些都将最终有利于个体的身心健康。宽容干预在临床上能有效地缓解患者的抑郁、自责、后悔、内疚、愤怒、焦虑和恐惧等情绪问题，甚至可以减轻癌症患者的心理压力。这也从另一个角度证实了宽容与健康的内在关联性。

【引申阅读】

陶行知先生的四块糖果

早在半个多世纪之前，陶行知先生就把民主与宽容的思想渗透到自己的教育实践中，让它们发挥奇妙的作用。

陶行知先生当校长的时候，有一天看到一位男生用砖头砸同学，便将其制止并叫他到校长办公室去。当陶校长回到办公室时，男孩已经等在那里了。陶行知掏出一颗糖给这位同学：这是奖励你的，因为你比我先到办公室。接着他又掏出一颗糖，说：这也是给你的，我不让你打同学，你立即住手了，说明你尊重我。

男孩将信将疑地接过第二颗糖，陶先生又说道：据我了解，你打同学是因为他欺负女生，说明你很有正义感，我再奖励你一颗糖。

这时，男孩感动得哭了，说：校长，我错了，同学再不对，我也不能采取这种方式。

陶先生于是又掏出一颗糖：你已认错了，我再奖励你一块。我的糖发完了，我们的谈话也结束了。

宽容的智慧：

陶行知先生四颗糖的故事体现了宽容的魅力，闪耀着教育者的智慧。宽容是一种美好的教育情感，教育需要宽容，更需要给宽容一个生存的空间，让宽容复活。俗语说：过犹不及，有时候制约太多、束缚太紧，反而不利于发展。

（三）如何提升宽容水平

既然宽容是一种积极的情绪和行为，我们怎么才能让自己更容易宽容别人和自我呢？这个问题也是很多积极心理学家研究的重点。

恩格里斯在总结前人对宽容研究的基础之上，尝试建立了宽容的过程模型。该模型共包含四个阶段，每一阶段又由若干环节组成，细致地描述了宽容一个人可能会经历的心理过程，如下表所示。

宽容干预模型

体验伤害的阶段	1. 检验心理防御机制
	2. 正视愤怒，目的是释放而不是隐藏愤怒
	3. 适当的时候体验羞愧
	4. 觉察到对伤害事件的过度关注
	5. 觉察到对所受伤害的回想
	6. 意识到将自己的不幸与冒犯者的"幸运"做比较
	7. 意识到伤害对自己造成的影响是永久的
	8. 觉察到"公正世界"的信念应有所改变
决定宽容的阶段	9. 意识到现有的应对策略对当前的情境不起作用
	10. 把宽容作为一种选择
	11. 做出宽容的承诺
实施宽容的阶段	12. 将冒犯者置于当时的情境中，对其过错进行重新认知
	13. 对冒犯者共情
	14. 觉察到对冒犯者的同情
	15. 承受痛苦
收获成果/深化的阶段	16. 思索经历磨难和给予宽容对人生的意义
	17. 意识到自己也有得到他人宽容的需要
	18. 认识到他人也会受到伤害
	19. 认识到自己也因此而树立新的生活目标
	20. 意识到对冒犯者的消极情绪逐渐减少，积极情绪渐渐增加；意识到内心的释然

该模型的第一阶段侧重于对心理的分析，它着重讲述了哪些情绪、想法和行为可能困扰个体，这有助于加深我们对他们的理解。其余三个阶段为促进宽容的阶段。首先引导个

体树立宽容意识。其次，改变个体对冒犯者的消极认知，促进个体的共情。最后，促使个体真正地宽容冒犯者。当然，每个宽容者并不一定要经历上述所有过程。上述过程是逻辑上的顺序而不是心理上不变的顺序。不同个体之间存在着差异，在不同阶段上有的个体会出现倒退或跳跃现象。

大量研究表明，基于该模型的宽容干预能有效改善个体的心理状态，促进个体宽容。

（四）宽容与信念

宽容自己与宽容他人不仅是亲社会情感引起的动机和行为的改变，也是一种高级的人生信念。所以宽容的培养离不开信仰教育或信念教育。

宽容是从更高的角度对个人恩怨的一种领悟，从历史和同情心的角度看问题，是一种化解仇恨的好方法。在宽容中，人们往往从善良、人的不完美的立场看问题，人的情绪是平和的，看到的都是人性中的积极方面。

宽容可能孕育宽容，被理解、被宽容的人会努力反省自己的过错与性格的弱点。宽容是一种积极的心理品质，也是一种战胜消极心理的强大力量。有时，我们虽然意识到宽容的必要性，但从情感上还是没有力量和勇气来实践宽容，毕竟我们情感上习惯了不宽容。所以，宽容精神必须与信仰教育联系起来，把它作为一种带着感情的认知，而不是一个道理来认识。

【学习反馈】

1. 你幸福吗？我们应该怎样追求幸福？
2. 怎样才算是一个真正快乐的人？
3. 如何提升自己的乐观水平？
4. 你学会了感恩吗？如何让自己更加宽容？

【心理测试】

自我状态宽容量表

下面有 17 个描述，请你对每个描述符合你的程度打分，1 为非常不符合，2 为有点不符合，3 为有点符合，4 为非常符合。

1. 当我觉得我做错了的时候，我会同情我自己。
2. 当我觉得我做错了的时候，我会否定我自己（R）。
3. 当我觉得我做错了的时候，我会接纳我自己。
4. 当我觉得我做错了的时候，我会不喜欢我自己（R）。
5. 当我觉得我做错了的时候，我会显得很可怜。
6. 当我觉得我做错了的时候，我会显得很释然。
7. 当我觉得我做错了的时候，我会惩罚我自己（R）。
8. 当我觉得我做错了的时候，我会批评我自己（R）。

9. 当我觉得我做错了的时候，我相信我是可以被接纳的。

10. 当我觉得我做错了的时候，我相信我是很好的。

11. 当我觉得我做错了的时候，我相信我是讨厌的（R）。

12. 当我觉得我做错了的时候，我相信我是可怕的（R）。

13. 当我觉得我做错了的时候，我相信我是体面的。

14. 当我觉得我做错了的时候，我相信我是堕落的（R）。

15. 当我觉得我做错了的时候，我相信我是值得被爱的。

16. 当我觉得我做错了的时候，我相信我一个坏人（R）。

17. 当我觉得我做错了的时候，我相信我是可恶的（R）。

请将题目后面带有字母R的题目的分数反转（即1变成4，2变为3，3变为2，4变为1），然后将17道题的分数加起来。如果你的总分在50分以上，你的宽容度在一般人之上。

参考文献

1. 西华德．压力管理策略——健康和幸福之道［M］．许燕，译．北京：中国轻工业出版社，2007.

2. 戴纽特·沃瑟曼．自杀，一种不必要的死亡［M］．李鸣，译．北京：中国轻工业出版社，2003.

3. 艾里希·弗洛姆．爱的艺术［M］．李建鸣，译．上海：上海译文出版社，2008.

4. 毕淑敏．毕淑敏心理咨询手记［M］．北京：中国青年出版社，2008.

5. 才永发．做自己的心理调节高手［M］．北京：地震出版社，2006.

6. 曾仕强．情绪管理［M］．厦门：鹭江出版社，2008.

7. 陈光磊，黄济民．青少年网络心理［M］．北京：中国传媒大学出版社，2008.

8. 程宇洁．心理课堂［M］．上海：上海大学出版社，2006.

9. 大学生就业指导新编写组．大学生就业指导［M］．北京：北京大学出版社，2004.

10. 段鑫星，程婧．大学生心理危机干预［M］．北京：科学出版社，2006.

11. 傅佩荣．智者的生活哲学［M］．北京：国际文化出版公司，2005.

12. 格雷．男人来自火星，女人来自金星［M］．于海生，译．长春：吉林文史出版社，2007.

13. 顾振中，潘永亮．实话实说：与大学生谈恋爱观［M］．赤峰：内蒙古科学技术出版社，2003.

14. 郭娅．大学生人际交往［M］．成都：巴蜀书社，2001.

15. 何少颖．大学生心理健康教育与训练［M］．厦门：厦门大学出版社，2003.

16. 胡永萍．学校心理健康教育［M］．广州：中山大学出版社，2005.

17. 黄希庭，郑涌．大学生心理健康教育［M］．上海：华东师范大学出版社，2009.

18. 黄希庭．心理学导论［M］．北京：人民教育出版社，1991.

19. 黄玄清．哈佛情商［M］．北京：中国妇女出版社，2006.

20. 吉红，王志峰．大学生心理健康与调适［M］．北京：中央编译出版社，2006.

21. 杰夫·戴维森．压力应对［M］．罗汉，译．上海：上海三联书店，2004.

22. 孔燕．大学生心理健康教育［M］．合肥：安徽人民出版社，2001.

23. 劳动和社会保障部培训就业司，中国就业培训技术指导中心．大学生就业指导［M］．北京：海潮出版社，2003.

24. 李玉华，卢黎歌．网络世界与精神家园——网络心理现象透视［M］．西安：西安交通大学出版社，2002.

25. 理查德·格里格，菲利普·津巴多．心理学与生活［M］．王垒，王甦，译．北京：人民邮电出版社，2003.

26. 林大有．情绪管理的第一堂课［M］．北京：中国书籍出版社，2006.

27. 刘华山. 学校心理辅导 [M]. 合肥: 安徽人民出版社, 2001.

28. 刘晓新, 毕爱萍. 人际交往心理学 [M]. 北京: 首都师范大学出版社, 2003.

29. 罗伯特·所罗门. 幸福的情绪 [M]. 聂晶, 杨壹茜, 左祖晶, 译. 北京: 中国人民大学出版社, 2011.

30. 马存根. 大学生心理健康教育 [M]. 北京: 人民卫生出版社, 2006.

31. 默里卡·帕德丝. 心灵导师·情绪管理全书 [M]. 包黛莹等, 译. 北京: 经济日报出版社, 1997.

32. 牧之, 张震. 健康要读心理学 [M]. 北京: 新世界出版社, 2007.

33. 欧阳辉, 闫华, 林征. 大学生心理健康应用教程 [M]. 沈阳: 辽宁教育出版社, 2010.

34. 彭聃龄. 普通心理学 [M]. 北京: 北京师范大学出版社, 2008.

35. 莎伦·布雷姆. 爱情心理学 [M]. 郭辉等, 译. 北京: 人民邮电出版社, 2010.

36. 斯宾塞·约翰逊. 谁动了我的奶酪 [M]. 魏平, 译. 北京: 中信出版社, 2002.

37. 孙江林. 大学生择业智典 [M]. 北京: 中国国际广播出版社, 2003.

38. 陶国富, 王祥云. 大学生恋爱心理 [M]. 上海: 华东理工大学出版社, 2002.

39. 托马斯·摩尔. 灵魂的黑夜 [M]. 赵霞, 译. 上海: 科学普及出版社, 2005.

40. 汪立夏, 舒曼. 携手互助: 班级心理健康员工作手册 [M]. 南昌: 江西高校出版社, 2010.

41. 王敬群, 邵秀巧. 心理卫生学 [M]. 天津: 南开大学出版社, 2005.

42. 王为正, 韩玉霞. 大学生心理自助读本——感悟·求索·升华 [M]. 北京: 科学出版社, 2010.

43. 魏资. 高校大学生心理危机预防与教师心理干预引导手册 [M]. 北京: 高等教育出版社, 2010.

44. 吴增强, 蒋薇美. 心理健康教育课程设计 [M]. 北京: 中国轻工业出版社, 2007.

45. 希瑞尔. 解读自杀心理 [M]. 聂晶, 译. 北京: 中国轻工业出版社, 2007.

46. 徐世勇. 压力管理 [M]. 北京: 企业管理出版社, 2004.

47. 燕良轼. 大学生心理健康教程 [M]. 长沙: 中南大学出版社, 2006.

48. 姚本先. 心理学 [M]. 北京: 高等教育出版社, 2005.

49. 张大均, 邓卓明. 大学生心理健康教育: 诊断·训练·适应·发展 [M]. 重庆: 西南师范大学出版社, 2004.

50. 张培德. 就业与职业: 把握通向社会的钥匙 [M]. 上海: 上海中医药大学出版社, 2006.

51. 张强. 大学生择业与就业指导教程 [M]. 北京: 世界知识出版社, 2006.

52. 张泽玲. 当代大学生心理素质教育与训练 [M]. 北京: 机械工业出版社, 2004.

53. 甄逸夫. 如何掌控你的情绪 [M]. 北京: 蓝天出版社, 2008.

54. 朱迪思·维奥斯特. 必要的丧失 [M]. 吕家铭, 韩淑珍, 译. 上海: 三联书店, 2007.

55. 陈军. 大学生网络成瘾现况调查及影响因素分析 [D]. 合肥: 安徽医科大学, 2008.

56. 廖丹琴. 大学生网络使用行为和网络成瘾的心理分析与调适 [D]. 武汉: 武汉大学, 2005.

57. 陈秋珠. 大学生互联网使用及网络成瘾状况调查研究 [J]. 西北师大学报: 社会科学版, 2009, 46 (3).

58. 崔丽娟. 用安戈夫方法对网络成瘾与网络游戏成瘾的界定 [J]. 应用心理学, 2006 (2).

59. 郝路军. 21 世纪以来大学生网络心理研究综述 [J]. 中国地质教育, 2005 (4).

60. 陆云，贾丰，王赟等．大学生网络心理健康、个性特征和社会支持的研究［J］．新课程：教育学术，2011（1）．

61. 潘秀丽，李政，张泽彬等．大学生网络使用和网络成瘾现状调查研究［J］．广东白云学院学报，2009，16（3）．

62. 盛婉玉，李辽．网络虚拟社区中大学生人格异化问题研究［J］．河北大学学报：哲学社会科学版，2010，35（1）．

63. 杨国峰．大学生网络心理问题的成因和对策研究［J］．白城师范学院学报，2011，25（3）．

64. 杨康．大学生网络心理健康问题及对策研究［J］．吉林农业科技学院学报，2011，20（3）．

65. 张静，李建耀．网络迷航现象的调查及对策研究［J］．江西社会科学，2008（12）．

66. 赵杰．论网瘾大学生上网动机的有效迁移［J］．齐齐哈尔大学学报：哲学社会科学版，2010，3（2）．

67. 郑晓齐，董杜骄．大学生网络迷航现象的调查研究［J］．北京航空航天大学学报：社会科学版，2002，15（3）．

后　记

　　大学生心理健康问题十分复杂，大学生心理健康教育是一项浩大的工程。正是基于这样的一种理解，在编写本书时，我们尽可能地全面掌握资料，深入分析大学生的心理发展特点，并从知识习得和实践运用的角度整合各种材料，以使本书集可读性和操作性于一体，使大学生增长知识、发展能力。

　　本书的作者都是长期从事大学生心理健康教育与咨询工作的教师，在心理健康教育的教学、心理咨询及科研方面积累了一定的实践经验，在大学生心理咨询中接触了丰富的心理咨询案例，为本书的编写打下了坚实的基础。

　　本书正是从大学生的实际出发，对大学生的心理发展过程以及存在的问题进行了较为深入的研究和探讨，并对大学生不同的心理问题提出了咨询和调适的方法。为此本书在理论上遵循大学生群体的特殊性，在特定的社会条件、文化氛围、环境影响和人格特征的前提下研究大学生的心理发展、潜能开发和人格完善。本书在内容上突出了三个特点：一是适合大学生的知识水平和认知特点，便于大学生了解自身的心理特点，丰富心理学的知识；二是能使大学生了解群体心理发展的特点，对寻求心理咨询和自我调适提供方法；三是为大学生开发潜能、完善自我提供了训练方法和案例。

　　为了突出实用性这个特点，本书在每章设案例、案例分析、知识链接、心理实验等栏目；在每章课堂实践环节设心理测试、推荐阅读、心理训练、心理测验、互动讨论等板块。这种编写方式便于大学生课后练习和自我心理辅导，同时为教师的备课、上课和咨询实践提供了现实参考和实证依据。

　　各章的写作分工如下：郑赟，第一章、第三章；唐海燕，第二章、第七章；郭海峰，第八章、第九章、第十三章；魏丽艳，第五章、第十二章；林峰，第四章、第六章，艾炎，第十章、第十一章。郑赟统筹，林峰校稿。

　　本书的最终目的是让青年学生学有所获，提高学习和生活的质量。因此，真诚希望本书能帮助广大青年学生排解心理困惑，化解心头疑虑，做自己成长的主人，不断增强心理素质，让每一个人都带着健康、阳光的心态去奋斗拼搏，拥有积极的情感，享受生活，拥有快乐幸福的人生。

　　本书的编写得到了王金华教授的关心和指导，也得到了江西财经大学的大力支持，借此机会，谨向他们致以诚挚的敬意和衷心的感谢。本书在编写过程中引用了国内外一些心理学家、心理教育工作者的观点和研究成果，在此表示感谢。

本书难免存在一些不足之处，热忱欢迎同行专家、教师和读者不吝赐教。

本书编委会

2018 年 6 月